# 仕事は辞めない！

# 働く×介護 両立の教科書


著

リクシスCCO
木場猛（介護福祉士）

リクシスCEO
佐々木裕子

編 日経クロスウーマン


日経BP

はじめに

# 介護の始まり

想像してみてください。

ある日、仕事中のあなたに電話がかかってきます。出てみると、それは病院からの電話でした。

「あなたのお母さんが転倒し、けがをして救急搬送されました。すぐに病院に来てください」

急いで駆け付けると、母親は骨折しており、しばらくは介護や何らかの世話が必要な状態です。

ここで問題です。その日から、介護のプロに会って安定的な介護体制を築き、自分の手を離れるまで何日くらいかかって、そのうちどれくらい仕事を休むことになるでしょうか。**実はその答えは、あなたの介護リテラシーによって大きく変わってくるのです。**シミュレーションしてみましょう。

### 介護リテラシーがなかった場合

母親は転倒して骨折しており全治2週間、しばらく入院が必要です。検査の結果、他に病気は見つかりませんでした。骨折が治れば普通の生活に戻れると考え、家族でしばらく看病をすることにしました。

骨折くらいでは介護保険の申請はできないだろうと判断し、家族で世話をし始めます。

2週間の入院の後、自宅で安静にすることになり、40日間ほど看病しているうちに、安静にしていた母親の筋力が落ちてしまい、骨折は治ったものの元の生活には戻れなくなりました。

　これは決して珍しいケースではありません。全治2週間という診断でしたが、若い人なら回復してまた元気に歩けるようになるところ、高齢者は元通りに歩けるようにならない可能性が高いのです。このまま何年も家族で介護するということもあり、私の知っているケースでは、骨折した親を看病し始めて、「なかなか治らないな」と思いながら家族での介護に移行しました。その人は仕事も辞めて、おむつ交換なども必要になった時点で限界が来て、初めて介護保険の要介護認定の申請をしました。

　他にも、8年間家族で介護を続けた後、ようやく介護サービスに出合ったという人もいました。仕事を辞めて介護していた50代のその女性は、ご近所づきあいもそれほどなく、家から離れられないので友人と会うのも年に1回くらい。生活範囲も狭まり、接点のあるのは介護関係者ばかりだったので、親が亡くなると誰とも会わなくなってしまいました。**介護中心の生活になっていた彼女が最後に「私はこれからどうしたらいいのでしょう」とつぶやいた言葉が印象的でした。**

**図1**　介護リテラシーがなかった場合

➡ そもそも公的サービスが利用できる状態だと知らない

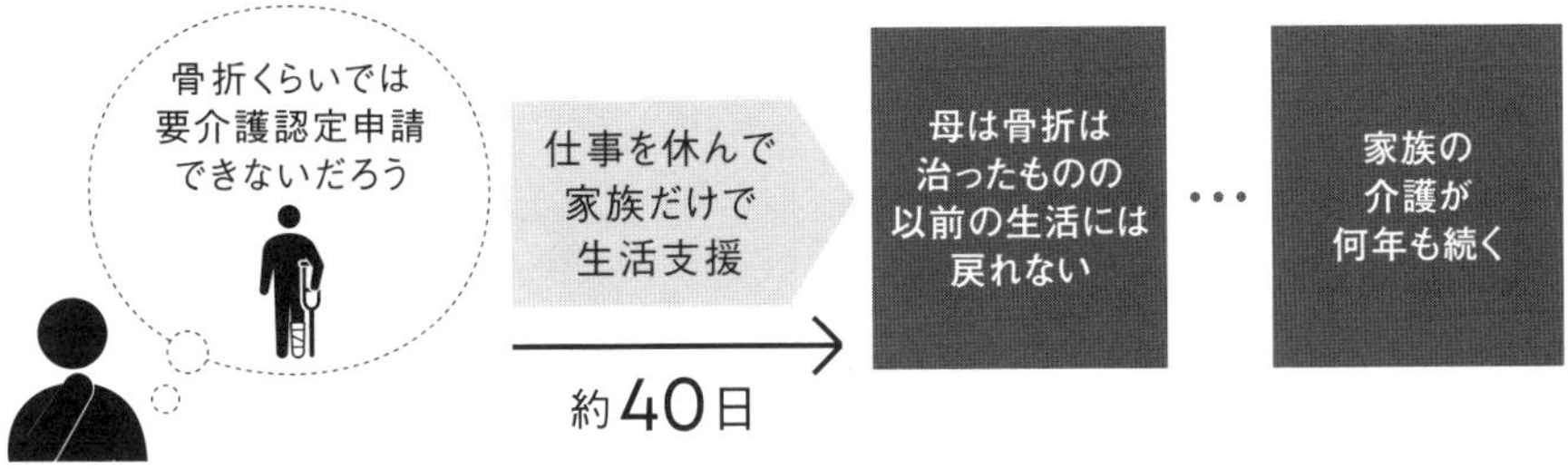

親の介護のために自分の生活が小さくなり、他の人との関係も途切れてしまう。それを数年続けると正常な状態に戻すのはとても難しい。介護者は40代、50代が多いですから、そこから新しい人間関係を広げるのも大変です。そのままその人が介護される側になってしまうケースをいくつも見ました。

**親のことを思って、「世話をしてあげたい」という気持ちからスタートしていたのに、数年間で自分の人生を失ってしまい、結果として親を恨むようなことになるのはとても残念です。**

## リテラシーが中途半端な場合

では、「介護保険を使えることは知っている」という場合はどうでしょう。図2を見てください。介護保険の申請をしようとしたところ介護保険証が見つからず、再発行を申請。要介護認定申請のためにかかりつけ医の署名が必要なので、保険証の再発行を待つ間に予約を

**図2** リテラシーが中途半端な場合

➡ ケアマネジャーに申請手続きも「代行依頼」できることを知らない

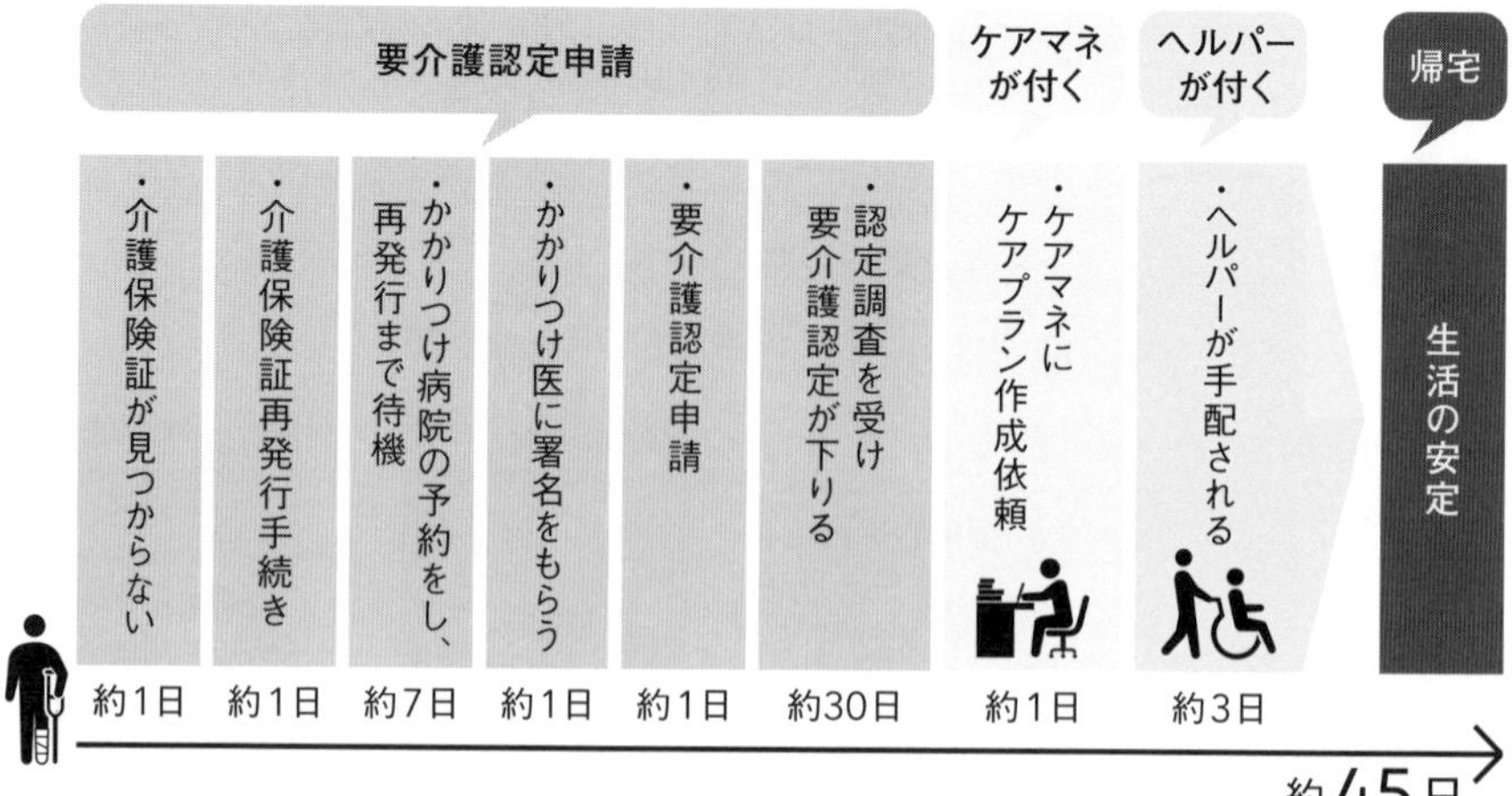


出典：リクシス LCATマイクロアクティブラーニング

入れて署名をもらいます。そもそも介護保険の申請をしてから認定が下りるまで30日かかります。ようやく認定が下りたらケアマネジャー（以下、ケアマネ）を探します。ケアマネがケアプラン（介護サービス計画）を作成、ヘルパーを手配、介護体制を調整するのに数日かかるので、順当に手続きをすれば45日ほどかかります。その間、家族で介護をする必要があるので、場合によっては40日間休みを取ることになる可能性があります。

## 高い介護リテラシーがある場合

では、介護保険制度についてよく知っている場合はどうでしょうか。介護保険の申請は自力でするのではなく、「地域包括支援センター」に相談して手続きから代わりにやってもらいます。そして、介護保険は申請日までさかのぼって適用されるので、要介護認定が下りるのを待たずに、暫定で介護保険適用サービスを使うことができます。必要であればすぐにケアマネを決めて暫定

**図3** 高い介護リテラシーがある場合

➡ ケアマネジャーに頼れば「早期対応」できることを知っている

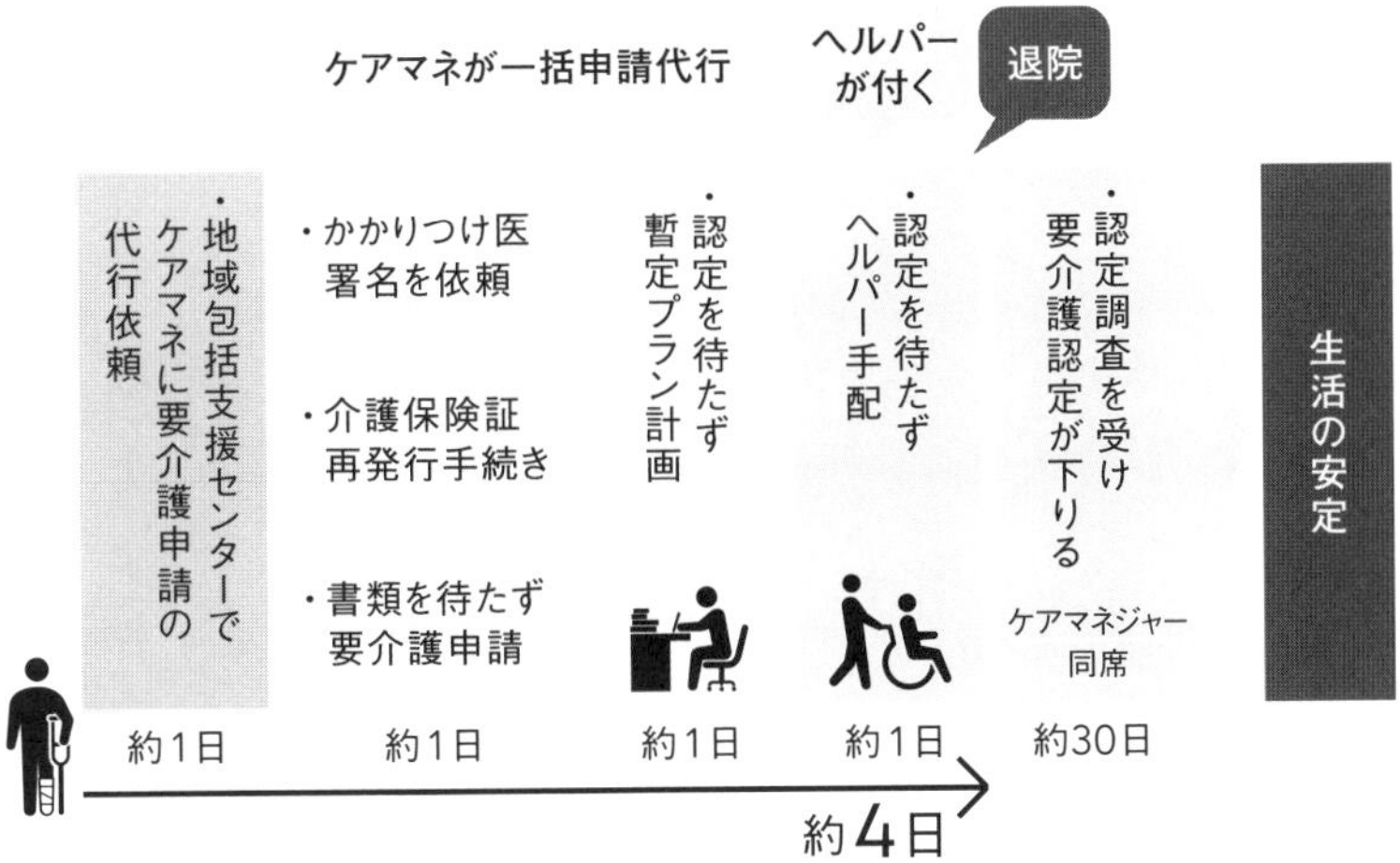


出典：リクシス LCATマイクロアクティブラーニング

的なケアプランを作り、介護の体制を組んで数日後には介護サービスを利用し始めることができます。**状況によって、介護体制が立ち上がるまでの数日間だけ介護休業もしくは有給休暇を取って、また仕事に復帰することは可能です。**

このように、いきなりやってくる介護に対して、知識の差によって仕事を休む日数や仕事に与える影響に差が出ます。私が知っている最短の事例は、日ごろ介護保険を使わずに家族で介護をしていた人ですが、介護者自身が骨折して入院、親の世話をする人がいなくなってしまいました。親を一人で家に残せないと地域包括支援センターに電話で相談したところ、すぐにケアマネを手配して介護保険申請を代行してもらうことができ、当日の夕方には介護ヘルパーが訪問したというケースです。介護者が入院するという緊急事態だからこそのスピード対応でしたが、数日あれば介護体制を整えることは不可能ではありません。

**リテラシーの有無によって、初動の負担が大きく変わり、これだけの差がつくことが仕事と介護の両立のリアル**だということを覚えておいてください。

私自身、大学在学中から20年以上にわたって介護の現場で働き、多くのビジネスパーソンの仕事と介護の両立に関する課題に向き合ってきました。それらの経験の中から得た知識や情報を、介護の必要がない期間をできるだけ長くするために、また介護が始まっても、できるだけそれまで通りの生活を続けられるために、皆さんにお伝えしたいと考えています。

もはや介護は一人で抱え込むものではありません。制度やサービスをうまく利用して負担を減らすことは、介護者であるあなたと介護を受ける本人の双方にメリットがあります。介護が始まっても働き続けることを諦めないために、この本で一緒に学んでいきましょう。

リクシスCCO（チーフ・ケア・オフィサー）、介護福祉士
木場　猛

# 目次

# 第2章 これだけは押さえたい「働く×介護の両立」基礎知識

# 第3章 「健康寿命」を延ばすには？

# 第5章 介護でぶつかる5つの壁

# 第1章

# 介護と仕事の両立

介護が始まっても、あなたの人生はまだまだ続きます。使える制度やサービスを有効に使って今まで通りに仕事や生活を続けられるようにすることが、持続可能な介護と仕事の両立につながります。そのために、今までの介護のイメージを見直してみる必要がありそうです。

# 1 あなたの介護リテラシーをチェック

介護が必要になったときにスムーズに介護の体制を整えられるかどうかは、介護リテラシーで大きく差がつくと先ほどお伝えしました。では、どのような知識が、あなたを助けてくれるのでしょうか。

## 「早期発見・早期対応」とは、どれくらい早く？

まず、**介護は早期発見、早期対応が大切**だということです。介護保険を利用して「外部からの支援」を受けられる状態なのか、いち早く見極めることが大切です。介護は初動に一番負荷がかかりますし、差が大きくつくところでもあります。では、どのタイミングで介護体制を整えるべきなのでしょうか。

ここで、**「介護の始まりクイズ」**をやってみましょう。

親に次のような症状があるとします。これら8つの状況の中で、介護保険の申請をするべきものはどれでしょう。

**1 同じことを何度も繰り返して聞くようになった**

**2 脳梗塞で寝たきりになった**

**3　特に病気ではないのに、日中寝込んでいることが増えた**
**4　常に足腰が痛いと言っている**
**5　転びやすくなり、先月2回ほど転んだ**
**6　心臓発作で入院したが、今は回復して生活に支障がない**
**7　耳が遠くなった**
**8　最近配偶者が亡くなり、毎日の食事がままならなくなった**

答えは、6と7以外はすべて申請したほうがいい状態です。理由は次ページの図1をご確認ください。

そもそも要介護認定は、病気や障害そのものによって判断されるのではなく、老化に伴うさまざまな要因により**日常生活を送る上で支障が出ている度合いを考慮して判断されています。**

「足腰が痛い」というような、親の年齢を考えれば多少は仕方がないと思ってしまう状況でもさまざまな要因が考えられ、公的サービスを利用できる場合もあります。それに、早いうちに介入できると、筋力が落ちないようにリハビリをするなどして、悪くなる前に対応できることがあり、少しでも長く自立した生活を続けられるようにすることができます。

多くの場合、「転んで骨折した」「大きな病気で入院した」「筋力が落ちて歩くのが難しくなった」という状態で要介護認定申請をしますが、その状態だと要介護1～3程度と認定される場合が多いです。実はもっと前の段階で、予防として要介護認定申請をすることができるのです。

**図1**　要介護認定は病気そのものではなく生活への支障の度合いで判断

| | | | |
|---|---|---|---|
| 1 | 同じことを何度も繰り返して聞く | 申請したほうがよい | もの忘れと認知症の違いに「短期記憶の欠如」と「出来事そのものを忘れる」という特徴があります。30秒～1分ほどで同じことを聞く、繰り返し聞いていること自体を忘れている、というような状況の場合は、記憶障害から起こる認知症の周辺症状と考えられます |
| 2 | 脳梗塞で寝たきりになる | 申請したほうがよい | 脳梗塞の後遺症は障害を受けた部位によって異なり、運動機能や発声・嚥下機能の障害、言語障害、失認・失行、人格や精神面の変化が起こることがあります。専門職の支援が必要です |
| 3 | 特に病気ではないのに日中寝込んでいることが増えた | 申請したほうがよい | 病気や痛みだけでなく強い気分の落ち込みから介護認定を受けられる場合もあります。寝込んでいる原因は定かではありませんが、身体の不活動状態が長く続くことによって生ずる症状はさまざまな形で現れます。介護予防の観点からも不活動のサインを早く発見し適切に対処することが必要です |
| 4 | 常に足腰が痛いと言っている | 申請したほうがよい | さまざまな要因が考えられますが、常時痛みを感じる状態であれば日常生活に何らかの不都合が生じていると思われます。筋力の低下にもつながり、転倒のリスクもありますので早い段階での対応が望ましい状況です |
| 5 | 先月2回ほど転んだ | 申請したほうがよい | 老化に伴う筋力の低下などから歩行状態が不安定になっています。今後も転倒のリスクが非常に高い状態のため、何らかの対応が必要です |
| 6 | 心臓発作で入院したが、今は生活に支障がない | これだけであればまだ申請しなくてよい | 病気や障害だけで要介護認定が下りるのではなく、想定される介護の手間に関しての審査が行われて介護認定となります。治療後の生活に支障がないのであれば、申請の必要はないと思われます |
| 7 | 耳が遠くなった | これだけであればまだ申請しなくてよい | 要介護認定申請ではなく、耳鼻科で検査をすると補聴器の利用などのアドバイスが受けられます。ただし、老化による聴力の低下だけでなく、脳機能の障害により言葉を認識する機能が低下している可能性もありますので、検査の結果によっては要介護認定申請につながります |
| 8 | 最近配偶者が亡くなり、毎日の食事がままならなくなった | 申請したほうがよい | 配偶者の死は老年期うつの危険因子の1つです。高齢者でうつ病になる人のうち典型的な症状を示す人は1/3～1/4といわれています。症状の一部が特に強く現れたり、逆に一部が弱くなることが多いので注意が必要です。食事がままならないほどの状態であれば適切な対応が必要です |

## 怪しいなと思ったらプロに相談

家族にとって親の介護は初めての経験ですので、どのようなサポートをすれば本人がなるべく元気に過ごせるようになるのか、判断するのは難しいです。つい、やり過ぎてしまうことや、ケアが足りずに悪化してしまうこともあります。プロに任せたほうが質の高い介護ができる可能性が高いのです。

## 何はともあれ「地域包括支援センター」に相談

**プロに頼るためには「地域包括支援センター」が起点となります。この名前は大事ですので覚えておいてください。**

地域包括支援センターに相談に行くと、要介護認定申請が必要な状態かどうかをスクリーニングして、必要であれば申請を手伝ってくれます。

まだ介護が必要な段階ではないと判断された場合

図2 早期発見・早期対応で「初動」を制す

でも、65歳以上の高齢者のための福祉サービスが各自治体にありますので、介護予防のためのサービスや見守りサービスを案内してくれます。条件に合うサービスがない場合でも、プロの目で一度親の状況を見てもらえる安心感がありますし、公的なサービスで使えるものがなくても、民間の家事代行や見守りなど高齢者の生活をサポートするサービスの情報もたくさんあります。要介護認定申請する段階でなくても、何か不安があれば相談できる窓口が地域包括支援センターです。

　地域包括支援センターは、だいたい中学の学区ごとに1カ所を目安に設置されています。地域包括支援センターの役割は大きく4つあり、1つ目は虐待や金銭トラブルから高齢者の権利を守ること。お金の管理が難しくなった高齢者のサポートもしてくれます。2つ目は介護予防で、要介護にならないための介護予防サービスのケアプランをサポートしています。3つ目は、65歳以上の人の暮らしに関するさまざまな相談を受けてくれます。4つ目はケアマネジメント支援。地域課題の把握やケアマネジャー（ケアマネ）への支援をしています。近隣の介護事業者

図3　餅は餅屋 ―プロによる体制構築は「地域包括支援センター」が起点

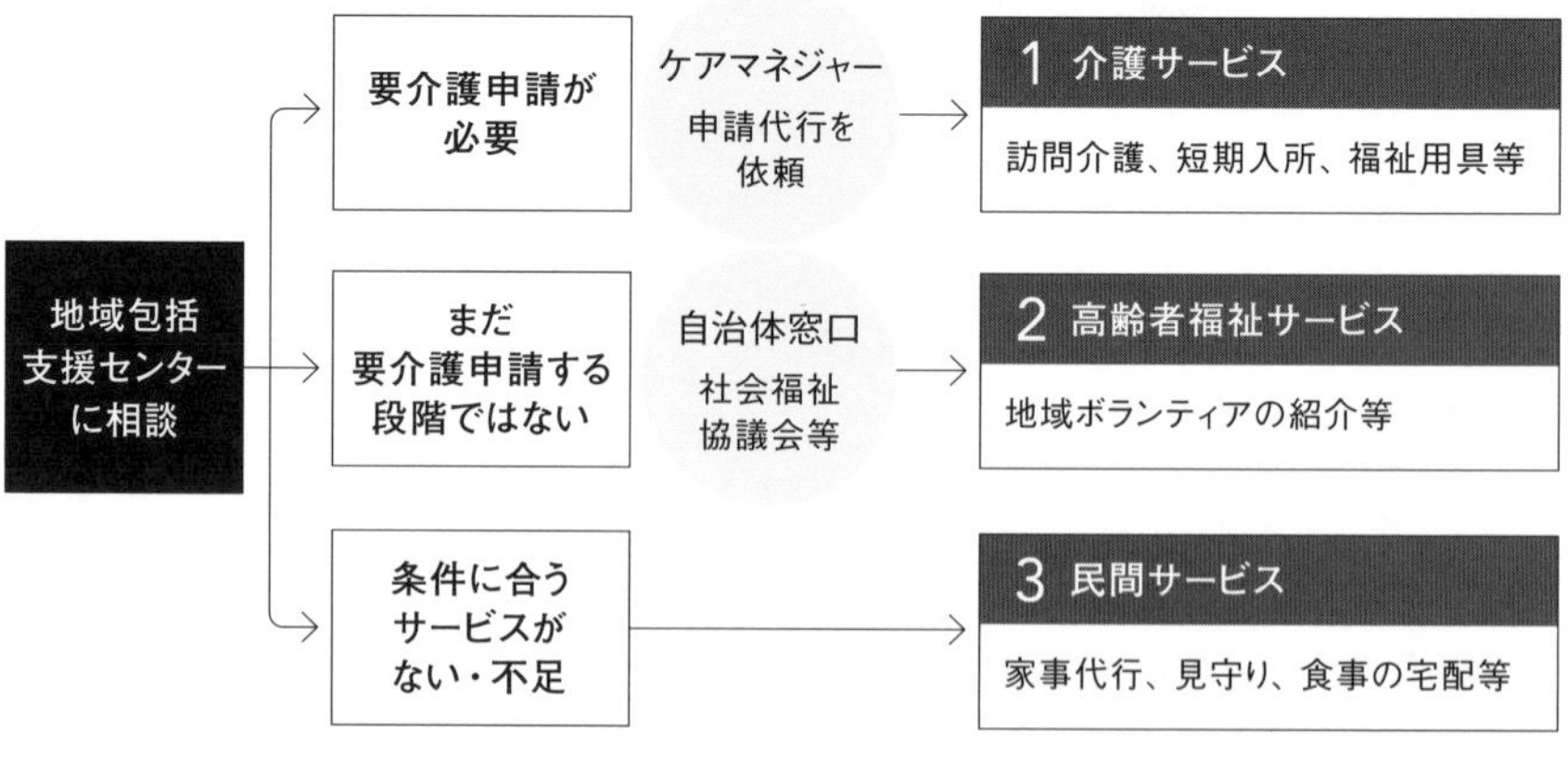

と連携しているので、介護に関する情報が集まっています。

地域包括支援センターは担当エリアが決まっているので、親の居住しているエリアで相談してください。なお、自治体によっては「高齢者支援センター」「高齢者あんしんセンター」といった独自の呼称を使っていることもあります。

親と遠距離で住んでいる場合、必ずしも直接訪問しなくても、電話で相談や介護サービスのアレンジをお願いすることも可能です。

まだ介護は必要ないかなと思っても、ちょっとした困りごとがある場合や、たまに親を手伝いに行くような段階で相談して構いません。「ここに高齢者がいます」と知らせておき、顔見知りになっておくことで、何かあったときに話がスムーズに進みます。

**図4** 地域包括支援センターの役割

**地域包括支援センター**

2005年4月からの介護保険制度の見直しに伴い、地域包括ケアの体制を支える地域の中核機関として設置された機関（設置主体は市区町村）です。目安としては人口2万～3万人に1カ所設置されています。

**高齢者の権利擁護**
虐待や金銭トラブルなどから高齢者を守る

**適切な介護予防**
介護予防サービスのケアプラン作成

**高齢者の暮らし相談**
さまざまな相談からのサービス接続

**サービス提供**
ケアマネジメント支援
ケアマネジャー支援と地域課題の把握

図5　地域包括支援センターでの相談の流れ

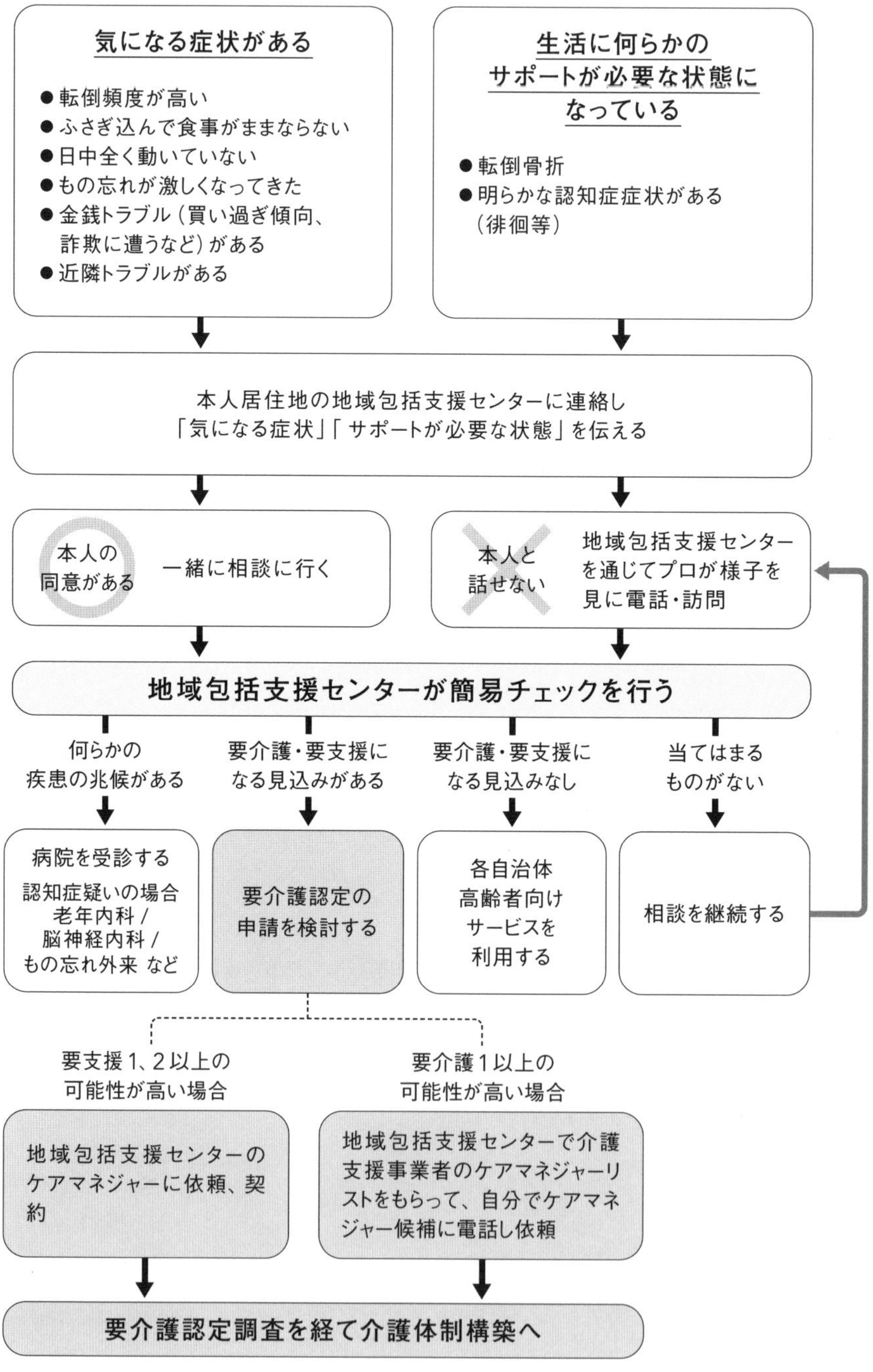

## 介護リテラシーチェック

では、ここで皆さんの介護リテラシーをチェックしてみましょう。左の15の質問に「はい」か「いいえ」で答えてください。

| | | | | |
|---|---|---|---|---|
| 1 | あなたは、職場の介護に関する制度の詳細について具体的な説明を受けていますか | はい | いいえ | |
| 2 | あなたの職場には介護相談窓口が設置されていますか(または、職場で相談すべき相手が誰か知っていますか) | はい | いいえ | |
| 3 | 要介護申請手続について、何を準備する必要があるかを理解していますか | はい | いいえ | 第2章 2 へ p043 |
| 4 | 要介護申請手続について、どこに申請するかを理解していますか | はい | いいえ | |
| 5 | 要介護申請手続について、どれくらいの期間がかかるかを理解していますか | はい | いいえ | |
| 6 | 要介護申請手続について、認定されるとどんなサービスをどのくらいの経済負担で受けられるのか理解していますか | はい | いいえ | 第2章 3 へ p060 |
| 7 | どんな症状が現れたときに要介護申請をすべきか判断できますか | はい | いいえ | 第1章 1 へ p016 |
| 8 | あなたや家族が介護について相談できるケアマネジャーにはどこに行けば会えるか知っていますか | はい | いいえ | 第1章 1 へ p016 |
| 9 | ケアマネジャーはどのタイミングでサポートしてくれるか理解していますか | はい | いいえ | 第2章 2 へ p043 |
| 10 | ケアマネジャーはどんな課題を解決してくれるか理解していますか | はい | いいえ | 第2章 2 へ p043 |
| 11 | 在宅介護、施設介護について、どんな状態の場合にどちらを選択すべきかを理解していますか | はい | いいえ | 第2章 2 へ p043 |
| 12 | 親がここ3年以内にどのような症状で病院にかかったか、主だったことはほぼ正確に理解していますか | はい | いいえ | 第2章 1 へ p036 |
| 13 | 親の交友関係およびその連絡先を知っていて、少なくとも1人以上、いざとなれば親に連絡先を聞かなくても連絡することができますか | はい | いいえ | |
| 14 | 親の経済状況(預貯金額や年金額など)について概ね知っていますか | はい | いいえ | 第2章 3 へ p060 |
| 15 | 親がどのような介護を望んでいるか知っていますか | はい | いいえ | 第2章 1 へ p036 |

いかがでしたか？

思ったより「はい」の数が多かったですか？　それとも知らないことがたくさんありましたか？

「はい」の数が12以上の方は、かなり介護リテラシーが高いですね。この本を通してさらに準備を進めていきましょう。

「はい」の数が5つ以下の方、よくぞこの本を手に取ってくださいました！　ここに答えはあります。

一緒に介護リテラシーを高めていきましょう。

# 2 仕事と介護の両立のために

## 〜なぜ仕事を辞めてはいけないのか?〜

### 介護休暇は介護するための休暇ではない！

親に介護が必要になった場合、これまで通りに働けるように、速やかに介護体制を構築することが大切です。そこで大原則として、**職場の介護休業制度は「仕事を休んで親の介護をする」ために使うのではなく、「仕事と介護の両立体制を組むために利用する」もの**だと思って、なるべく自分で抱え込まないようにしてください。

もう一つの大原則は、**介護のために仕事を調整するのではなく、仕事を続けるために両立体制を組むという視点を持つ**こと。「親が倒れたから仕方がない」と思う人が多いのですが、病状は変えられなくても、仕事を続けながらその状況を支える介護支援体制を組むことはできます。

介護保険制度は家族の介護の足りない部分を補完するためにできた制度なので、家族が直接関わるほど、介護の担い手として際限なくケアプランに組み込まれます。ケアマネも具体的に言ってもらわなければ、どこが限界なのか分かりませんので、仕事の状況や家庭の環境など具体的に相談して、働き方を変えずに介護と両立できる体制を整えてください。

## 会社の介護支援制度はニーズに応えているか？

企業にとっても、大切な人材が介護のために離職してしまうことは大きな損失ですから、もちろん対策を講じているでしょう。具体的には、育児・介護休業法によって、企業が備えるべき「介護支援制度」の最低基準が示されていますので、介護休暇制度や介護休業制度などがそれぞれの企業で設けられています。

ただ、これらの**「休むため」の制度の充実は、必ずしも両立支援のニーズに十分対応できていない可能性があります。**

リクシスが運営する「ＬＣＡＴ 仕事と介護の両立支援クラウド」利用者で、すでに仕事と介護を両立している人１１６２人のデータによると、休業、休暇、時短といった介護支援制度の利用率は５％未満と、かなり低いことが分かります。全体の約77％の人は制度の存在は知っていても利用していないのです。

図1　企業の「介護支援制度」に対するビジネスケアラーの認知度・利用率

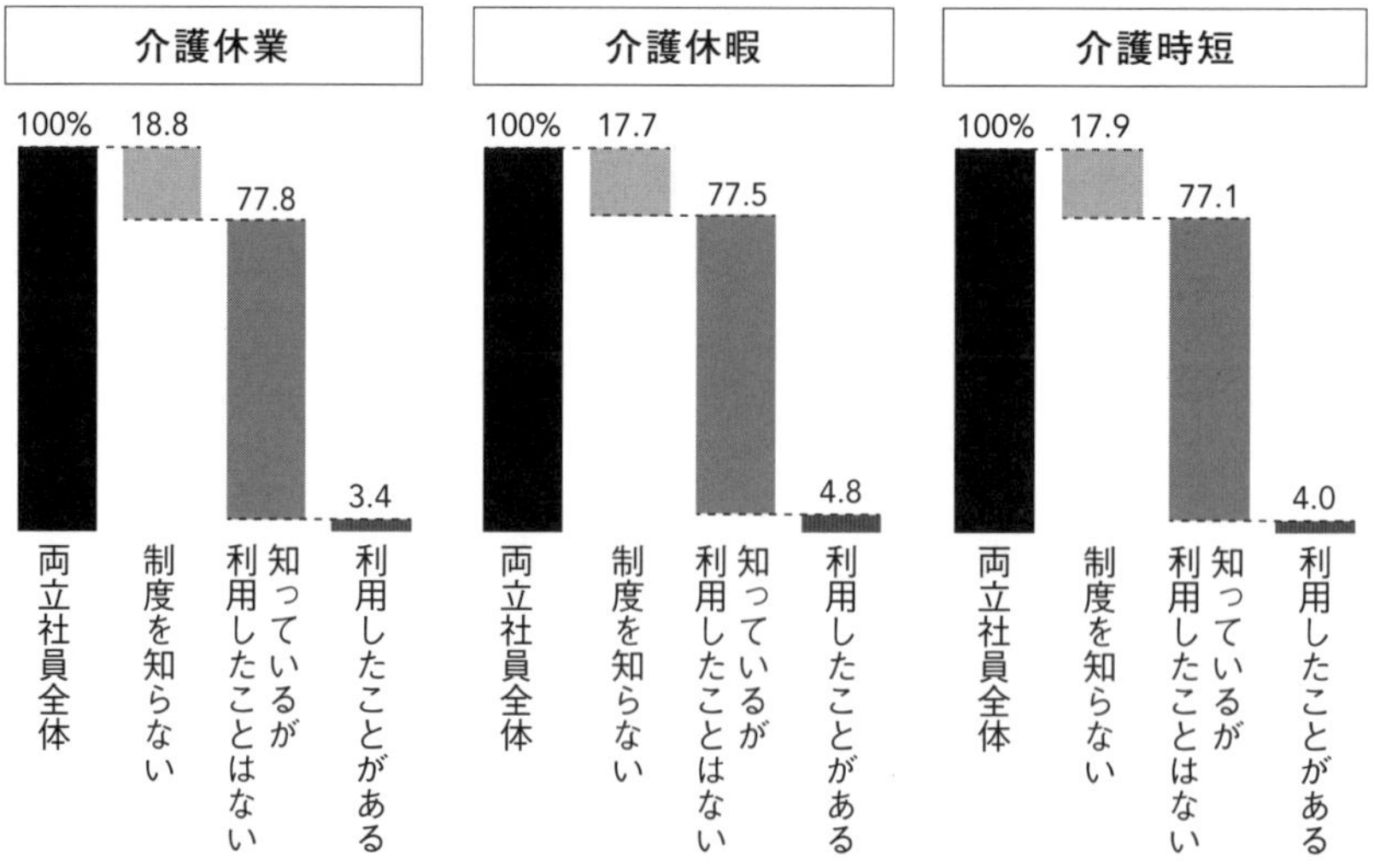


出典：2021年9月時点、「LCAT 仕事と介護の両立支援クラウド」よりリクシスまとめ

なぜ利用されないのか。その背景には、「休むとやりがいのある仕事を奪われる」「キャリアに大きく影響する」「上司に理解してもらえない」という仕事の機会を失う不安があることが分かっています。

親の介護が始まりやすい40代後半から50代という年代は、多くのビジネスパーソンにとって、生涯で得られる賃金水準がピークになる時期です。また、子どもがいる世帯では、子どもが中学・高校・大学と就学の後半期にさしかかり、金銭的負担が大きくなる時期でもあります。

その時期に、介護を理由として仕事を辞めてしまうことはもちろん、長い休みを取得することもまた生涯収入の面で大きなマイナスとなります。この年代にあるビジネスパーソンにとって、可能な限りフルタイムで働くことは切実なニーズといえるでしょう。

図2 正社員の賃金は40代後半から50代がピーク

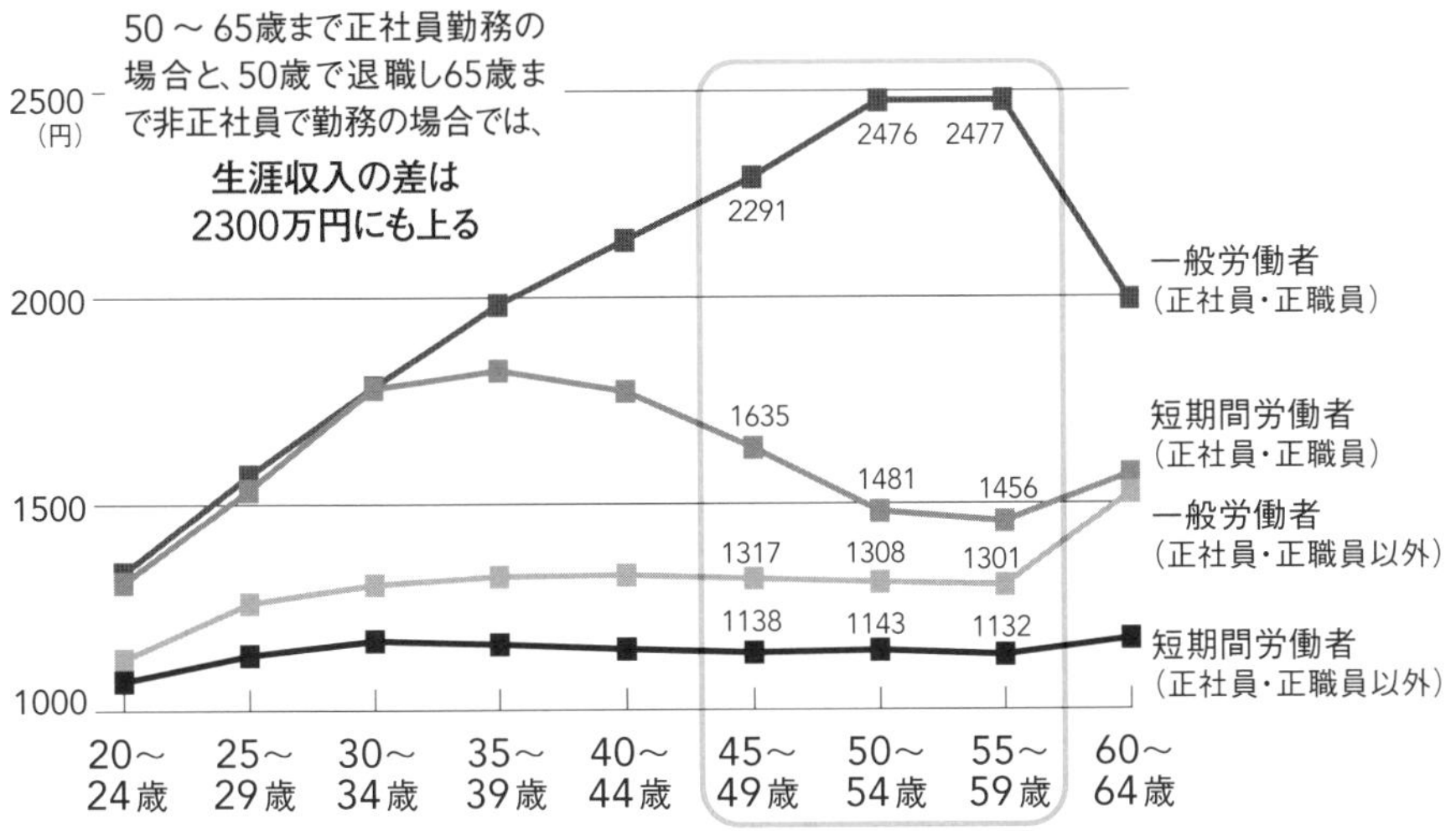


※賃金は各調査年の６月分の所定内給与額。一般労働者は民営事業所の労働者の所定内給与額を所定内労働時間で除した値
出典：厚生労働省政策統括官付参事官付賃金福祉統計室「賃金構造基本統計調査」

## いざというときに「上司に相談」したけれど…

「ＬＣＡＴ」の企業受講者（３万４３３５人、うち管理職８３０４人）の回答データを分析すると、働きながら介護をしている「ビジネスケアラー」２３８７人のうち、介護が始まったときに、上司に相談したと答えた割合は65・1％に達しました。ところが、介護を経験したことがある管理職は１割未満です。

●介護が始まったときに「上司」に相談したビジネスケアラーの割合

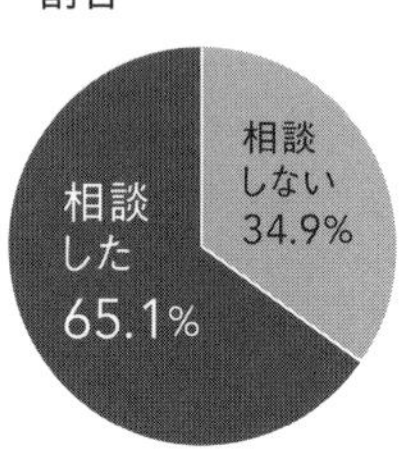


仕事と介護の両立支援クラウド「LCAT」を利用した従業員規模500人以上の企業に勤めるビジネスケアラーの回答：n=2387

●「上司」（管理職）の中でのビジネスケアラー経験者の割合

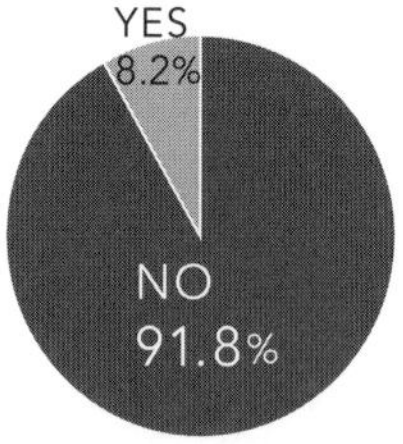


仕事と介護の両立支援クラウド「LCAT」を利用した従業員規模500人以上の企業に勤める管理職 の回答：n=8304

介護経験がない管理職に、介護体制整備において重要な役割を果たす「ケアマネジャー」の存在や役割について知っているかを尋ねたところ、「知らない」と答えた人が７割を超えています。

●ケアマネジャーが果たす役割を知っていますか

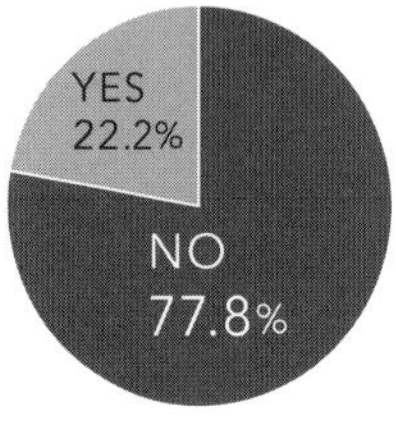


●ケアマネジャーには、どこに行けば会えるか知っていますか

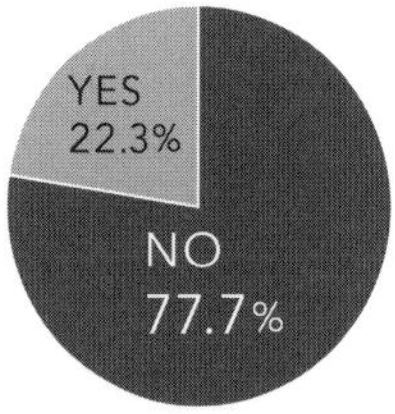


仕事と介護の両立支援クラウド「LCAT」を利用した従業員規模500人以上の企業に勤める介護経験のない管理職の回答：n=7624

また、休暇・休業についての考え方も、介護経験のない管理職は従業員側が感じている両立での課題とうまくかみ合わない傾向があります。**介護経験のない管理職は、「介護のために連続休暇を取るなら、介護に専念すべきである」**と考えがちな実態が明らかになっています。介護との両立についての理解・リテラシーが不足しているがゆえに、企業の管理職や人事部門の人たちも、「休みやすい環境を整えて、本人が納得できるまで休めることが重要」と思っているかもしれません。

しかし実際には、大半の人はキャリアの継続や働きがいのためにできる限り今まで通り働きたいと思っています。**休むことを推奨したり、負担が軽い業務へ配置転換したりすることが必ずしも支援につながらないということは、会社側も意識しておく必要があります。**

## 必要なのは休みやすい職場より、休まずに介護をこなす知識

では、休暇や時短などの介護制度の他に何が必要なのか。実際に介護中の人に聞くと、実践的な情報・知識が足りないと感じている人が多いようです。ただ、介護のハンドブックや研修を提供しても、あまり有効利用

**図3** 介護のために連続休暇を取る場合、あなたの考えに近いのはどれか

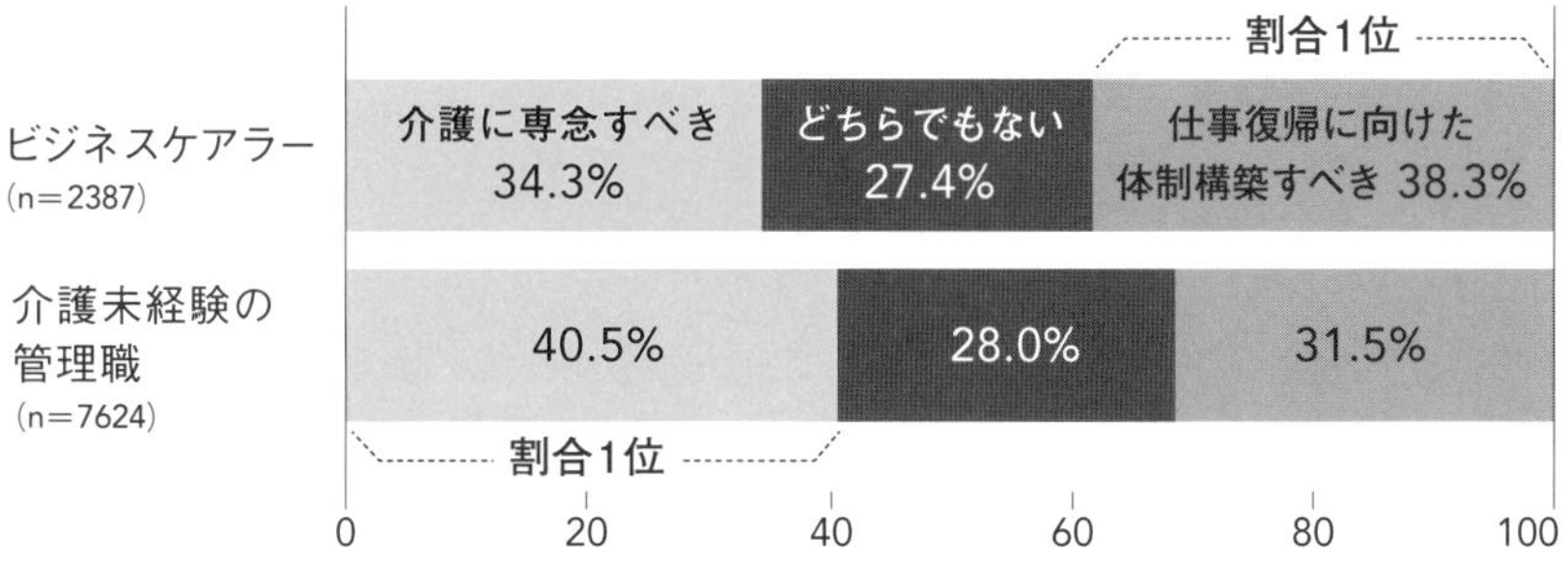


出典：「LCAT仕事と介護の両立支援クラウド」よりリクシスまとめ

**図4** ビジネスケアラーは、常に「実践的な情報知識不足」に悩んでいる

●介護中従業員の意識実態（n=644）

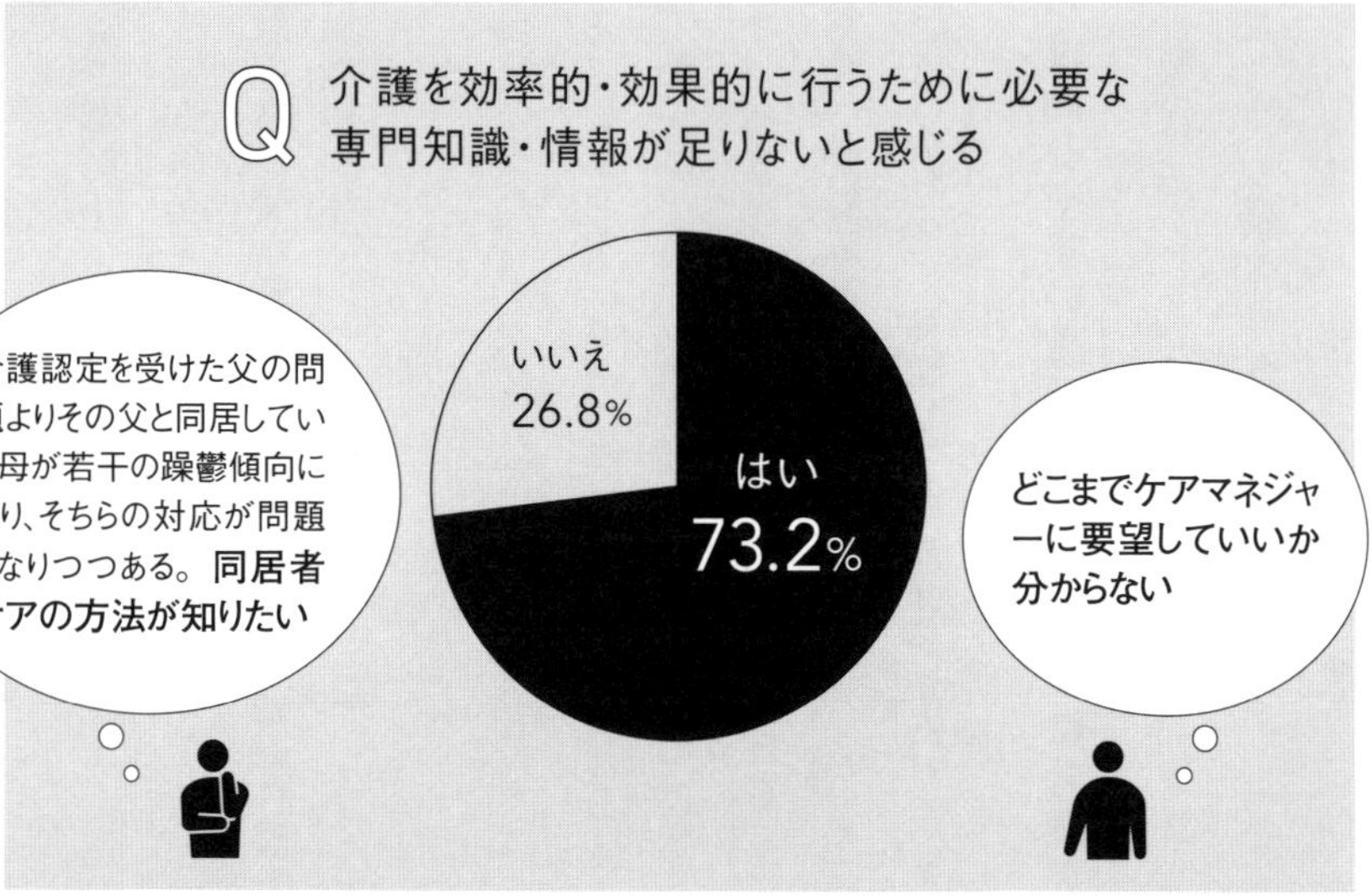


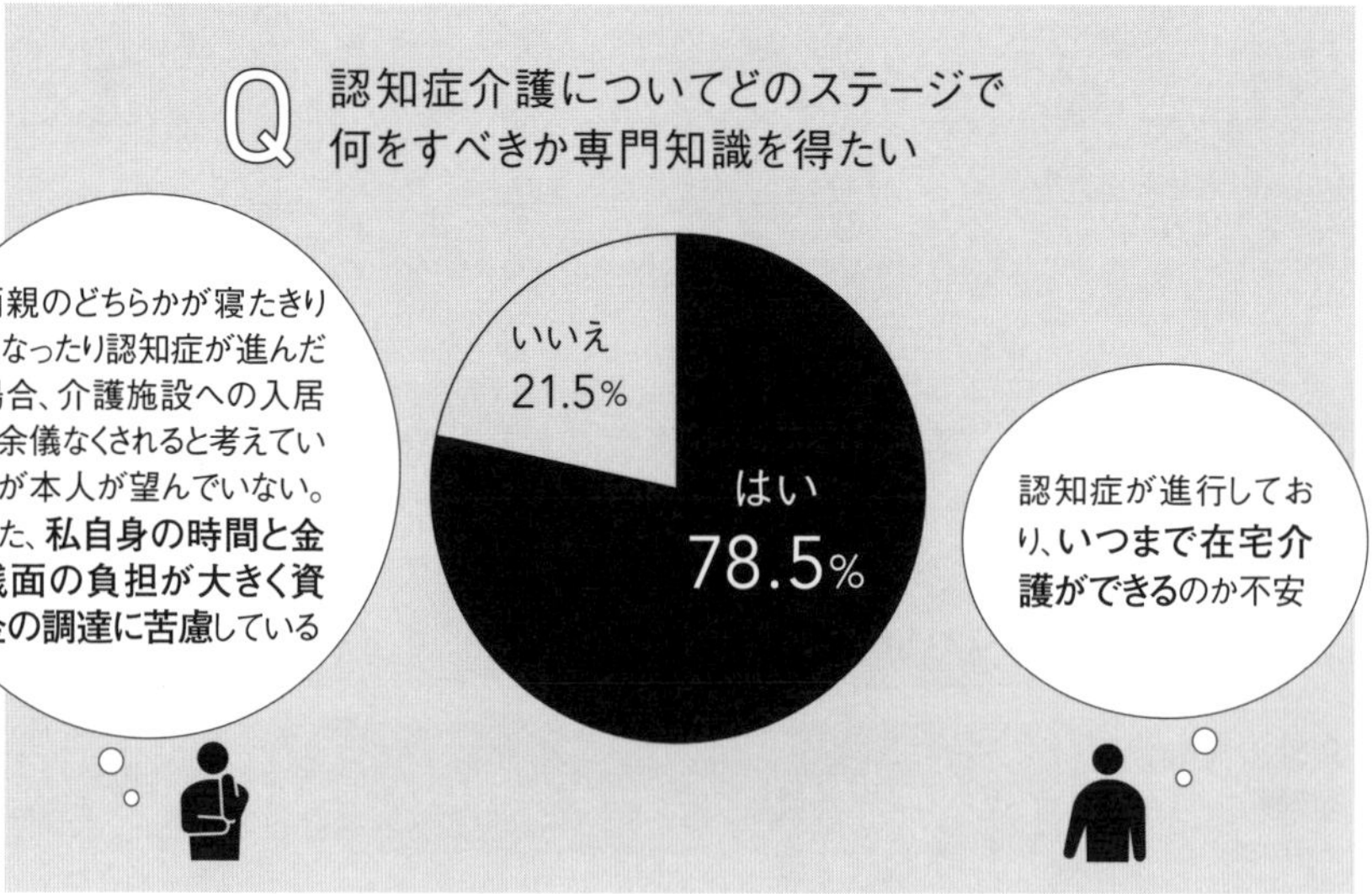


出典：「LCAT仕事と介護の両立支援クラウド」

されない現実があります。

リクシスで調査したところ、「1～2年以内に介護が始まるリスクがある」と危機感を持っている人でさえ、ほとんど必要な情報を持っていないということが分かります。前のパートで述べた初動で必要な情報・知識を持っているだけでも、安心につながるのではないでしょうか。

## 無理は続かない

介護を続けていくうちに、家族の負担が積み重なって身体的、精神的につらくなることもあります。介護保険制度では、家族の介護負担を減らすために「休息」や「小休止」を意味するレスパイトケアが認められています。デイサービスやショートステイを追加して、家族が自分の時間を持てるようにできます。また、介護する家族同士、悩みを打ち明けたり相談したりできる場に参加して精神的な負担を軽減することも有効です。

図5 「あと1～2年以内に介護が始まるリスクあり」と危機感を持っている従業員でも、ほとんどが丸腰

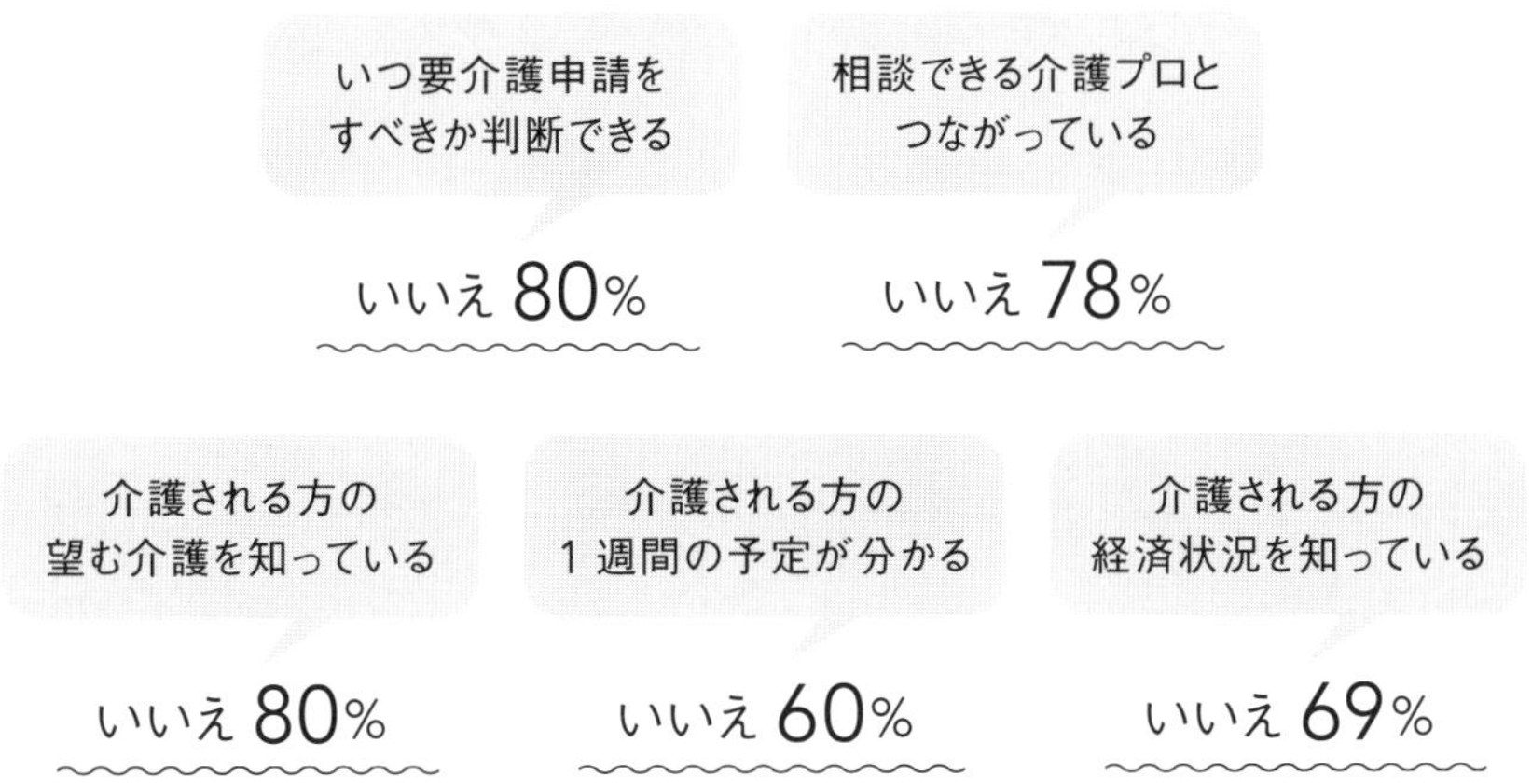


出典：2019年「LCAT 仕事と介護の両立支援クラウド」（n=2500）利用者のうちあと1～2年以内に介護が始まってもおかしくないと回答した人が対象（n=908）

大事なリテラシー

# 平日2時間、休日5時間

私が1つの基準として皆さんに伝えている指標があります。「平日2時間、休日5時間」。仕事をしながら介護を続ける上で、介護にかける時間がこれを上回ると継続がつらくなるという目安です。もちろん環境によって違いますので、これが絶対とはいえませんが、1つの目安としてもいいのではないかと思っています。

自分では、だんだん負担が大きくなっていることに気付きにくいものです。この時間を上回っていたら、相場よりも頑張ってしまっているなと思って、少し休息を取ったり、介護から離れる時間を作ったりしてもいいんだという基準にしてもらえたらと思います。

物理的なケアをしている時間だけでなく、遠方の親が寂しがって電話してくるのに対応するとか、親のことや先行きのことなど介護について考えたり思い悩んだりする時間も含めて、このラインを超えるようなら何らかの調整をしてください。

介護はプロの手を借りれば、家族側の負担は大幅に減らせます。情報を知り、準備することで、介護を受ける側にとっても、介護する側にとっても、よりよい選択を取り得るライフイベントです。このような介護リテラシーが企業組織の中でも共有されるようになると、「仕事と介護の両立」という課題は、多

特に知っておいて頂きたいところは木場POINT!としてご紹介します

くの人にとって、もっと乗り越えやすいものになるのではないでしょうか。

**仕事と介護の両立に向けた「基本方針」3ポイント!**

**1**
餅は餅屋。介護体制構築はプロを活用

**2**
早期発見・早期対応。「初動」を制する

**3**
できる限りこれまで通りの働き方をする
それを前提に、介護のプロと「両立体制」を組む
（最大でも自身でのケアは平日2時間、休日5時間以内に）

第2章

# これだけは押さえたい「働く×介護の両立」基礎知識

介護と仕事を両立するためには介護リテラシーが必要と第1章でお伝えしましたが、介護保険制度は複雑なうえに3年ごとに見直されるので、詳しいことは介護専門職の人に相談する必要があります。ここでは、プロと協力して最善の結果を出すために、押さえておきたい基礎知識について説明します。

# 1 介護にとって最も重要なこと

皆さんは、親の人生についてどこまでご存じでしょうか。

たとえ老いて体が言うことを聞かなくなったとしても、誰にでも毎日を過ごしたい場所、食べたいもの、話をしたい友人、大切にしている思い出があります。そしてその理由も。

親に介護が必要になったときに、その理解がないままに介護をしてしまうと、介護される本人の生活の質が下がったり、状態が悪化したりして介護負担の増加につながるリスクがあるのです。

## 本人の強みを理解することで介護を受ける人の生活の質が上がる

人は高齢になるほど身体的機能は衰え、社会的機能も減退しますが、精神的な機能は成熟し続けていくといわれています。時が過ぎても体は元のように健康にはならないし、病気も治りません。ただ、その人が持っている潜在的な強さは残っています。そうした強みを生かすことが介護の基本とされています。

例えば、現役時代は仕事が趣味のような真面目な人だったので、細かい目標設定をしてできることを増やしていくとか、何よりも旅行に行くのが好きな人なので、また家族と温泉に行くためならリハビリを頑張れるとか、強く持っている願望やポジティブな特性を生かすことができれば、体は衰えても前向きに生活できるかもしれません。

**衰えている機能やできないことばかりを見て「助けてあげる」だけでは、できることがどんどん減ってしまい、本人の自信もなくなります。**年を取った今の姿だけでなく、親が人生を通して培った「強み」に注目することで、その人らしく生きがいを持ち納得した人生を生きることができる可能性があります。

## なぜ親の人生への理解が介護の質や家族の負担に影響するのか

仮に、足腰が悪くなってリハビリが必要な人の場合を考えてみます。歩けないと困るのは確かなので、筋力低下を予防するためにリハビリを行うことになるでしょう。一見筋が通っているように思えますが、**筋力低下を予防することは人生の目的ではなく手段に過ぎません。**

親が筋力を維持した上でやりたいこと、続けたいことがはっきりしていなければ、リハビリに行きたがらない親を毎回必死に説得したり、言いくるめたりしながら介護を受けてもらうことになり、介護する側の負担は大きくなります。何のためにリハビリを行うのかという目的

図1 人の持つ機能がそれぞれピークを迎える年代は違う

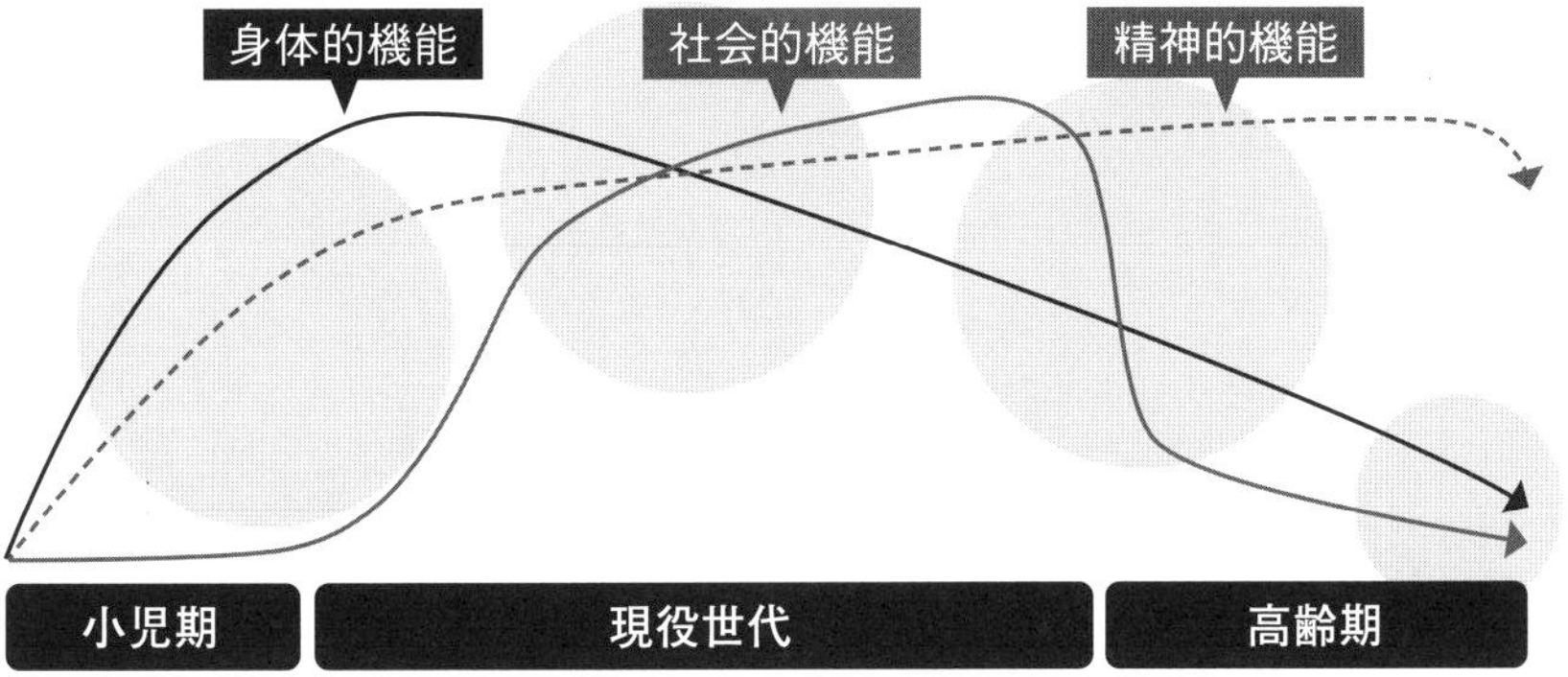

がはっきりしていれば、前向きに取り組んでもらうことができるかもしれません。

このように、親の人生への理解が重要な理由の**１つ目は、介護やリハビリの目的を明確にすることで本人の生活意欲を高めることができる**からです。もちろん、これは介護サービスを利用するとケアマネジャー（以下、ケアマネ）をはじめとする介護の専門職が一緒に考えてくれることです。

しかし、介護が始まってから初めて出会う専門職だけでは本人の希望はすぐには分からないこともあるので、昔から本人のことを知っている家族からの情報が必要です。

２つ目の理由は、**認知症などになって自分で説明することができなくなったときに、本人が取った行動の理由を想定できるから**です。

認知症の方の行動は健常な人にとっては理解できない場合が多いですが、必ず本人なりの理由があります。例えば、認知症の行動心理症状の１つに徘徊《はいかい》と言われる行動があります。徘徊とは、目的なくどこかに行って歩き回ることですが、健常な人と考える手順が異なるだけで、これにも本人なりの目的や理由があります。

デイサービスにいるときに夕飯の支度が気になって家に戻ろうとしたり、今いる場所が自分の家だと思えなくて、昔住んでいた家を探して遠くまで行ってしまったりするのです。

この本人なりの理由が分かると、周りの人にとって問題となるような行動を避けるためにどのように本人に働きかけるとよいか考えるヒントになります。デイサービスから帰りたくなった人には「お弁当の手配をしているので夕飯の支度は大丈夫ですよ、もう少しゆっくりして帰りましょう」と声をかければ分かってもらえるかもしれません。

特に、アルツハイマー型認知症では、少し前のことを忘れているのに昔のことはよく覚えているという傾向もあり、若い頃の生活や考え方が手掛かりになることもありますので、今の状況だけでなくこれまでどんな人生を送ってきたかがより重要になります。

## 大事なことなのに多くの人は「確かめたことはない」

一方で、親の人生について理解していると言える子どもは少ない、というのも事実です。介護が始まる前の子を対象とした調査で、「親のどうしてもやりたいことが何か知っていますか」という質問への回答を見ると、「よく知らない」「何となく分かっているつもりだが、確かめたことはない」という人が大半で、「本人と話をしたことがあり、具体的に理解している」と答えた人は2％しかいませんでした。

自分のことで手いっぱいでなかなか親のことまでは

**図2** あなたの親にとって「どうしてもやりたいこと」が何か知っていますか？

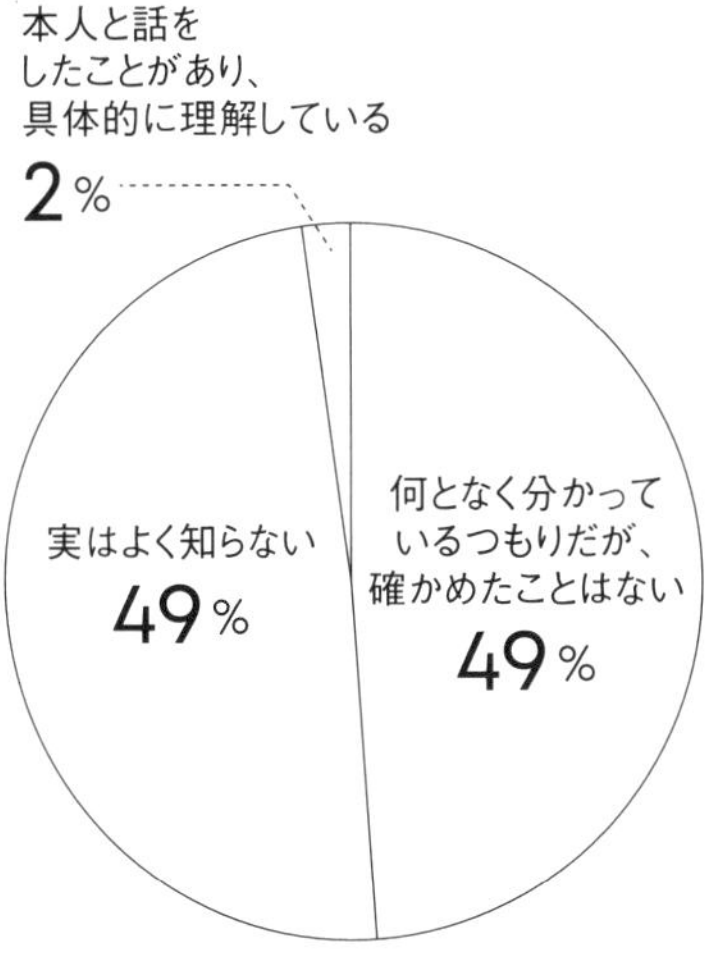


出典：リクシス LCAT 介護が始まる前のビジネスパーソンへのアンケート

- 親から自分の話を聞くのはなかなかできない。親のことは、意外と知らないことに気付いた
- 親の生活や健康は気にしていたけれど、何がやりたいのかはあまり考えたことがなかった。今のうちに親を知る努力をしておきたい
- 老後を考え、趣味などに目を向けさせることも必要なのか？
- 改めて考えたことがないからいいですね！正月にでも両親に尋ねてみるかという気になりました
- 自身の生活で手いっぱいなので、近くにいる両親に目も心も向けていない
- 改めて何も把握していないことが分かった

考えられないという声もありました。親と話していない人や、話す必要があると分かっていてもなかなかできないという人が大多数です。ただ、できないのが普通ですので、無理に一人で対応しようとして罪悪感や責任感を抱え込む必要はありません。

とりわけまだ親が元気な場合は、介護の話を家族の中で持ち出すことはとても難しいものです。できる範囲で少しずつ確認してみるという気持ちでよいかと思います。例えば年末年始の帰省のときなど、昔のアルバムを見て少し話をしてみる機会が1回あるだけでも、介護に向けての準備は大きく前進することになります。

## 親の人生について、何を理解したらいいのか

事前に話ができる機会があったとしても、具体的にどんなことを確認すればいいのか分からない、という人もいるでしょう。福祉の分野では、本人の持つ強みは大きく4つに分けられます。

**【本人の性格】** 世話好き、我慢強い、など

**【才能・技能】** 職人だったので細かい作業が得意、料理上手、特定分野の知識が豊富、など

**【関心・願望】** 釣りが好き、旅行好きでいろいろな場所に行きたい、など

**【環境】** 家族との関係が良好、金銭的に困っていない、などの外的要因

この中で特に「関心・願望」は目標を見つけるために最も重要です。ただ、病気やケガなどで急に介護が始まったばかりの方に直接聞いても、はっきりと答えられない場合が大多数です。それどころではないのでまず困っていることをどうにかしてほしいと考えるからです。家族にはぜひ、介護が始まる前に本人の願望や関心について確認していただきたいです。

やりたいことや続けたいことの具体的な内容は人それぞれですが、介護を受けている方に共通しているのは「少し前の状態」「体が悪くなる前の状態」を理想として話すということです。

ちょっと前まではよく旅行に行っていた、とか、腰が痛くなる前は庭の植木をきれいに保っていた、というような話から本人の願望や関心が分かることがあります。「ちょっと前」が10年、20年前、ということも多いので、今の状態だけを見ると想像できない場合もあります。

直接話していなくても生活習慣などを知っていれば想像することはできるかもしれませんが、できれば一度話をしてみて、本人の口から話してもらうことをお勧めします。

本人の発言が事実であるかは、実はあまり関係がありません。「本人がそう言っていた」という事実が、介護方針の判断材料や安心できる根拠の一つになります。

## 直接聞きづらいとき、どうやって切り出すか

実際に親から話を聞こうと思っても、なかなか切り出しにくいという人も多いかと思います。私自身、介護のプロとして「早めに話をしたほうがよい」と言い続けていますが、いまだに自分の親と将来につ

いて直接話すことはできていません。親子だからこそ、照れや遠慮があって直接的な話はしにくいというのが現実だと思います。

無理して話をしようと意気込んで話すよりは、楽にできる第三者に頼るか、間接的なツールを使ったりするほうがうまくいくこともあります。

例えば親とつながりの深い同世代の人、配偶者や同世代の親戚、話しやすいきょうだいなどから話してもらうのもいいかもしれません。孫には甘い人が多いので、お孫さんから素知らぬ顔で聞いてもらった、という人もいました。

親に話を聞けるのは自分しかいない、という方は、自分史制作のようなサービスをプレゼントして他人に聞き出してもらうのもよいかもしれません。自分史までは難しくても、先ほど例に挙げた、親の写真を見てアルバムの整理をするような機会をつくるのも有効です。写真を見ながら話すと、自然に思い出話ができるものです。

**介護の前に親に聞いておきたい3ポイント！**

1 親が大事にしている価値観や習慣、友人

2 どんな人生を送ってきたのか、思い出の場所も大事

3 直接聞き出すのが難しければ、第三者を介したり、アルバム整理をしながら聞き出すのも有効

# 2 在宅か施設か？介護サービスの知識

## 介護＝施設に入居、ではない

介護相談でよく聞かれる質問は、「いま親はこういう状態なんですが、施設に入居させたほうがいいでしょうか？」「いつ頃がいいのでしょうか？」というものです。

それぞれに、思い入れのある自宅で住み続けたい人や、なるべく安心したい人など、いろいろな条件があるかと思いますけれど、一般的に皆さんどうしているのか、統計データで見ていきましょう。

まず図1は、施設にいる人と在宅で介護を受けている人との割合を示したデータです。これによると、要介護認定を受けている人が全体で７００万人くらいですが、そのうち施設で介護を受けている人は１９６万人、在宅は４７２・３万人。**統計上では施設に入っている人は全体の3割ぐらいです。**

多くの人は「介護＝施設」という印象を持っているようですが、実際の数字を見ると7割以上は自宅

図1 介護スタイルの割合

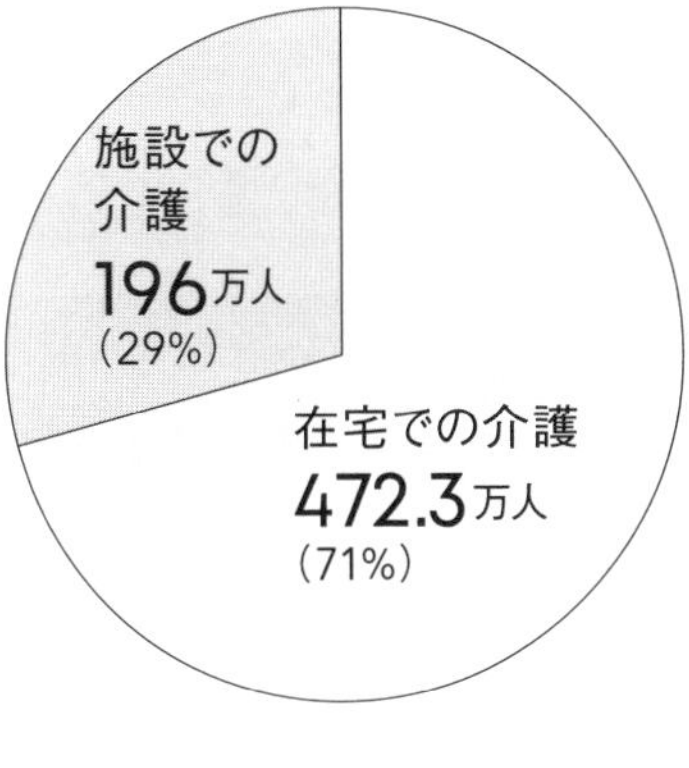


資料：厚生労働省「介護保険事業状況報告（暫定）」2020年5月よりリクシスが作成

で介護を受けているということが分かります。

次に、要介護度別に在宅と施設の割合を出したのが図2です。要介護度が高くなるにつれて、施設で介護を受ける人の割合が上がってきます。要介護3くらいまでは施設に入っている人が半数以下ですが、要介護4、5になると身体介護が必要となり、家の中での日常生活が難しいので、そのあたりから施設に入っている人が半分を超えてきます。また、**要介護5ではほぼ寝たきりのような状態で認知機能が低下している人も多いですが、それでも4割ぐらいは自宅にいる**ということが分かります。

一般的に、年齢が高いほど要介護度が高い人が増えます。施設入居時の平均年齢は82歳、そのうち8割程度の人が認知症と診断されているというデータもあるので、**実際に施設に入っている人は、高齢で認知症もあって要介護度の高い段階になってから入るケースがほとんど**だと思います。

**図2** 要介護度別の施設利用状況

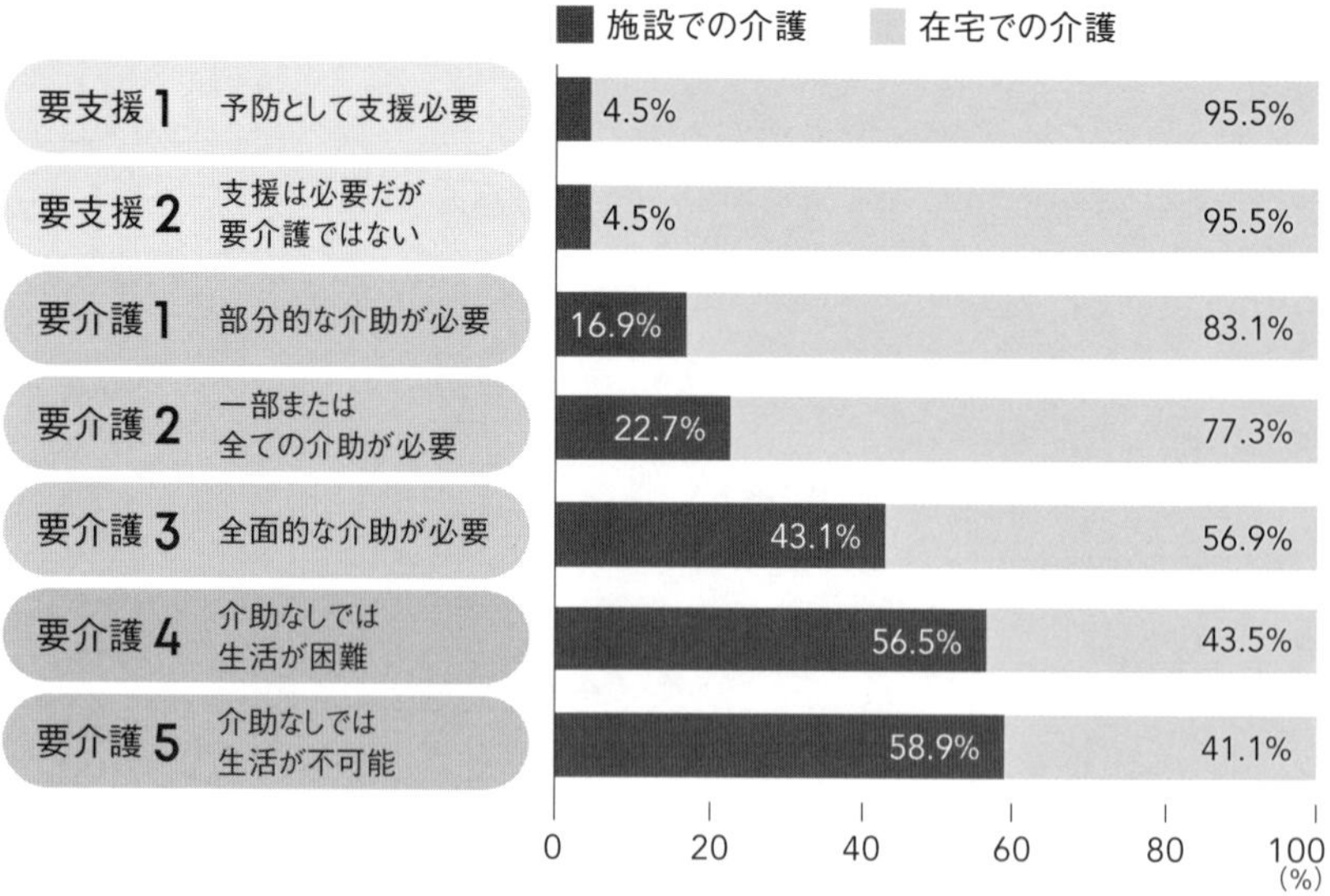


資料：厚生労働省「介護保険事業状況報告」2020年、国土交通省「高齢期の居住の場とサービス付き高齢者向け住宅の現状に関する調査報告」より作成

**図3** 身体機能が低下して車いすや介助が必要になった場合の「本人の移住場所の希望」

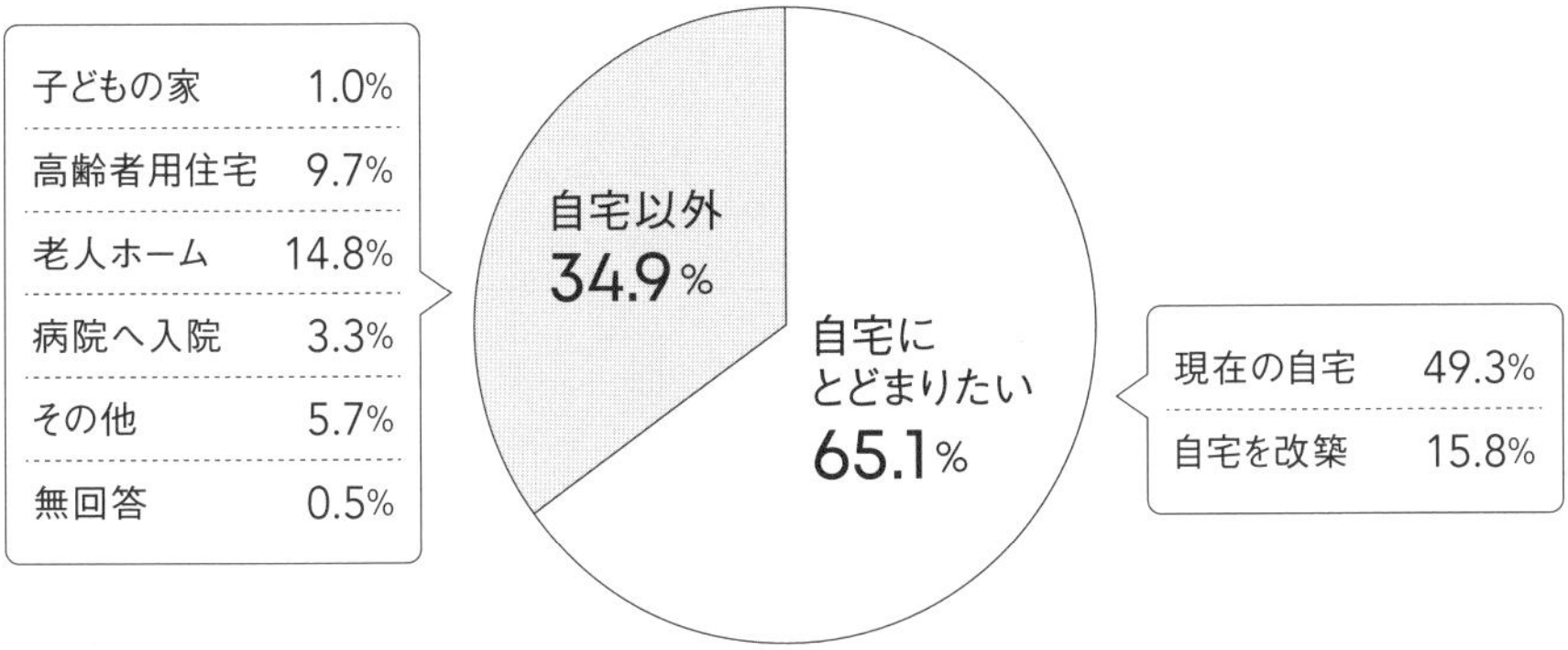


出典：内閣府「高齢者の生活と意識に関する国際比較調査」2015年

**図4** 65歳未満でも要介護認定の対象となる「特定疾病」とは

| | |
|---|---|
| 1 | 末期がん |
| 2 | 慢性関節リウマチ |
| 3 | 筋萎縮性側索硬化症 |
| 4 | 後縦靭帯骨化症 |
| 5 | 骨折を伴う骨粗しょう症 |
| 6 | 初老期における認知症 |
| 7 | 進行性核上性麻痺・大脳皮質基底核変性症およびパーキンソン病 |
| 8 | 脊髄小脳変性症 |
| 9 | 脊柱管狭窄症 |
| 10 | 早老症 |
| 11 | 多系統萎縮症 |
| 12 | 糖尿病性神経障害・糖尿病性腎症および糖尿病性網膜症 |
| 13 | 脳血管疾患 |
| 14 | 閉塞性動脈硬化症 |
| 15 | 慢性閉塞性肺疾患 |
| 16 | 両側の膝関節または股関節に著しい変形を伴う変形性関節症 |

前ページの図3は身体機能が低下して車いすや介助が必要になった場合どこにいたいか、という希望を本人に聞いたものです。自宅にいたいという方が65％で、**基本的には高齢者本人は、体が悪くなっても自宅にいたいという人が大半**だということになります。

こういう本人の意識もあるので、施設に入るのは「もう自宅で過ごすのは無理だな」と本人が感じたときや、認知機能が低下して本人からは希望を聞き出すことが難しい段階になってから、というのが相場になっていると考えられます。

## 介護保険サービスの仕組みを知ろう

では、施設や在宅で介護をする上で、それぞれどんな支援サービスを受けられるのか、どんな選択肢があるのかについて見ていきましょう。まず前提として、介護保険制度をどのように利用することができるのか、改めて学んでおきます。

介護保険の被保険者は、65歳以上の人（第1号被保険者）と、40～64歳までの医療保険加入者（第2号被保険者）に分けられます。第1号被保険者は、原因にかかわらず要介護認定を受ければ介護サービスを受けることができます。また、第2号被保険者は、加齢に伴う疾病（特定疾病。前ページ図4参照）が原因で要介護認定を受けると介護サービスを受けることができます。

介護保険のサービスを利用するには、まず要介護認定を受ける必要があります。市区町村の窓口に申請すると調査員が訪問し、本人や家庭の状況を聞き取り調査します。主治医の意見書と併せて審査の上、要介護1～5、または要支援1～2のいずれかに認定されます。申請から認定されるまでかかる期間は約30日間。申請手続きは、地域包括支援センターに相談すれば、サポートしてもらうこともできます。

要介護認定を受けると、介護支援事業者と契約してケアマネを決め、ケアプランを作成します。ケアマネが本人や家族と話し合って、その人に必要なサービスの組み合わせや利用頻度を決めます。要介護度は定期的に見直しを行います。介護プランも必要に応じて見直しをすることが可能です。

介護サービス利用の自己負担率は基本的に1割ですが、所得などの条件によって、2割や3割になることもあります。要介護度によって、利用できる介護サービス費用の上限が定められており、限度を超過した分は10割自己負担となるので、ケアマネには予算の上限についても相談しておくことが大切です。

**図5** 介護保険サービス利用手続きの流れ

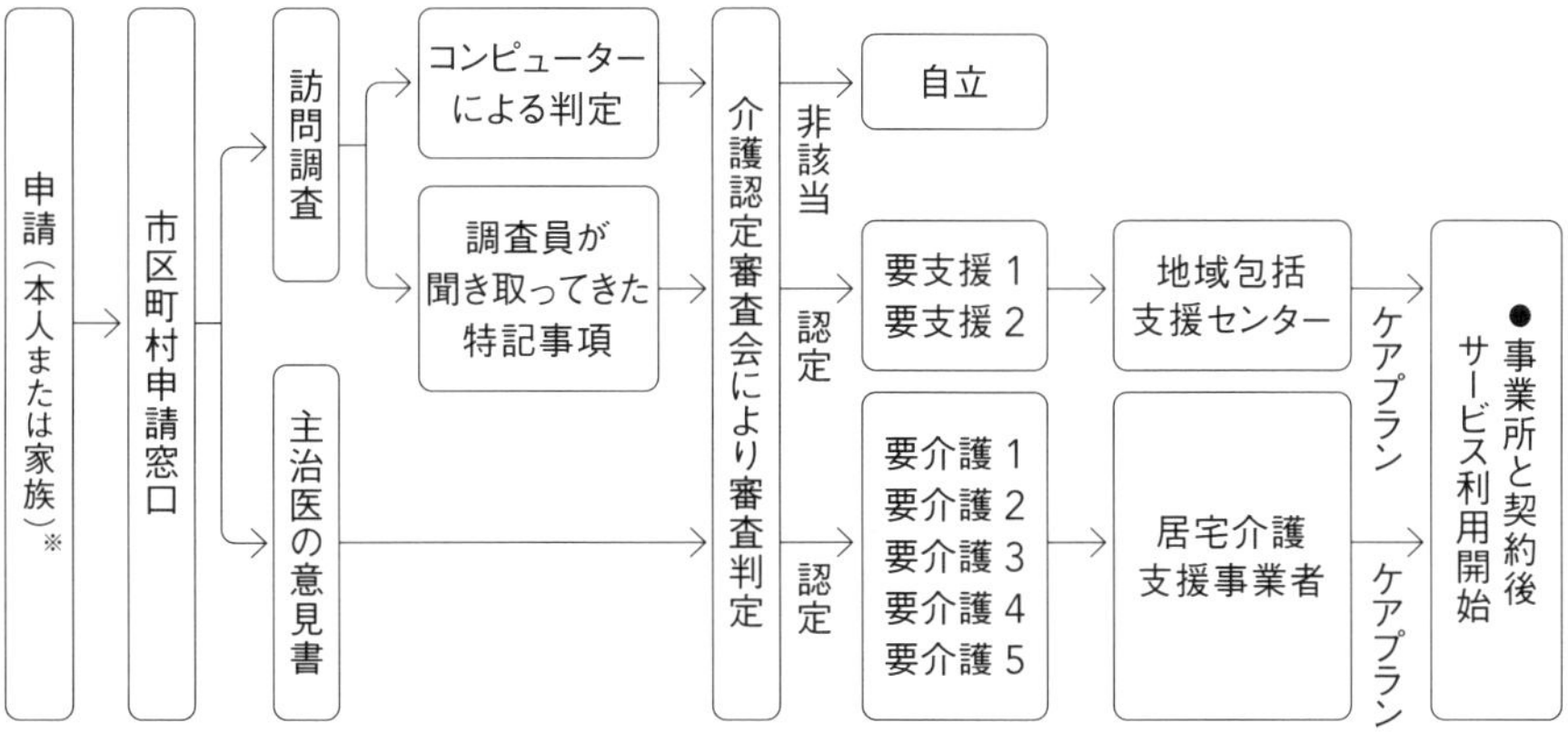


※地域の民生委員、居宅介護支援事業者による代行も可

図6　ケアプランの作成の流れ

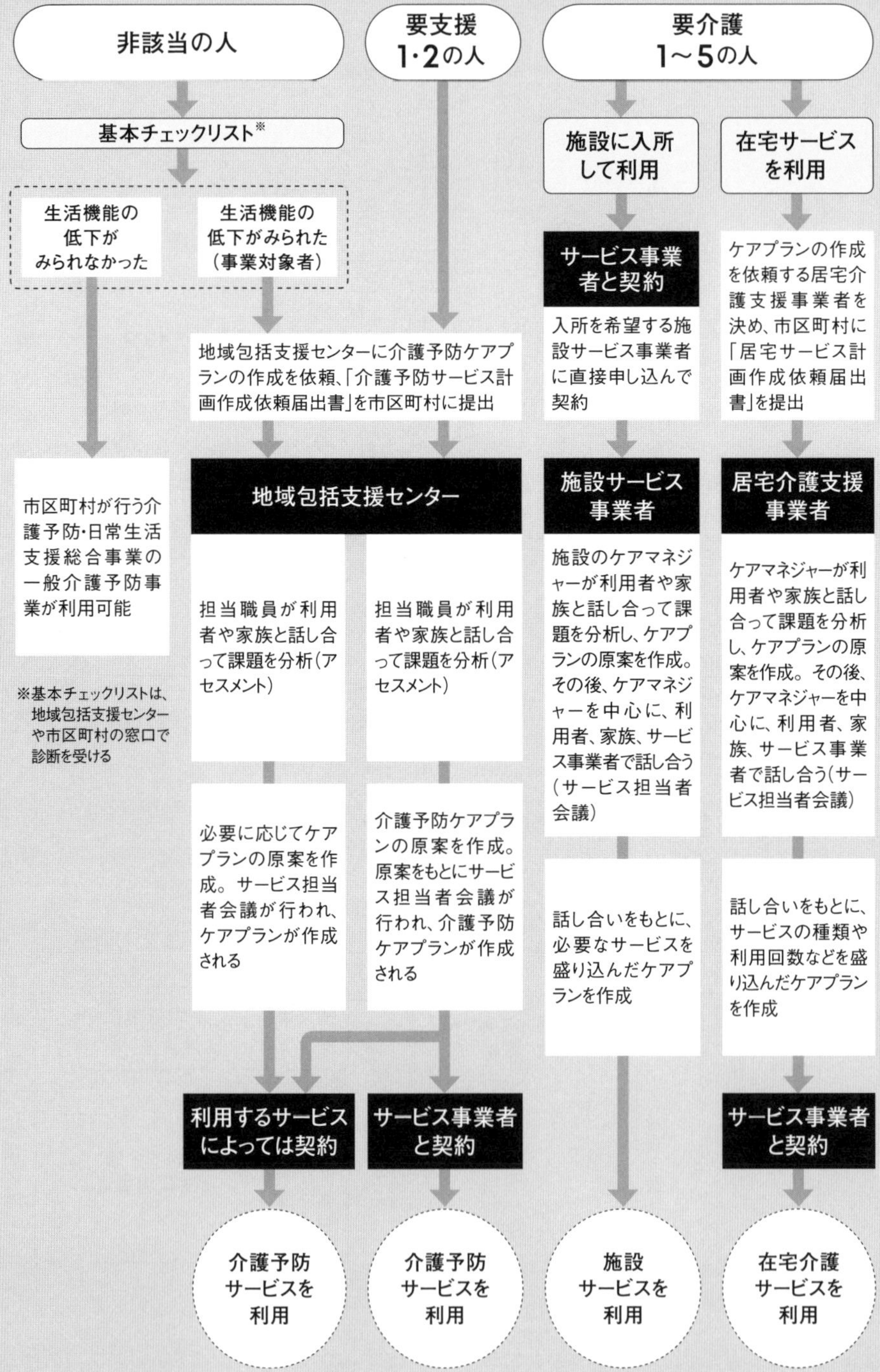

## 介護保険で使える在宅介護サービス

図7は介護保険で利用できる在宅介護サービスの種類です。ケアマネを付けて在宅介護サービスで利用できる内容は、大きく分けて「訪問型のサービス」「通所型のサービス」「宿泊型のサービス」の3種類です。

訪問型サービスは家に来て提供してくれるサービスで、ヘルパーによる訪問介護や訪問入浴、買い物・掃除といった家事などをやってもらうことができます。

通所型サービスはデイサービス、デイケアと呼ばれるもので、日中に施設に通ってお風呂を利用したり、レクリエーションをしたり、一定時間預かってもらうようなイメージで、一日型と半日型があります。宿泊型サービスは短期入所生活介護（ショートステイ）といわれるもので、家族では介護が難しいときに1~2泊してもらったり、家族が入院して家で介護できないようなときに、最長で1回に30日まで泊まったりできます。

**図7** 介護保険で利用できる在宅介護サービスの種類

**サービスを調整する**
- 居宅介護支援（ケアマネジャー）

**訪問型サービス**
- 訪問介護（ヘルパー）
- 訪問看護
- 訪問入浴
- 訪問リハビリ

**通所型サービス**
- デイサービス
- 通所リハビリ（デイケア）

**宿泊型サービス**
- 短期入所生活介護（ショートステイ）

**複合型サービス（地域密着型サービス）**
- 小規模多機能型居宅介護
- 看護小規模多機能型居宅介護

**住環境を整えるサービス**
- 福祉用具貸与
- 福祉用具販売・住宅改修

その他に、3種類それぞれを組み合わせた複合型のサービスもありますし、自宅で過ごすために福祉用具を借りたり、トイレや階段に手すりをつけるような改修をしたり、住環境を整えるサービスもあります。こうしたサービスを利用することで、要介護5の寝たきりの状態でも4割ぐらいの人が自宅で過ごしているのです。

## 介護施設の種類は多種多様

次に、施設に入居しての介護の場合、どんな選択肢があるのか見ていきましょう。図8の上の段にあるのが民間の有料老人ホーム。ＣＭなどでも見かけると思います。有料老人ホームは形式によって3種類に分けられます。

この図では右側へ行くほど提供サービスが手厚く、重度の方が多い印象です。左に行くほど元気なうちに入る施設です。「健康型有料老人ホーム」は、そもそも要介護状態でない人しか入れないので、介護度が上がると右に移る可能性もあります。

「住宅型有料老人ホーム」で提供されるのは、生活支援と食事のサービスで、介護サービスは別途契約して受けることになります。「介護付き有料老人ホーム」は施設内のサービスですべて完結するタイプで、身体介護を含む介護費用がすべて月額の中に含まれています。

下の段の**「シニア向け分譲マンション」**というのは、介護施設というより高齢者向けのバリアフリーマンションです。1階に介護事業者が入っていることが多く、必要があれば介護サービスを受けられる

**図8** 主な介護施設の種類

| 必要により外部（併設）の介護サービスを利用 | | 施設内サービスで完結 |
| --- | --- | --- |
| **健康型有料老人ホーム** | **住宅型有料老人ホーム** | **介護付き有料老人ホーム** |
| 利用権方式 | 利用権方式<br>月20万円程度 | 利用権方式<br>月28万円程度 |
| 初期費用 | 初期費用 | 初期費用 |
| 高<br>まとまった額の入居一時金が必要 | 中〜高<br>まとまった額の入居一時金が必要 | 中〜高<br>まとまった額の入居一時金が必要 |
| 提供サービス | 提供サービス | 提供サービス |
| 指定なし | 生活支援・食事 | 身体介護含むすべて |
| **シニア向け分譲マンション** | **サービス付き高齢者住宅** | **特養など公的施設** |
| 所有権方式 | 賃貸借方式<br>月22万円程度 | 利用権方式<br>月12万円程度 |
| 初期費用 | 初期費用 | 初期費用 |
| 高<br>購入 | 低〜<br>敷金・礼金程度 | 低〜<br>まとまった額の入居一時金が必要 |
| 提供サービス | 提供サービス | 提供サービス |
| 指定なし | 生活支援・食事 | 身体介護含むすべて |

→ 右側ほど提供サービスが手厚い傾向

ようになっています。かなり元気な状態から入れます。

下段中央の「**サービス付き高齢者住宅**」。**賃貸マンション**で、介護サービスが外部から受けられ、1階に介護事業者が入って必要な人はそこのサービスを受けることができます。

下段右側の「特養など公的施設」とは、ここまでに挙げた民間の施設とは違う公的な施設です。特別養護老人ホームなどは要介護3からしか入居できず、待っている人も多くてすぐには入れないので、まず民間のサービスを探すということになることも多いです。

図9に示したように、こうした施設の種類や目的によっては入居期間を限定される可能性があります。「介護老人保健施設」は、在宅復帰を目指してリハビリを受けながら医療ケアを受ける施設です。そのため施設入居期間が限られています。

また、医療依存度や要介護度に応じて制限がかかる可能性のあるものもあります。施設によって違いはあり

図9　施設によって入居期間を限定される可能性がある

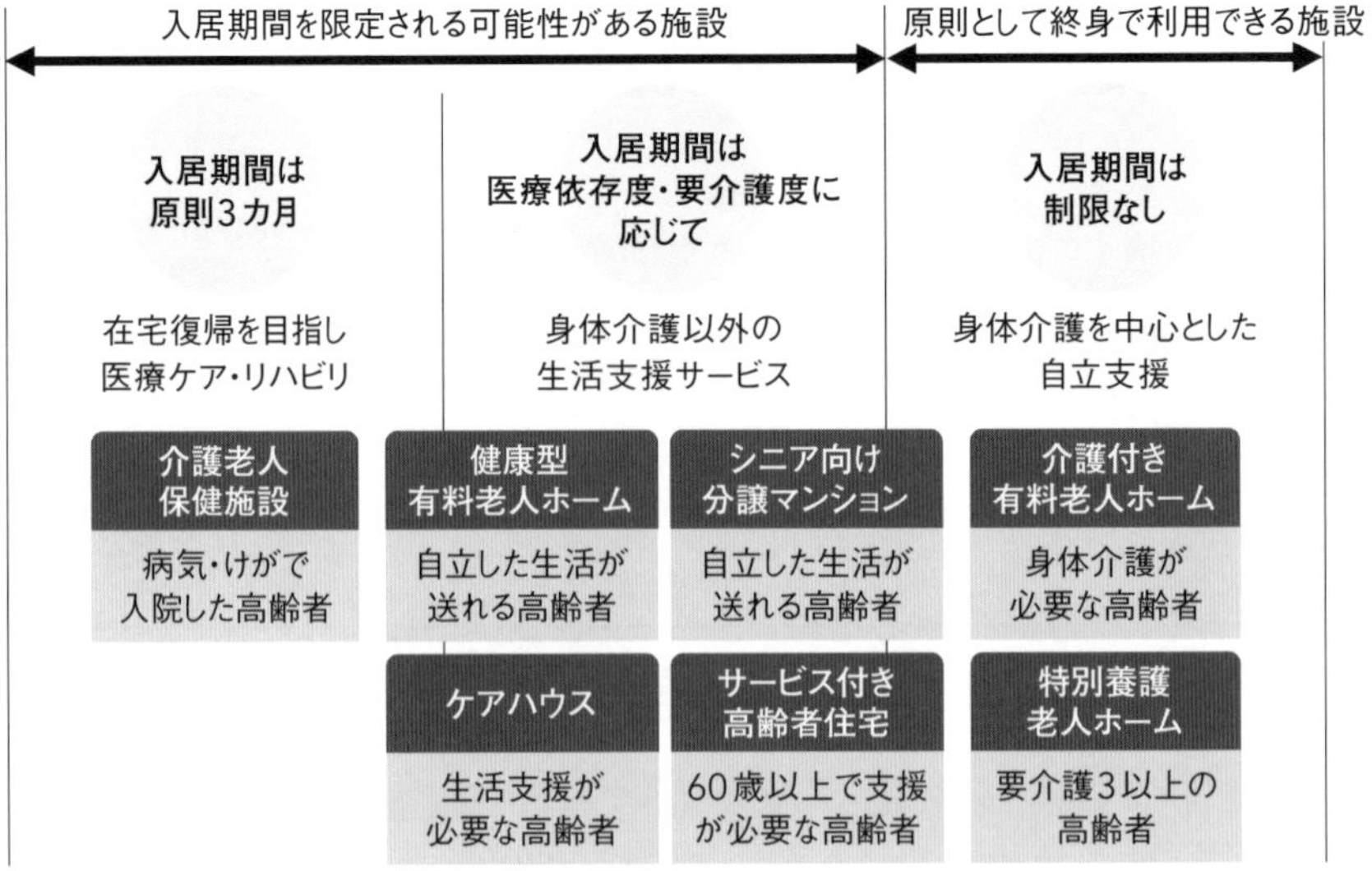

ますが、比較的健康な人向けの施設は、重度になったときに「うちの施設では長時間の点滴には対応できません」といった理由で他の施設へ移ってほしいと言われる可能性があります。

一方、図9の右側は、入居期間に制限がなく原則終身で利用できる施設で、民間なら「介護付き有料老人ホーム」、公的施設なら「特別養護老人ホーム」があります。

## 「老人ホームは順番待ちで入れない」は本当？

よく特別養護老人ホームは「何百人待ちでなかなか入れない」という話を聞きますが、実際のところどうなのでしょう。高齢者向け施設の利用状況の推移を示した次ページの図10を見てください。

２０１２年頃から施設が足りないといわれ、民間も公的施設もそれぞれ増やしています。都市部の特別養護老人ホームはずっと何百人待ちになっているかもしれませんが、民間の施設の入居利用率を見ると、半分くらいの施設は空きがある状況で推移しています。

東京23区内で探すのは難しくても、人が少ないエリアでは空きはあります。公的施設の特別養護老人ホームなどでは、住民票があるエリアでないと申し込みができませんが、住民票は移すことができるので、どこにも入れないということはないと思います。

住所地特例というルールがあり、例えば東京都荒川区で施設を利用する必要がある人が荒川区に空きがないので、東京都八王子市の施設に入るとします。そうすると空いている施設を持っている八王子市が負担する費用が増えてしまうので、もともと住んでいた荒川区がお金を払うという、地域間で融通す

## 図10 高齢者向け施設の利用状況

●高齢者向け施設の入居率

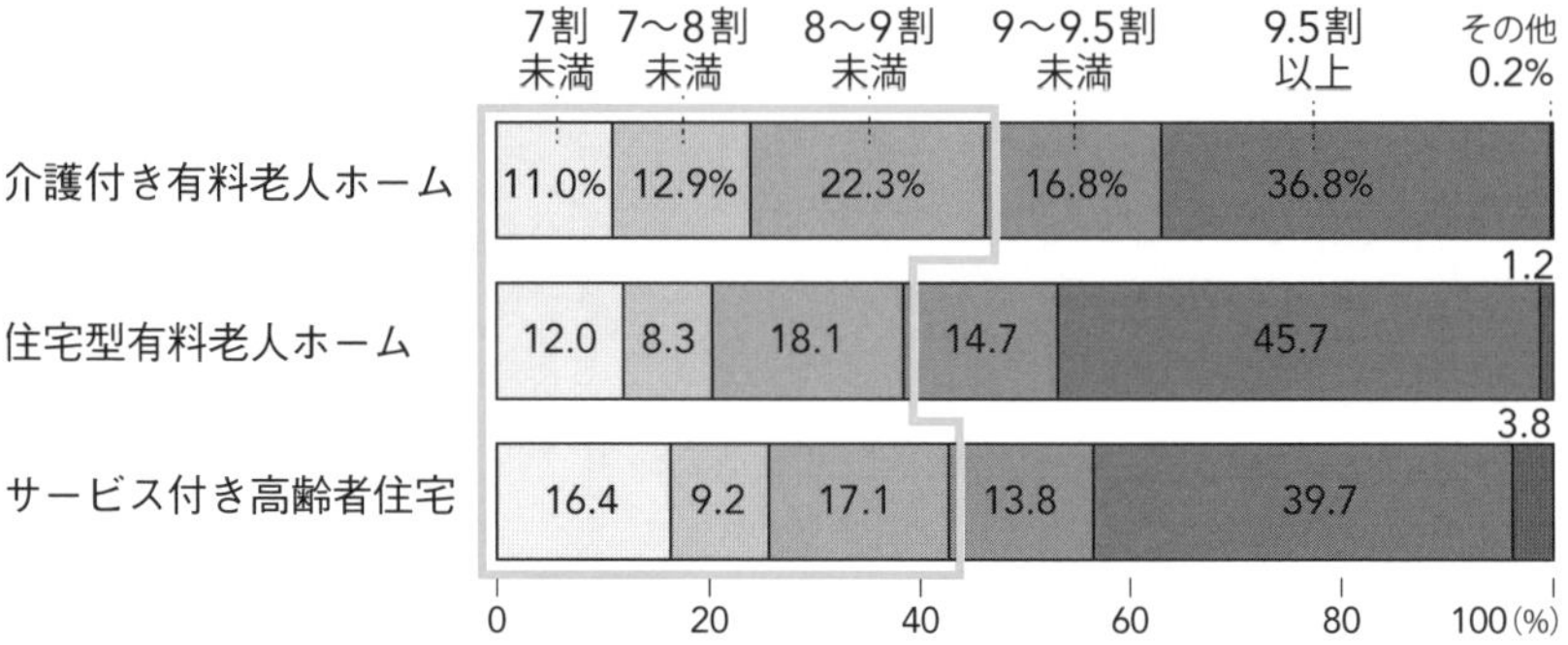


出典：厚生労働省「平成28年度老人保健事業 高齢者向け住まい及び住まい事業者の運営実態に関する調査研究」、
2020年 同省「特別養護老人ホームの入所申込者の状況」

●高齢者向け施設の利用者数推移

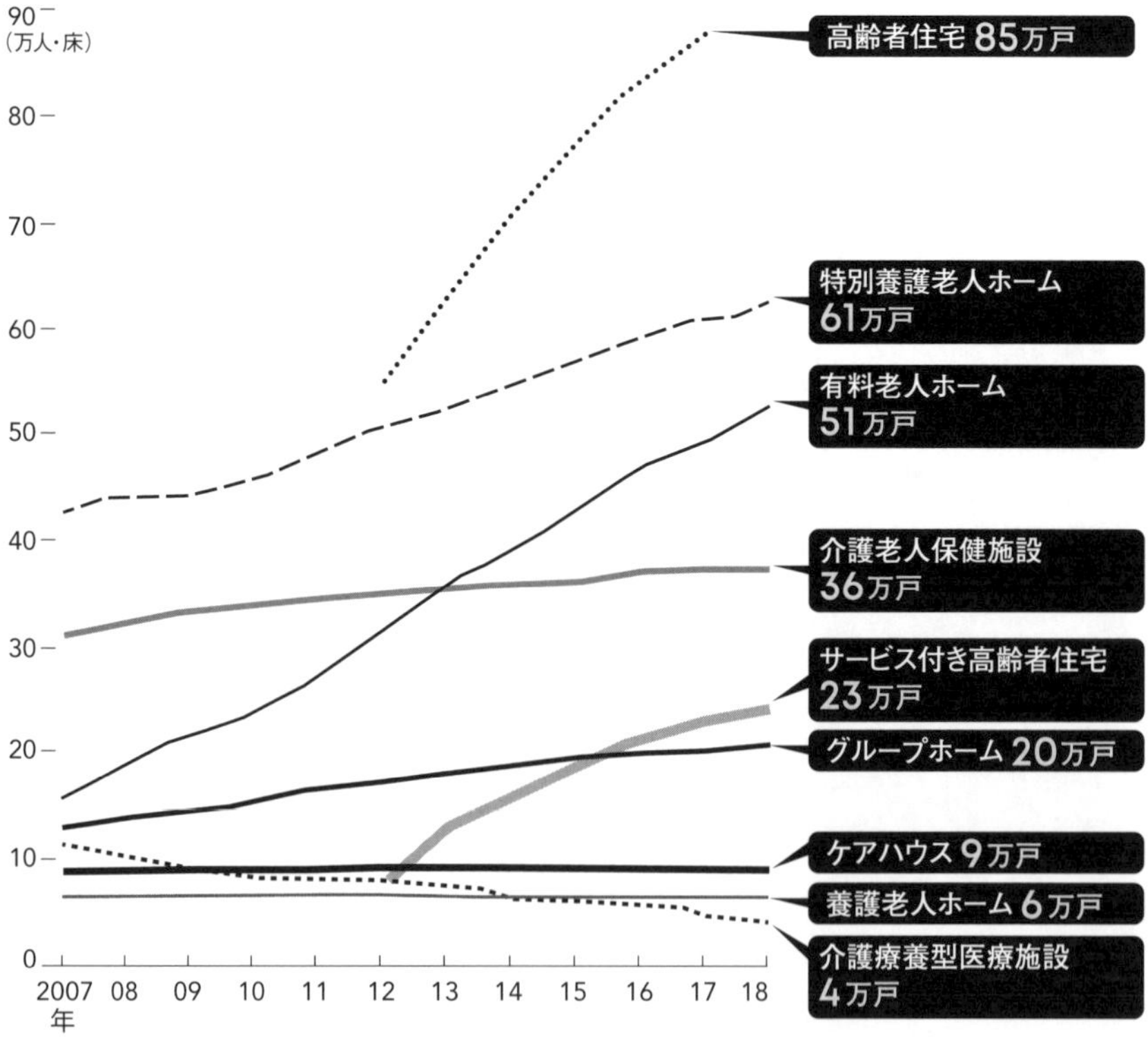


出典：2020年 国土交通省「高齢期の居住の場とサービス付き高齢者向け住宅の現状に関する調査報告」

るルールを定めているところもあるのです。本当に近くに入れるところがどこもないということになれば、家族で何とかしようとする前に、行政に相談してみてください。

## 在宅と施設の中間？　地域密着型サービス

　これまで在宅か施設か、二択のような話をしてきましたが、もう1つ中間的なサービスがあります。「地域密着型サービス」と呼ばれる、高齢者が住み慣れた地域で生活が続けられるように支援するいくつかのサービスです。基本的にはその地域に住民票のある人が利用できます。

**「小規模多機能型居宅介護」**はもともと認知症の方向けのサービスで、自宅での訪問サービス、施設に通うサービス、施設での宿泊サービスを組み合わせて月額の一定料金で使えるものです。訪問と通いと宿泊を同じ事業者が提供して、慣れているスタッフが担当してくれるので、認知症の方にとって担当者がコロコロ変わらず安心できるというコンセプトでつくられた制度です。

　要介護度に応じた月額の固定料金で、利用者ごとに個別にサービスを組み合わせて利用します。どれでも使い放題というわけではなくて、決まった人数のスタッフを30人程度の利用者でシェアするような形です。訪問だけ使う人もいれば通いだけ使う人もいたり、少し長めに宿泊する人もいます。普段は通所で過ごしているけれども調子が悪くなったら泊まるなど、それぞれ必要や体調に応じてサービスを柔軟に組み合わせられるのがメリットです。

　次に、**「認知症対応型共同生活介護（グループホーム）」**があります。認知症専門スタッフが常駐し、5

～9人という少人数で共同生活を行う小規模な施設です。認知症の方は新しい物事を覚えるのが苦手で、環境が変わることでダメージを受けやすいのです。接する人数が限られていて、もともと自分が住んでいた地域で、以前から通い慣れた店で買い物できるなど、共同生活を行いながら自立した生活を送ることができるメリットがあります。

これらの2つのサービスは、特に認知症の人にとって、自宅で過ごすのと介護施設に入ることの中間のような位置付けです。

また地域によっては、定期的な巡回や利用者からの連絡により、利用者の自宅を訪問し、介護や看護、緊急時の対応、日常生活上の必要なサービスを提供する、**「定期巡回・随時対応型訪問介護看護（24時間地域巡回型訪問サービス）」**を導入するところも増えてきています。

## 「退院後に施設へ」緊急事態の施設選び

親が入院して近々退院することになっているけれども自宅では過ごせない、あるいは一人暮らしなのでそのまま戻ってきても暮らしていけない。意外と多いこんなケースでは、どんな条件で施設を探したらいいのでしょうか。

まず大切なのは**医療・介護体制**です。例えば車いすの状態になっていて一人で移動できないという状態なら、元気な人の暮らす施設に入るのは難しいですね。また、家事を自身でほとんどできないようであれば、グループホームで他の人と暮らすのは難しい。必要な医療介護サービスを受けられる体制にあるかどうかというのが施設を選ぶ最初の条件になります。状況によっては体調の変化を見越して先々転居をする可能性も考慮する必要があります。

次に考えなくてはいけないのは**立地**です。緊急性が高い場合、家族が時々呼ばれることがあります。その場合は、家族が面会に行きやすい立地であるかを優先していいと思います。

3つ目の条件は**予算**です。どういった施設を選ぶにしても考えなくてはいけないことです。最後に、**施設の方針**です。設備、食事の内容、イベントの内容など、どんな点に注力しているかも大事な点です。

緊急性が高い場合は医療介護体制や予算が先ですが、逆に早い段階で本人が入りたい施設を探すという場合には、元気に過ごす期間が長いので、本人が楽しみや張り合いを持って過ごせるか、という点の優先順位が上がるということになります。

**図11** 緊急性が高い場合の施設選択のポイント

| 1 医療・介護体制 | 2 立地 | 3 予算 | 4 施設の方針 |
|---|---|---|---|
| 体調が変わっても長く利用できるか確認 | 必ず家族が行かなければならない場合を考慮 | 毎月の利用料+5万円はかかると想定 | 生活に楽しみや張り合いを持って過ごせるか確認 |
| 今の体調に合っているか | 家族の自宅との距離 | 医療費 | 設備 |
| 転居しないで済むか | 緊急時に会いに行けるか | 介護費 | 食事内容 |
| 必要なケアを受けられるか | 面会に行けるか | 必要な物品 | イベント内容・頻度 |

●施設紹介センターでの一般的な入居までの流れ

**相談**：本人・家族の希望条件を確認

**資料確認**：条件に合う施設の資料を確認

**見学**：いくつかの施設を実際に見学

**申込・入居審査**：必要書類を提出し入居審査を受ける

**入居**

←通常1〜2カ月→

図11の下段は、施設に入居するまでの流れです。相談から入居審査までを経て、「じゃあ申し込みます」となってから入居するまで、通常1~2カ月はかかります。すぐに利用したいと思っても、これぐらい時間がかかるということは事前に知っておいてください。

間に合わない場合は　病院で入院している期間を延ばすとか、いったんリハビリ施設で過ごすとか、自宅で2週間だけ在宅介護を頑張るとか、して間をつなぎながら施設入居までの時間をしのいでいる人もいます。

施設検討の際は自分で探さず、地域包括支援センター、ケアマネ、**施設紹介センター**などプロの力を借りましょう。それぞれ持っている情報が違い、施設紹介センターは民間業者の介護施設や有料の介護サービスなどの情報をたくさん持っています。ケアマネは今の親の情報を持っていて、その地域の介護施設、例えばグループホームや小規模多機能型居宅介護の情報も提供してくれます。なかなか行き先が見つからないときは地域包括支援センターに相談してください。

## 施設か在宅か、介護方針を選ぶ4ポイント！

1 「施設か在宅か」という完全な二択ではない多様な選択肢がある
（地域密着型サービス）

2 元気なうちから入れる施設も多く存在している

3 「今の暮らしを続ける難易度」によって「本人の意向」を尊重できる度合いが変わる

4 施設検討の際は地域包括支援センター、ケアマネジャー、
施設紹介センターなどプロの力を借りる

# 3 今から考えておくお金の準備

## 介護って結局いくらかかるんですか？

「介護に結局いくらかかるの？」というのは、これから介護が始まる多くの人の心配事だと思います。それをお話しする前に、まずは介護が必要な期間について見ていきましょう。

一人ひとり介護期間は違うので、ここでは**平均寿命と健康寿命の差を理論上の介護期間と考えることにします。**

健康寿命とは介護を受けたり寝たきりになったりせずに自立して日常生活を送ることができる期間のことを言いますので、ここから平均寿命までの間が、理論上何らかのサポートをもらわないと生活できない期間といえます。

男性で9年、女性で12年、おおよそ10年間と考えて話を進

図1　理論上介護が必要となる期間は約10年

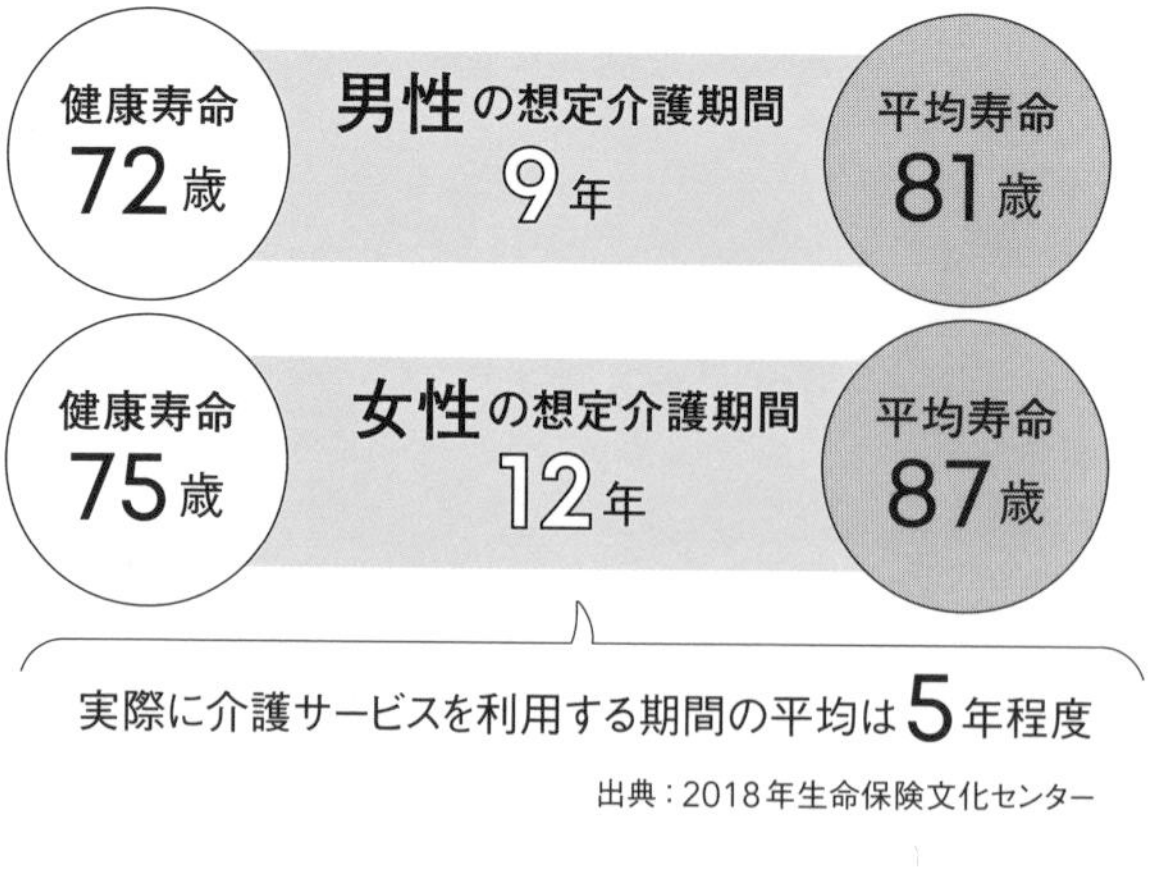


出典：2018年生命保険文化センター

※健康寿命とは、介護を受けたり寝たきりになったりせず日常生活を送ることができる期間
※健康寿命、平均寿命：2019年時点

めます。

では、その期間にいくらかかるか。2018年の統計によると月額平均で7万～8万円かかっていることが分かりました。グラフを見ても、ばらつきが大きくてボリュームゾーンがないので、平均値があまり参考になりません。**個別性が高すぎて、「結局いくらかかるの？」というのが分からない**のです。

いろいろな統計を見比べて介護費用の幅を見てみると、総介護費用は600万～3500万円くらいといわれています。

つまり、**利用する介護サービスの組み合わせや、何歳から介護が始まるかといった介護期間の長さ、疾病の内容や健康状態により必要なサービスの量は大きく変わってくる**のです。

在宅介護の月額平均は4万～5万円、もちろん期間が短い方や実質0円だった人もいると思います。一方、介護施設を利用すれば月額平均は12万5000円～、民間の



図2 介護費用の月額平均は7～8万円

ただし、ばらつきが大きく平均が参考にならない……

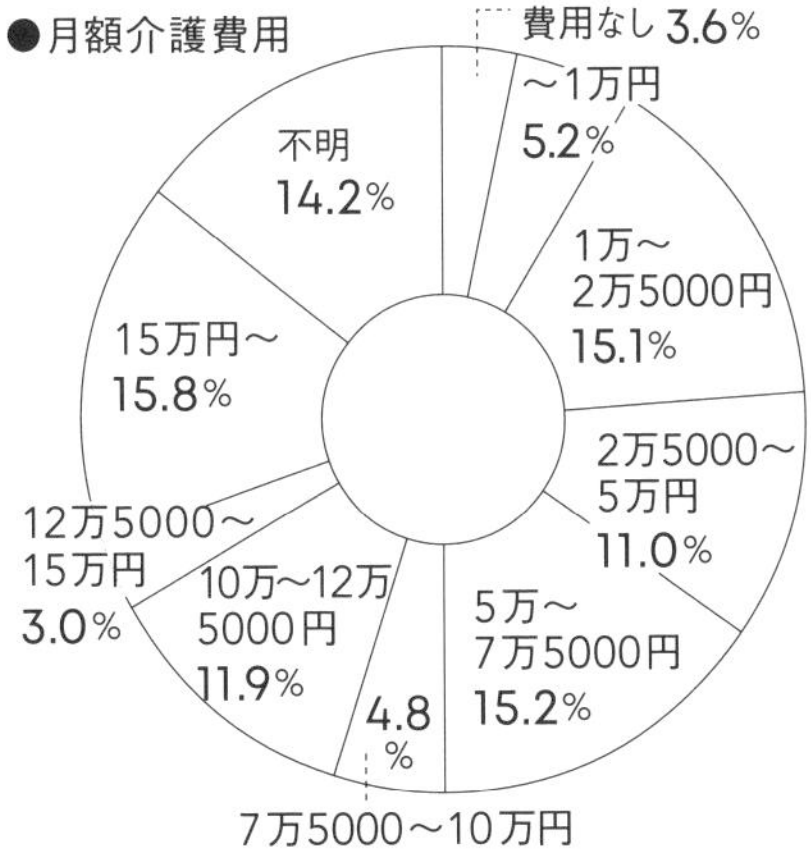


出典：2018年度生命保険文化センター「生命保険に関する全国実態調査」より

図3 介護費用総額

総介護費用は平均600万～3500万円ともいわれています。
ただ「介護サービスの組み合わせ」「介護期間の長さ」「疾病の内容」など人によって金額にばらつきがあります。

| | 総額 | 最初に必要なお金 | 継続的に必要なお金 |
|---|---|---|---|
| 在宅介護の場合 | 約600万～3500万円 | 約80万～200万円 | 月額平均4万～5万円 |
| 施設介護の場合 | | | 月額平均約12万5000円～ |

介護施設を利用するとさらにかかります。東京都内の民間介護施設の月額平均は25万円程度なので、12カ月で300万円、10年間で3000万円ですから初期費用など含めて3500万円程度というのはあり得る金額です。介護の始まりから10年間ずっと介護施設にいる人ばかりではありませんが、このくらいの幅はあるということです。

## 介護費用を左右するのは介護方針

もう少し具体的にイメージするために例を示します。

図4は在宅介護の事例です。要介護2で軽度の認知証があり、足腰が悪くて一人では外出が難しいという仮定でのシミュレーションです。

1日1回誰かが訪問するように設定し、週2回デイサービスに通って入浴。土日は家族が様子を見に行って必要なものを買ったり家事を手伝ったりする。その他の日は訪問ヘルパーが入って、時には食事の宅配サービスなどを利用しながら、自己負担の割合が1割であれば月額1万円程度でこれくらいのサービスは使えます。

このままの状態が維持できればあまりお金はかかりませんが、だんだん体調が悪くなるとケアを増やす必要があります。例えば、体が悪くなって寝たきりになり、1日3回おむつ交換が必要になると、介護保険で最大までヘルパーの回数を増やしたり、物品購入をしたりで月に5万円程度かかります。

また、認知症が進んで、常に見守る必要が出てきた場合、介護保険で賄える範囲では足りません。保

## 図4　介護方針により大きく費用が変わる

在宅介護の例：要介護2想定　軽度の認知症あり　足腰が悪く一人では外出難しい

**本人が日中一人で過ごす時間※**

**定期的に介護にかかる費用**

月額
約1万円

- 保険内（1割負担）
  1万円
- 保険外（全額負担）

**家族の介護時間**

※夜間（19:00 ～ 8:00）は除く

■家族で対応する時間　■保険内介護サービス（1割負担）

| | 月 | 火 | 水 | 木 | 金 | 土 | 日 |
|---|---|---|---|---|---|---|---|
| 早朝 | | | | | | | |
| 午前 | 訪問ヘルパー | デイサービス<br>入浴<br>昼食<br>服薬確認<br>リハビリ | | 訪問ヘルパー<br>昼食<br>買い物 | デイサービス<br>入浴<br>昼食<br>服薬確認<br>リハビリ | 家族でお世話 | 家族でお世話 |
| 午後 | 昼食 | | 訪問看護<br>昼食<br>買い物 | | | | |
| 夜間 | | | | | | | |
| 深夜 | | | | | | | |

| 訪問看護（保険内） | 訪問ヘルパー（保険内） | デイサービス（保険内） |
|---|---|---|
| 30分 | 1時間 | 9～17時間 |
| 約500円 | 約400円 | 約1200円 |

※上記プランはモデルケースです。選択する組み合わせにより費用等の内容が変動する場合があります。

状況が変わったら…

- 1日3回排せつ介助が必要（保険内）
  → 5万円程度／月
- 自宅で常に誰かが見守る（保険内）
  → 40万円以上／月
- 「特養」などの公的施設に入居
  → 12万円程度／月
- 民間の介護施設に入居
  → 25万円程度／月

険外で自費でヘルパーや家事代行を雇い、日中ずっと誰かがいる状態を作ると、1時間に３０００～４０００円かかるので月額40万円以上の出費となります。こうなると介護施設を利用したほうが安く収まりますね。

## 介護方針を決める条件とは

どのような介護の体制を組むかで金額的にかなり幅があることが分かった上で、どういう基準・条件で選択するかを見てみましょう。条件には家族の意思で決められることと、コントロールできないことがあります。

まず、選択の余地がある条件として、高齢の親が一人で過ごす時間のリスクをどこまで許容するか、が挙げられます。命に関わる危険を回避できればよしとするのか、「何かあったらいけない」と24時間人を張り付けるのかでかかる金額は大きく変わります。さらに、ケアをプロに頼むか家族で行うかという選択、あるいは在宅で介護するか施設を利用するかという選択で、それぞれ介護費用が変わってきます。

そして、コントロールしにくい条件としては、まず介護費用に充てられる「お金の上限」があります。次に「被介護者本人の状況」、どんな病気になっていつ死ぬのかは誰にも決められません。そして「本人の意向」、施設に行きたくないという思いを変えるのは難しいです。さらに「家族の意向」、仕事や子育てと介護を両立するには時間的にも制限があると思います。

## お金は誰が出す？

介護費用は誰が負担するかという問題ですが、基本的に、本人の資産から賄うことが望ましいです。50代以上の人を対象に調査したところ、8割以上が自分の介護費用は自分の貯蓄や年金で賄うつもりだと答えています。一方、これから介護に向き合う家族の6割程度は、親が出すつもりでいることを前提にしながらも、足りない分は家族で負担する必要があると考えています。

なぜそう思うのかについて、大きく2つの課題があるといわれています。1つは長生きし過ぎてお金が足りなくなる問題です。長生き自体はいいことなのですが、今90代の人が現役時代に老後の計画を立てた際、90歳まで生きる予定は立てていなかったと思います。一度上がってしまった生活水準を下げるのは難しく、90代になって「お金がない」と相談されるケースが増えています。

もう1つの大きな問題は認知症です。お金はあっても動

**図5** 長生きはいいけれど

●平均寿命の推移と将来推計

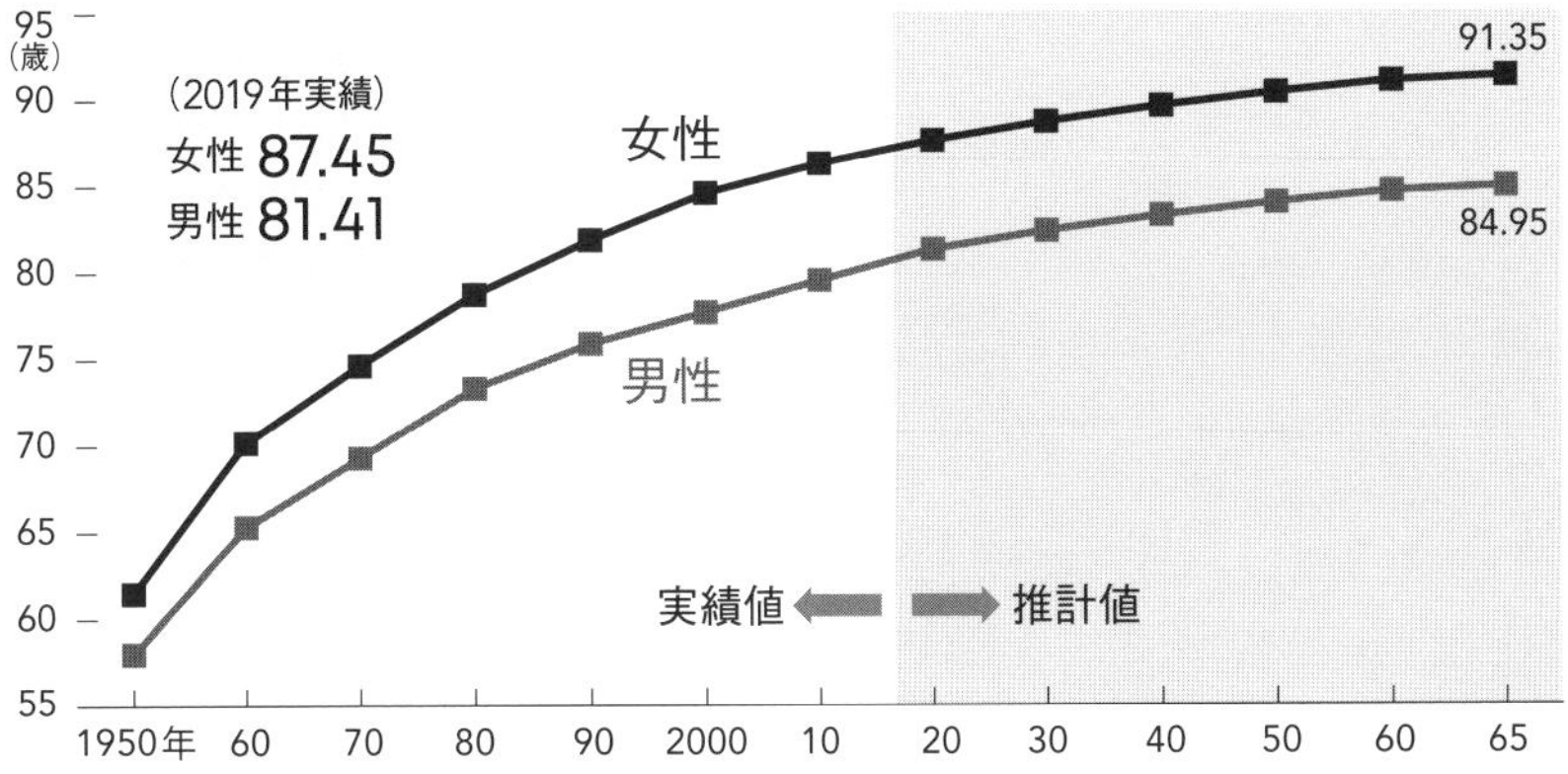


出典：内閣府「令和3年版高齢社会白書」

かせなくなってしまうリスクがあります。この点については、第5章で詳しく解説します。

**介護費用の準備3ポイント！**

1 いくらかかるかは介護方針と介護期間で決まる

2 在宅介護が安いイメージだが、条件によっては施設のほうが安くなる

3 介護費用は基本的に本人の資産で賄う

# 第3章

# 「健康寿命」を延ばすには?

高齢者にとって望ましい状態は、健康で自立した生活を長く続けられることです。親が元気で自分の生活を楽しんでいれば、介護はそもそも必要ありません。一日でも長く「健康寿命」を延ばすために、老いのメカニズムや食生活で心がけること、そして認知症との向き合い方について学びます。

# 1 老いのメカニズムを知る

## 「高齢者の健康」は「現役世代の健康」とは別物

仕事と介護の両立相談に来られるビジネスケアラー予備軍の方は、「親が高齢で何となく不安だが、何をしたらいいのか分からない」という方が多いです。

今すぐケアが必要でないとしたら、**その状態をできるだけ長く維持することを目指したい**ですよね。

そのために、まず一般的に「老い」はどのように進むものなのかについて説明し、健康維持のポイントを紹介してから、それぞれの家庭で日ごろからできることを一緒に考えるようにしています。

まずは老いのメカニズムを理解しましょう。

## （平均寿命）−（健康寿命）＝日常的なサポートが必要な時間

「健康寿命」とは、２０００年にＷＨＯが提唱したもので、「健康上の問題で日常生活が制限されることなく生活できる期間」と定義されています。

日本人の平均寿命というと、男性も女性も80歳を超えていることは知られていますね。一方で健康寿

**図1** 高齢期に何らかのサポートを必要とする期間は
男性9年、女性12年

●高齢期に何らかのサポートを必要とする期間
（平均寿命と健康寿命の差）

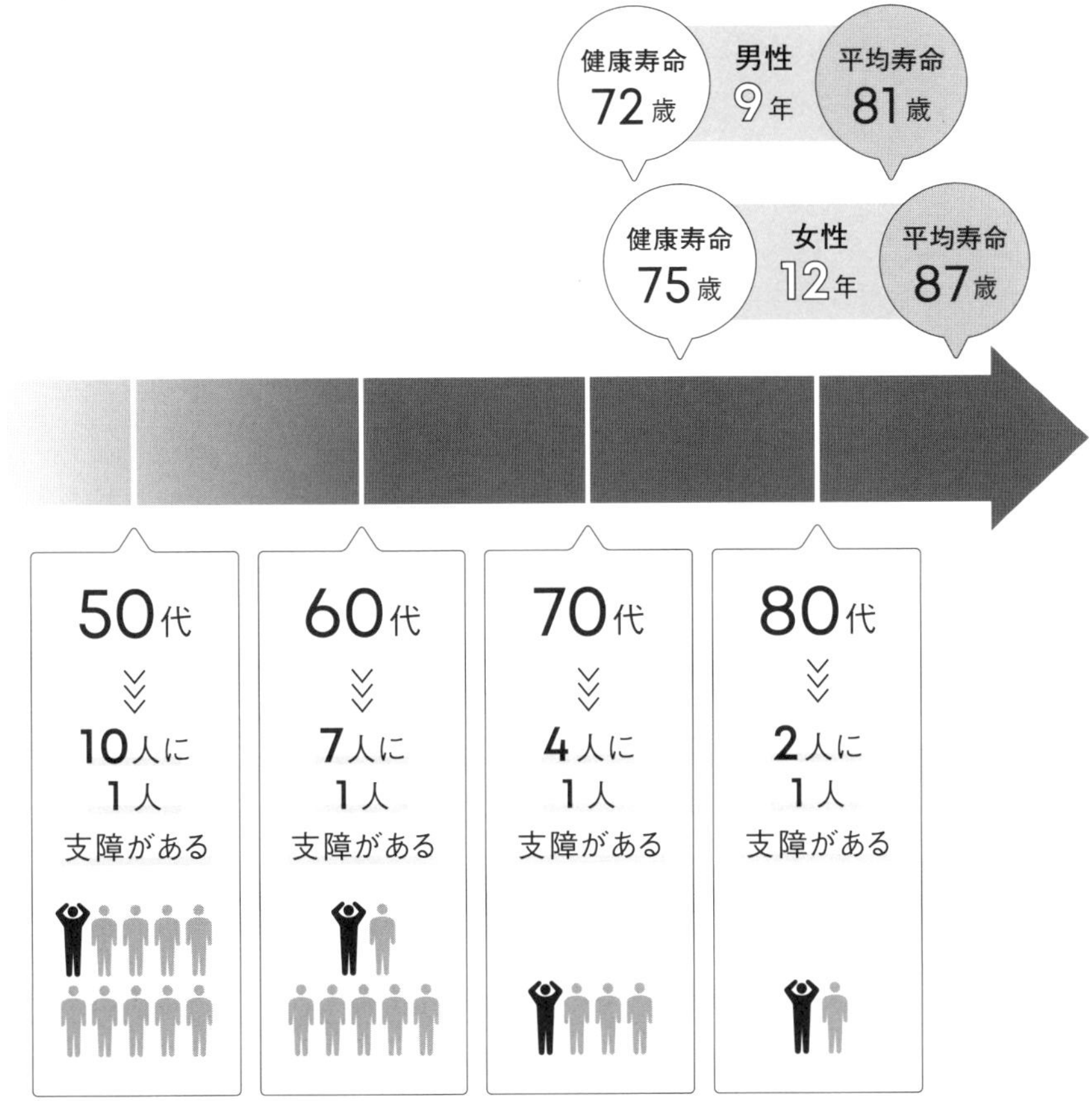


資料：内閣府「令和3年高齢社会白書」、厚生労働省「令和2年厚生労働省白書より作成」よりリクシス作成

命はというと、令和2（2020）年版厚生労働白書では、男性72・14歳、女性74・79歳となっています。つまり、平均寿命と健康寿命の間には男性で8・84年、女性では12・35年の差があるのです。

つまりこの差こそが、日常生活に何らかのサポートを必要とする期間ということになります。平均的に見て75歳前後からの約10年程度がこの期間にあたります。

介護を必要とするこの期間をどうやって短くできるか、また、何らかのサポートを受けながらも、なるべく状態を悪化させずに自立して過ごすためにどうしたらいいのかを考えるために、まず高齢期の衰え方はどんなパターンがあるのかを見てみましょう。

図2は高齢者の機能的健康度（自立度）の変化の典型的なパターンを男女別に測ったものです。

縦軸は60歳以上の方の約30年間の自立度の推移を示しており、「自立」、「外出や家事などの活動的な動作が低下した段階」、「排せつや食事などの基本的日常生活動作に援助が必要な段階」の3段階に分かれています。

グラフは時間経過とともにどのように変化するかを示しており、これらの変化のパターンに名前を付けるとしたら、

**生涯現役パターン**
**老衰パターン**
**急変パターン**

と表現できるかと思います。

**図2** 機能的健康度（自立度）変化の代表的なパターン

## 女性の場合

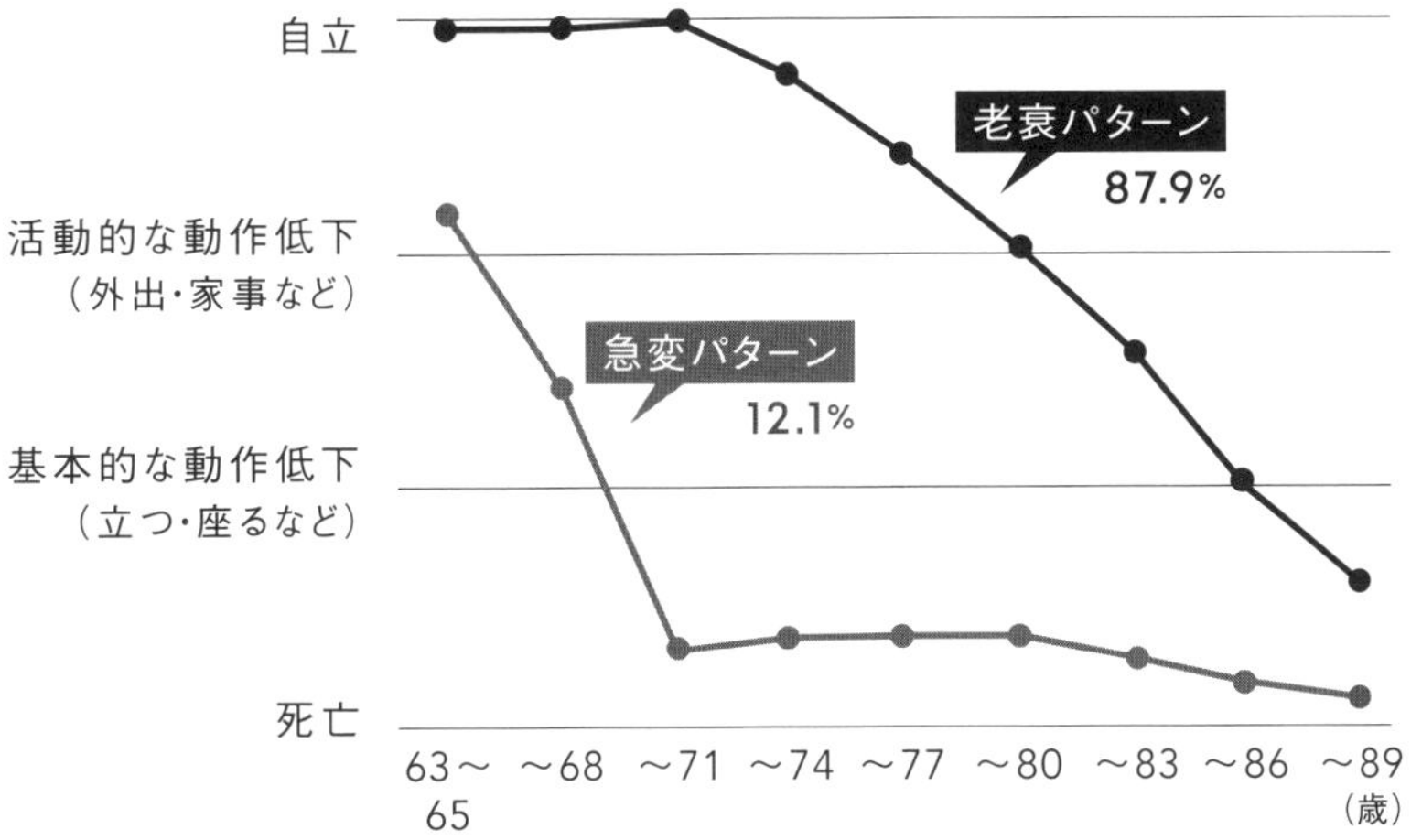


## 男性の場合

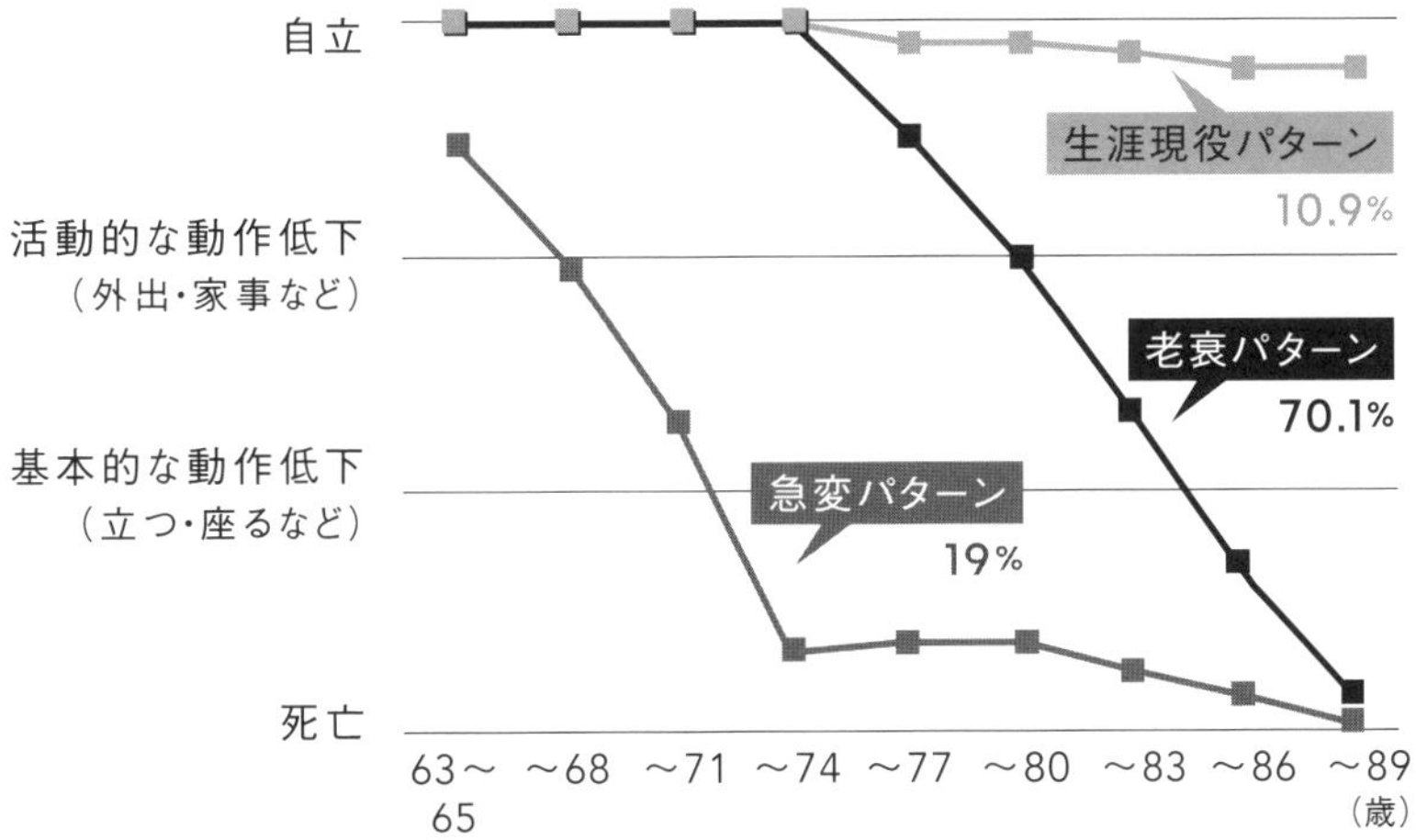


出典：科学技術振興機構 社会技術レポートNO.57

女性の場合は2つに分かれ、70代から緩やかに衰えて85歳前後で要介護状態になる老衰パターンが圧倒的に多く、70代で急に健康状態を損ねて要介護の状態になる急変パターンは1割程度です。女性の場合は骨や筋力の衰えから徐々に運動機能が低下していく方が多いようです。

男性の場合は3つのパターンがあり、90代までほぼ自立の状態を保っている生涯現役パターンの方が10%、75歳前後から緩やかに衰える老衰パターンの方が70%。

男性の場合は心臓病や脳卒中などの生活習慣病によって比較的早い段階で重度の介護状態になる急変パターンが女性の場合より多く、2割程度いるということになります。

ちなみに、男性の約10%のいわゆる「ピンピンコロリ」といわれるような生涯現役パターンの方に関しては、科学的な裏付けはないものの、中小企業の社長のような社会的な役割を保ち続けている層の方が多いといわれています。

## 要介護状態になる原因は2つ 「老化」と「生活習慣病」

次に、要介護になる直接の原因となっているものは何か、年代別に見ていきます。

図3は要介護になった原因の全体に占める割合を5歳区切りで分けたものです。60代では半数以上が生活習慣病に起因しますが、75歳以上になると老年症候群と呼ばれる認知症、衰弱、転倒・骨折などが多くなり、90代だと7割程度が老年症候群に起因して要介護になる人が増えています。

これら2つのデータから、高齢期の健康のために重要なことは、以下の2つといえるでしょう。

① 急速な衰えの原因となる生活習慣病の予防に若年期から努めること
② ゆるやかに衰えていく前提で、要介護状態にならず生活できる工夫をすること

## ゆるやかな衰え「フレイル」

健康な状態と要介護の間の段階をフレイルと呼びます。

フレイルとは、老化によって生活の基本的な機能が低下して外出頻度が減る、筋力の低下、食欲減退、食べ物をかみ砕く・飲み込む・話すなどの口腔《こうくう》機能の低下、転倒リスクなどの脆弱《ぜいじゃく》性を抱えている状態を指します。

健康な状態からだんだん体が悪くなって、このままだと要介護になるという手前の段階ですが、この段階で適切な対策を取れば要介護状態になるのを遅らせることができ、場合によっては健康な状態に戻ることもあります。



図3　要介護になった原因

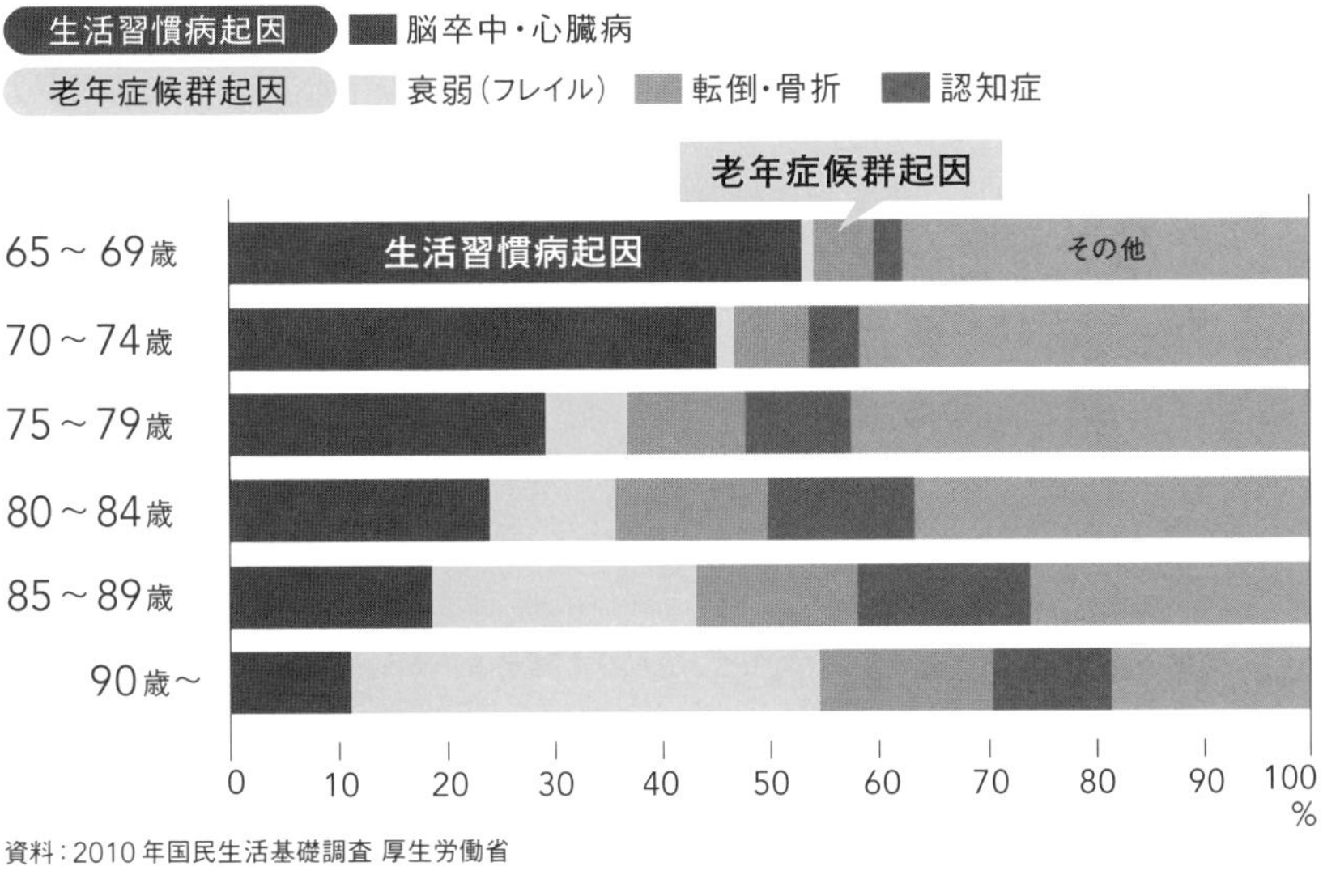


資料：2010年国民生活基礎調査 厚生労働省

## 衰えを加速させる負のサイクル

逆に、フレイルの状態で何も手を打たないと早い段階で要介護状態になってしまいます。

例えば、年を取ってあまり食べられなくなったとしたらどうなるか。

食事の量が減って少し体重が減ります。すると、筋肉の量が減り、基礎代謝量が低下します。その結果エネルギー消費量が減っていき、そうすると食欲が低下するのでまた食事量が減って低栄養になってしまい……という負のサイクルが衰えを加速させるのです。

こうした悪循環をフレイルサイクルと呼んでおり、転倒や骨折、慢性疾患の悪化といった急速な衰えにつながるリスクも高くなります。この悪循環をどこかで止めることが健康寿命を延ばすためには重要です。

また、フレイルには低栄養や筋力低下といった**身体的な要素**だけでなく、うつや認知症などの**精神的要素**、孤独、孤食、閉じ

図4　高齢者の「生活の質」の変化

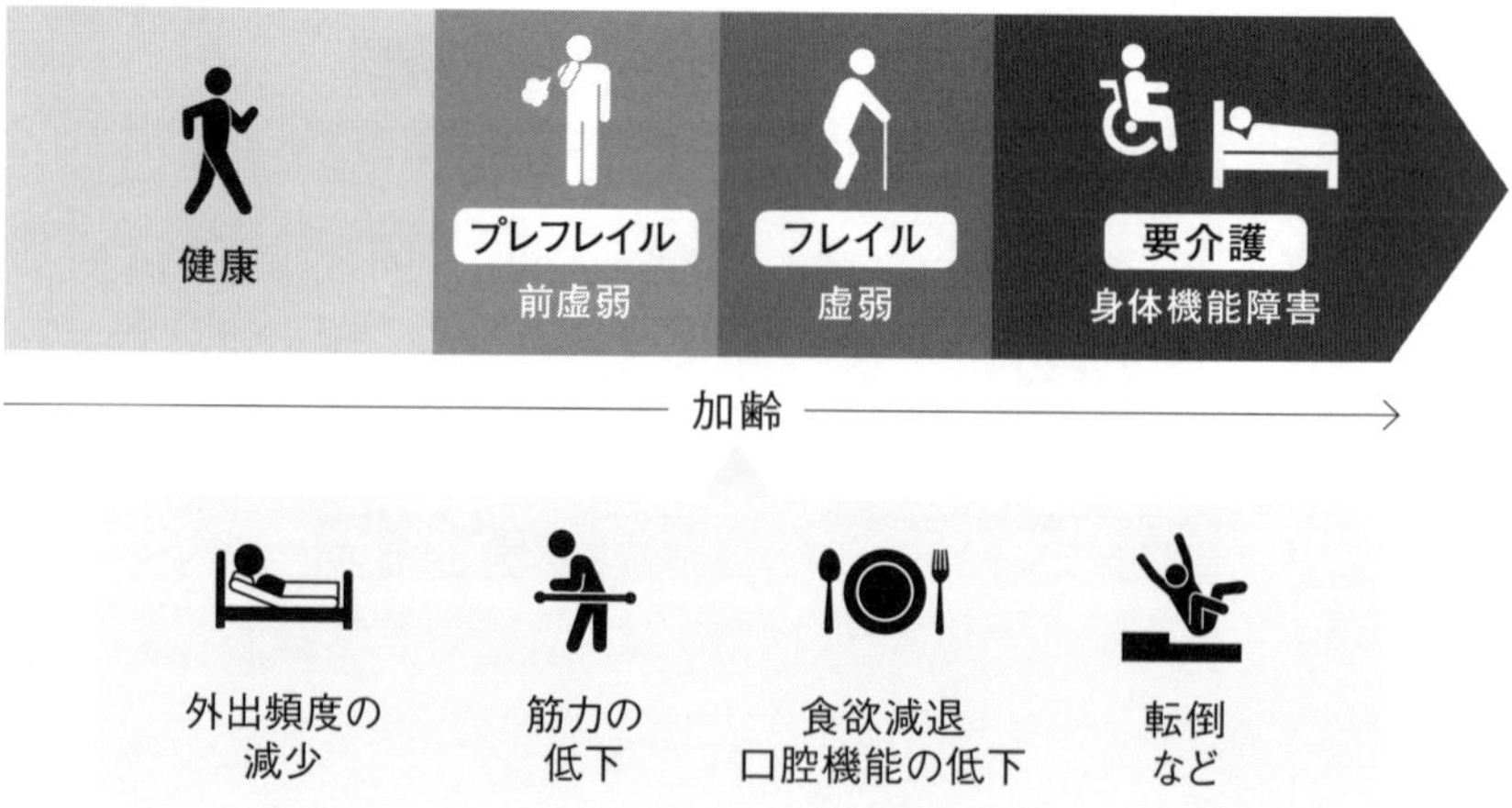

こもりなどの**社会的要素**といった3つの要素が相互に関係しているといわれています。

フレイルの兆候がどのように現れるのかは人それぞれですが、最初のリスクになりがちなのは、社会とのつながりを失ったときです。

定年退職、近しい人との死別、骨折して家から出られなくなったといったことをきっかけにして生活範囲が狭まり、精神的に落ち込むと同時に体の機能も衰えていく可能性があります。

1つのきっかけからドミノ倒しのように衰えが進むのが高齢期の衰え方の特徴の1つです。

大事なのは、フレイルの兆候になるべく早い段階で気付き、衰えを加速させない生活習慣を身につけることです。

フレイルは、一度なったらそれまでというものではなく、**なるべく早く対策を立てることで健康な状態に戻る可能性がある段階**だということを覚えておいてください。

図5　高齢期の衰えはドミノ倒しのように進む

## フレイルの兆候を見逃さないために

フレイルの早期発見・早期介入のためにいくつかの簡易チェックがありますので確認しておきましょう。

### 日本版フレイル基準

5項目のうち、3項目以上あてはまる場合にフレイル、1～2項目あてはまる場合にプレフレイルとされます。

1 **体重減少**……6カ月で、2kg以上の（意図しない）体重減少
2 **筋力低下**……握力が男性は28kg未満、女性は18kg未満
3 **疲労感**……（ここ2週間）わけもなく疲れたような感じがする
4 **歩行速度**……通常歩行速度秒速1・0m未満
5 **身体活動**……①軽い運動・体操をしていますか？ ②定期的な運動・スポーツをしていますか？
右記の2つのいずれも「週に1回もしていない」と回答

握力や歩行速度などを測ることが難しい場合は以下のような日常の生活の5項目から簡易的にチェックしてください。

**Check!**

- [ ] 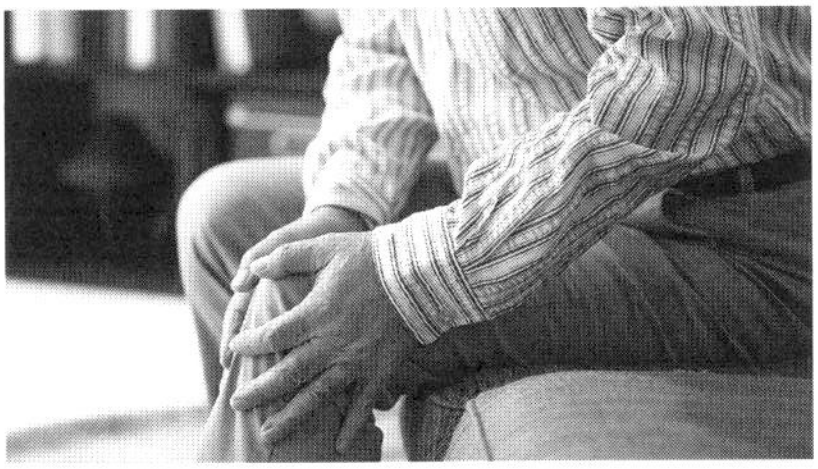 何をするのも骨折りだと感じる
- [ ] 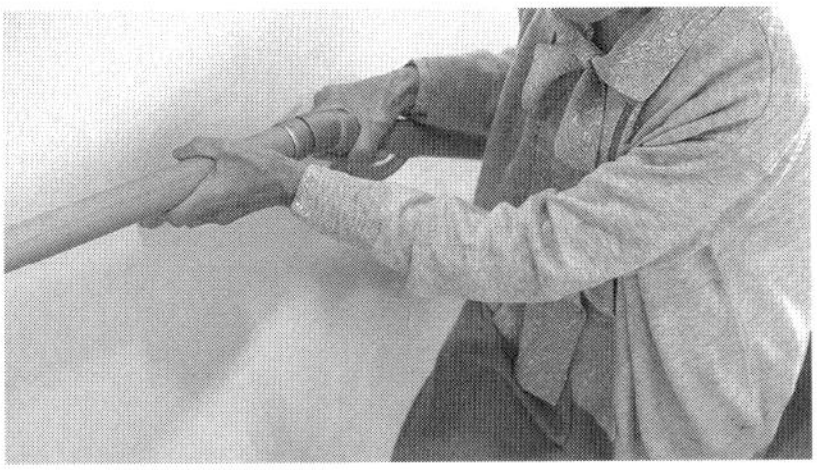 階段は手すりや壁づたいにしか上れない
- [ ]  1kmほどを続けて歩くことが難しい
- [ ]  1日のうち、座る・横になる時間が起きている時間の80%以上である
- [ ] 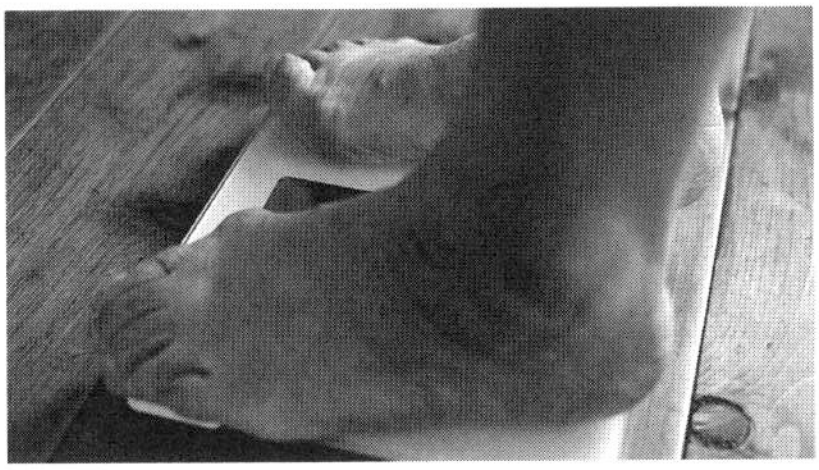 6カ月間で2kg以上の（意図しない）体重減少があった

写真：PIXTA

## 指輪っかテスト

膝を直角にして足の裏がしっかりと地面に付く状態で座れる高さのいすに座ります。次に、親指と人さし指で「指輪っか」をつくり、利き足でないほうの足のふくらはぎを囲みます。隙間ができる場合は筋力が減少した状態です。

Check!

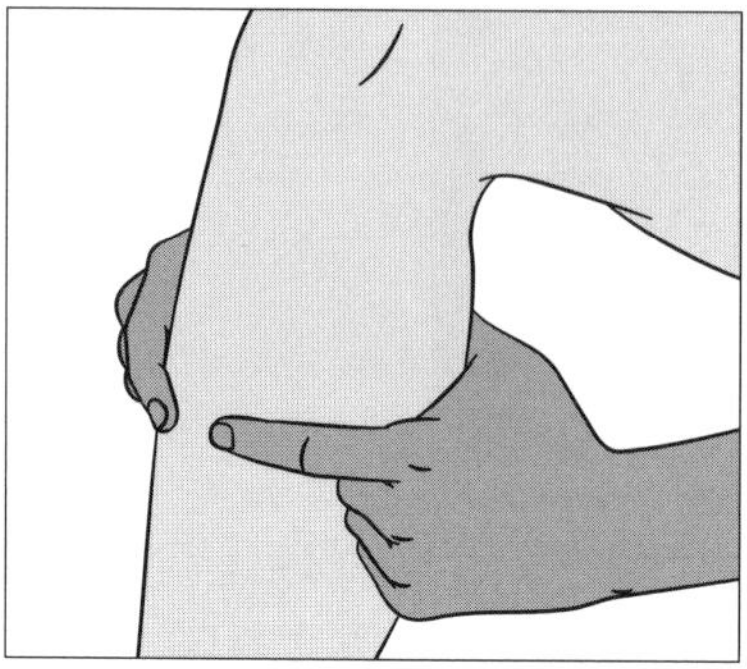

囲めない

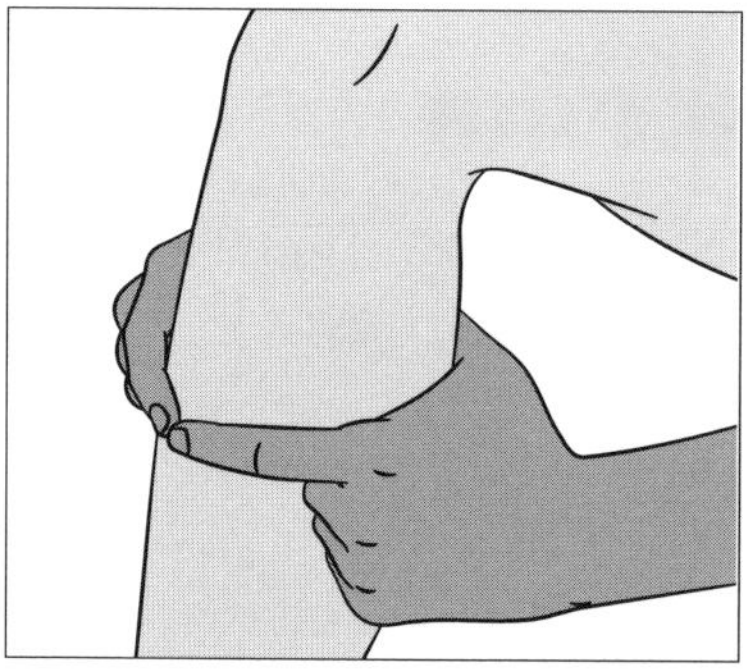

ちょうど囲める

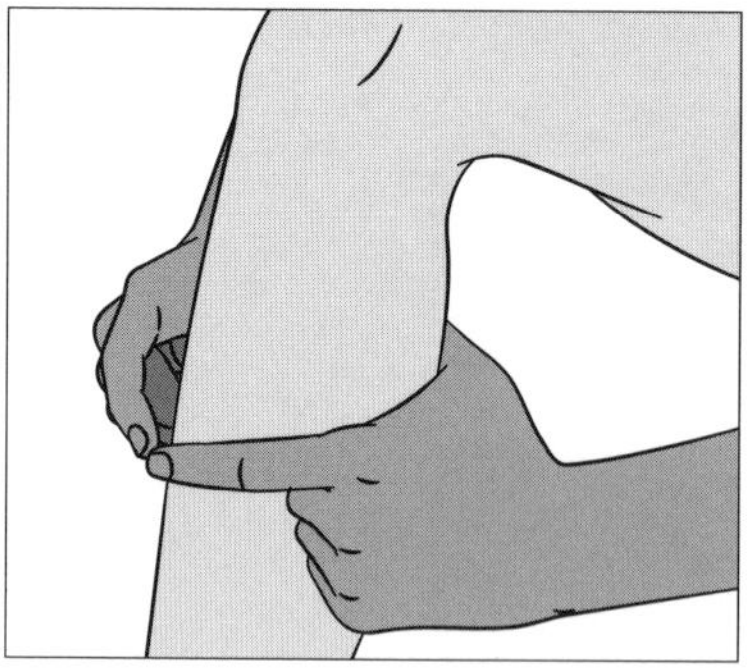

隙間ができる

Check!

## イレブンチェック

「いいえ」(※4、8、11は「はい」)の数が6個以上の場合、フレイルのリスクが高い

| | | | |
|---|---|---|---|
| 1 | ほぼ同じ年齢の同性と比較して健康に気を付けた食事を心がけていますか | はい | いいえ |
| 2 | 野菜料理と主菜(お肉またはお魚)を両方とも毎日2回以上は食べていますか | はい | いいえ |
| 3 | 「さきいか」、「たくあん」くらいの固さの食品を普通に噛み切れますか | はい | いいえ |
| 4 | お茶や汁物でむせることがありますか | はい | いいえ |
| 5 | 1回30分以上の汗をかく運動を週2日以上、1年以上実施していますか | はい | いいえ |
| 6 | 日常生活において歩行または同等の身体活動を1日1時間以上実施していますか | はい | いいえ |
| 7 | ほぼ同じ年齢の同性と比較して歩く速度が速いと思いますか | はい | いいえ |
| 8 | 昨年と比べて外出の回数が減っていますか | はい | いいえ |
| 9 | 1日に1回以上は、誰かと一緒に食事をしますか | はい | いいえ |
| 10 | 自分が活気に溢れていると思いますか | はい | いいえ |
| 11 | 何よりまず、もの忘れが気になりますか | はい | いいえ |

## 健康寿命を延ばすには「栄養」「運動」「社会参加」

では、フレイルの兆候に気付いたとき、どのように生活習慣を変えればいいのでしょうか。

フレイル対策の基本的な考え方を示すものとして**「栄養」「運動」「社会参加」**の3つが挙げられています。栄養については後で詳しく紹介しますが、タンパク質と水分をしっかり取ること、バランスの良い食事を心がけること、噛む力を維持するため定期的に歯科受診をすることなどが挙げられています。

運動について、厚生労働省の「アクティブガイド～健康づくりのための身体活動指針」では、65歳以上の場合、1日40分以上、筋力トレーニングやスポーツなどの運動を含めた身体活動を行うことが目標とされています。また、生活の中でなるべく歩いたり階段を使ったりすることで今よりも10分多く体を動かすことが推奨されています。

## 普段運動しない親に運動習慣をつけるには

高齢の親に関するご相談の中で、「健康のために親に運動をしてほしいが、なかなかやってくれない」というお話がよくあります。

もともと運動習慣がなかった方に運動の機会を持ってもらうのは難しいことです。ただ運動するのではなく本人が納得できるような動機付けの工夫が必要になります。

好きなことや、どうしても続けたいことがあるようであれば、「それを続けるためには健康でいないといけないね」と説得をして、自宅でできる簡単な運動から始めてもらってもいいかもしれません。

少しでも体を動かす場面を増やしてもらうために、趣味や楽しみに関する集まりへの参加を勧めるのも一案です。近所の人や友人との集まりに行く、ボランティアや就労の場に通うといった社会参加は孤立を防ぐだけでなく、運動のモチベーションにもなりえます。

本人が行きたいと思える場所が見つからない場合は、近くの地域包括支援センターにご相談ください。65歳以上の方の生活については無料で相談可能で、近隣の高齢者サロンや楽しみのための通いの場などを紹介してくれます。

また、日常生活の中で運動せざるを得ない役割を持ってもらうことも有効な場合があります。孫の送り迎えを頼んだり、買い物の一部を定期的にお願いしたりする形で活動量を増やす方法も考えてみましょう。

## 入院がリスクに？ 10日寝たきりで9％の筋肉が消える

高齢者の健康寿命を延ばすため、フレイル予防の他にもう一点知っておいてほしいポイントがあります。

以前私が担当した方で、病気をした際に「安静にするように」と言われたことを忠実に守ってしまった結果、他に特に病気がないのに寝たきりの要介護状態になったという方がいました。一度寝たきりの状態まで筋力が衰えると、なかなか回復することはできません。

高齢の方にとって「安静にする」ということはそれ自体が大きく健康を損なうリスクになるということを覚えておかなければなりません。

年齢別の安静時の筋肉量の減少についてのグラフ(図6)を見ると、若い人が28日間安静にしたときに減少する筋肉量が2%なのに対して、高齢者の場合わずか10日間で9%の筋肉量が落ちるのです。

高齢者の入院は寝たきりの時間が増えるため、老化を加速させるリスクがあることが分かります。

また、高齢者の緊急入院の原因として多いものが肺炎と骨折というデータもあります。なるべく入院しなくても済むように、肺炎と骨折を予防することが、老化を加速させないために重要なことです。

もちろん、すぐに治療しないといけない状態であれば入院する必要がありますし、実際に肺炎等で本人が苦しそうにしていたり、家族が自宅での看病に不安を感じている場合に入院してはいけないというわけで

**図6** 年齢別の安静時の筋肉量の減少

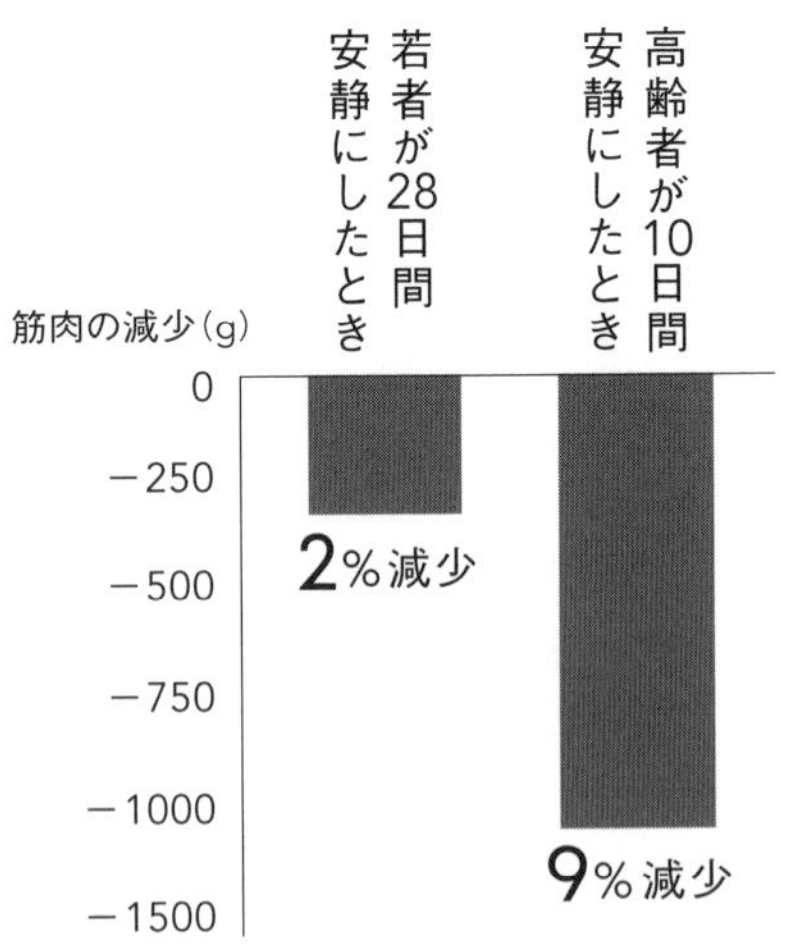


**図7** 在宅高齢者の緊急入院

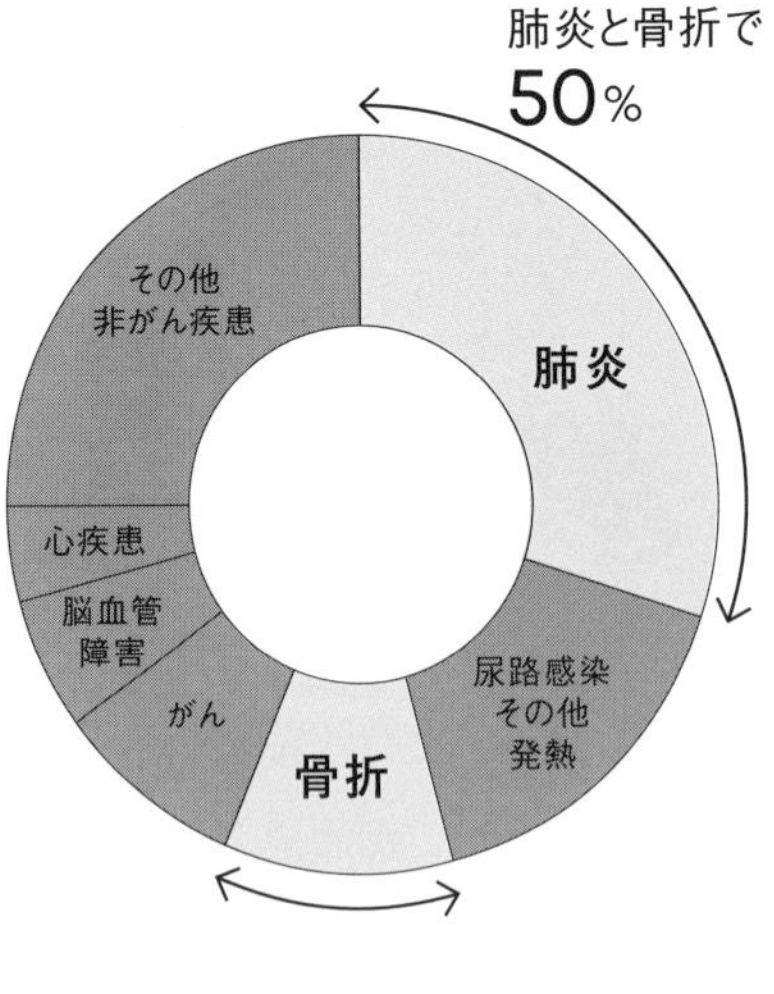


出典:2015年 緊急入院させないための在宅リハビリテーション栄養
佐々木淳、林裕子 Medical Alliance(学研メディカル秀潤社)

はありません。
　高齢者の場合、入院すること自体のリスクが大きいということは理解しておく必要があるということです。

**健康寿命を延ばす4ポイント！**

1 健康寿命を延ばすポイントは「生活習慣病を回避すること」と「老化を緩やかにすること」

2 老化を緩やかにする三大要素は「栄養」「運動」「社会参加」

3 フレイルの兆候を見逃さず早期に生活習慣を改善する

4 高齢になると医療との付き合い方も変わってくるものと心得る。入院は老いを加速させるリスクになることがある

　次のパートでは特に食事や栄養について、高齢期に気をつけなければならないポイントを見ていきます。

# 2 健康寿命を延ばす「食」

「食」が健康に大きな影響を与えることは多くの方が理解されていると思います。ただし、老化による体の衰えの影響を考えると、高齢者の健康寿命を延ばすための食のあり方と私たち現役世代が健康維持のために取る食のあり方はおのずと変わってきます。

家族がより良い高齢期を過ごすために、私たちが知っておくべき「食」のリテラシーを把握しておきましょう。

## 認知機能低下も？ 最大のリスクは低栄養

高齢になると、「動かないからおなかが空かない」といってあまり食べない方がよくいらっしゃいます。確かに、年齢が上がるにつれて内臓の機能が衰え、味覚が変化することもあるので、たくさん食べるのが難しくなるのは自然なこ

図1 低栄養傾向の者（BMI≦20）の割合
（65歳以上、性・年齢階級別）

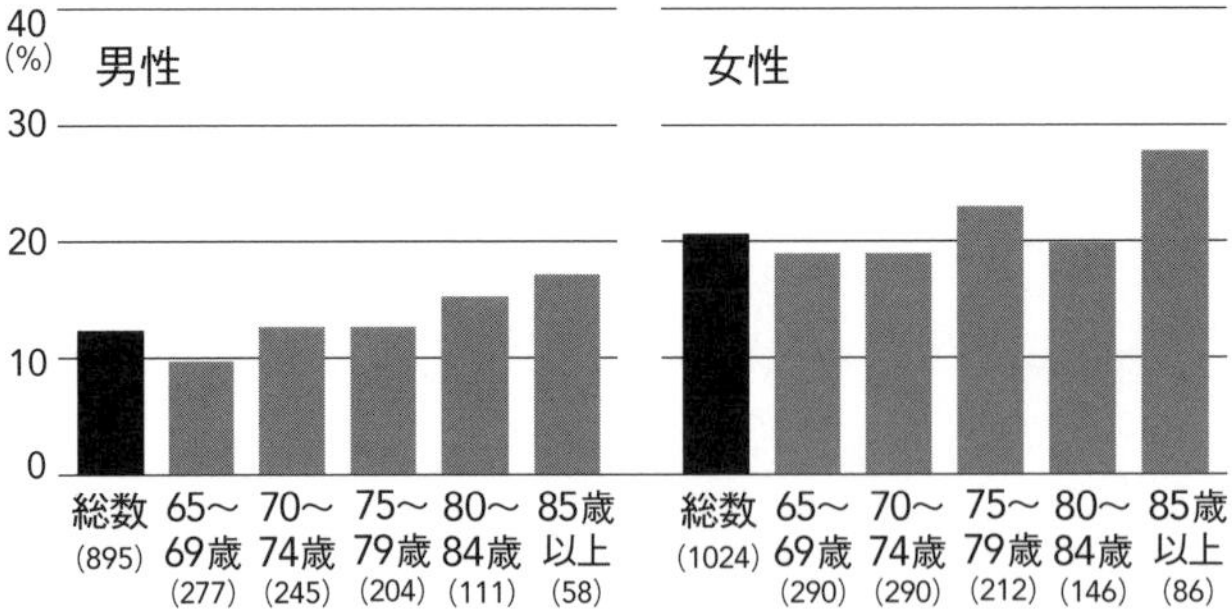


出典：厚生労働省「令和元年国民健康・栄養調査結果の概要」

【BMI】肥満度を表す指標として国際的に用いられている体格指数で、[体重(kg)]÷[身長(m)の2乗]で求められる。肥満の判定基準は国によって異なり、日本肥満学会の基準では18.5未満が「低体重（やせ）」、18.5以上25未満が「普通体重」、25以上が「肥満」に分類される。

とです。

厚生労働省の国民健康・栄養調査結果の概要（２０１９年版）を見ると、65歳以上で低栄養傾向（ＢＭＩ20以下）の人は、男性12・４％、女性20・７％となっています。さらに85歳以上では、男性17・２％、女性27・９％でした。年齢が上がっていくにつれ低栄養状態に陥ってしまう可能性が高いことが分かります（図１）。

低栄養や加齢などにより筋力が衰えると、食欲が低減して低栄養になり、またさらに筋力が落ちていく、という負のサイクルに陥ってしまいます。結果として、フレイル状態が加速し、転倒・骨折リスクも大きくなり、要介護状態に陥るリスクが格段に高まります。

また、図２に示したように**低栄養状態は、認知機能の維持にとっても大きなリスク要因になる**ことが分かっています。

75歳以上の要介護者が介護状態になった原因の大多数が、衰弱・転倒・認知症などの「老年症候群」を起因とするものだということから見ても、低栄養は高齢期の最大のリスク要因といえるでしょう。

**図2** 高齢者の栄養状態と認知機能低下リスク

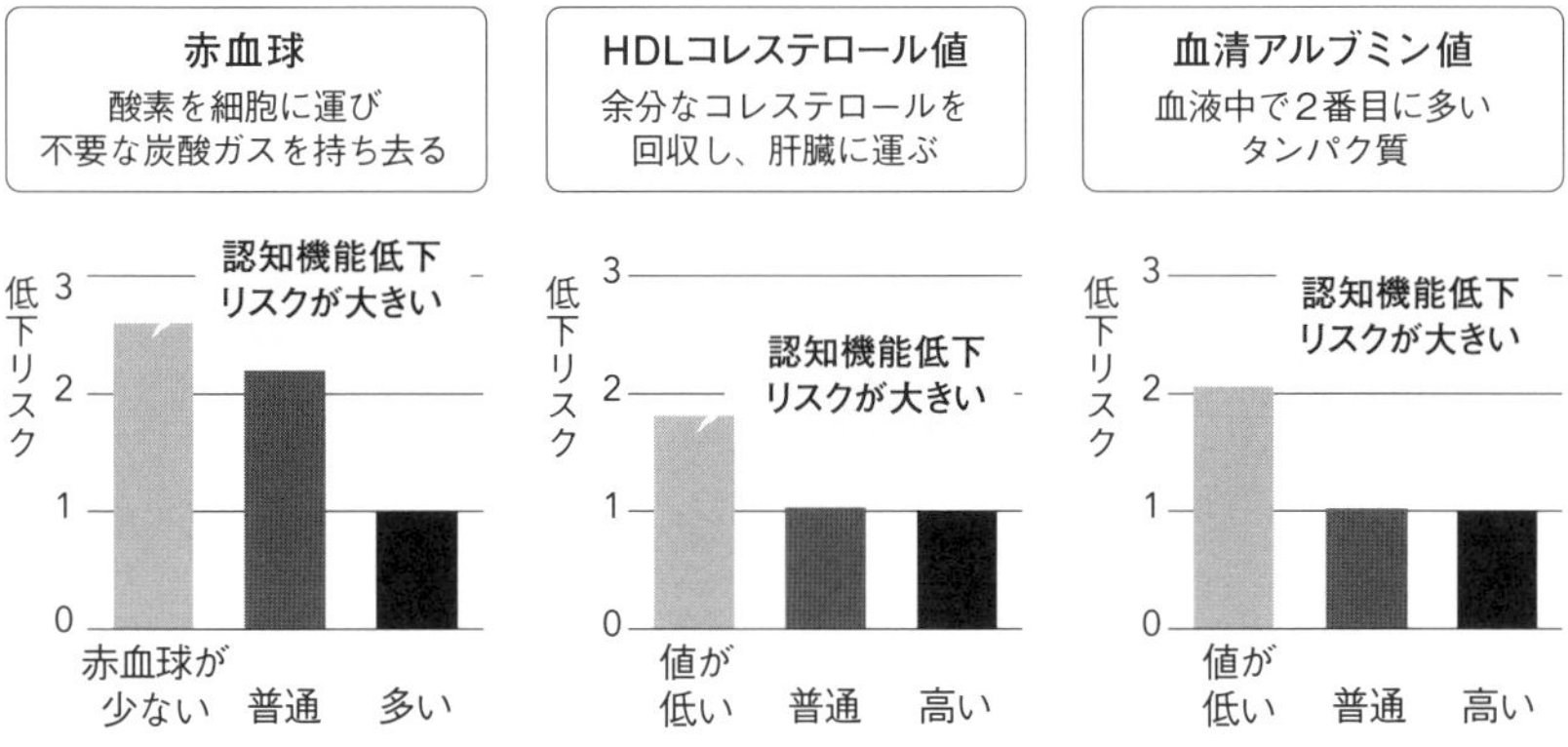


出典：東京都健康長寿医療センター研究所「群馬県と新潟県に住む70歳以上の高齢者約1150名の検査結果」

## 「健康的な体形」は年齢によって変わる

普段から健康に気をつけてよく運動をし、各種ビタミンなどの栄養バランスを考えた食事をしている、とても健康意識の高い70代の女性が低栄養で入院したというケースを目にしたことがあります。

どんな食事をしていたのかを聞くと、朝はフルーツとヨーグルト、昼はパワーサラダで野菜をしっかり、夜は鶏肉や魚の主菜とみそ汁、というような、モデルのダイエットメニューかという徹底した糖質オフのメニューです。そもそものエネルギー量が足りていなかったのかもしれません。

昔から健康や美容に意識が高かったのでしょう。最新の情報を持っている人でした。若い人であれば、こうした食事で健康にも美容にも良い体作りができるのかもしれませんが、70代のこの方にとっては命に関わるダメージになりました。

高齢者の体形と死亡リスクについての調査によると、一番死亡リスクが低いのはＢＭＩ27程度の人です。現役世代だと「メ

図3 高齢者の体形と死亡リスクの関係

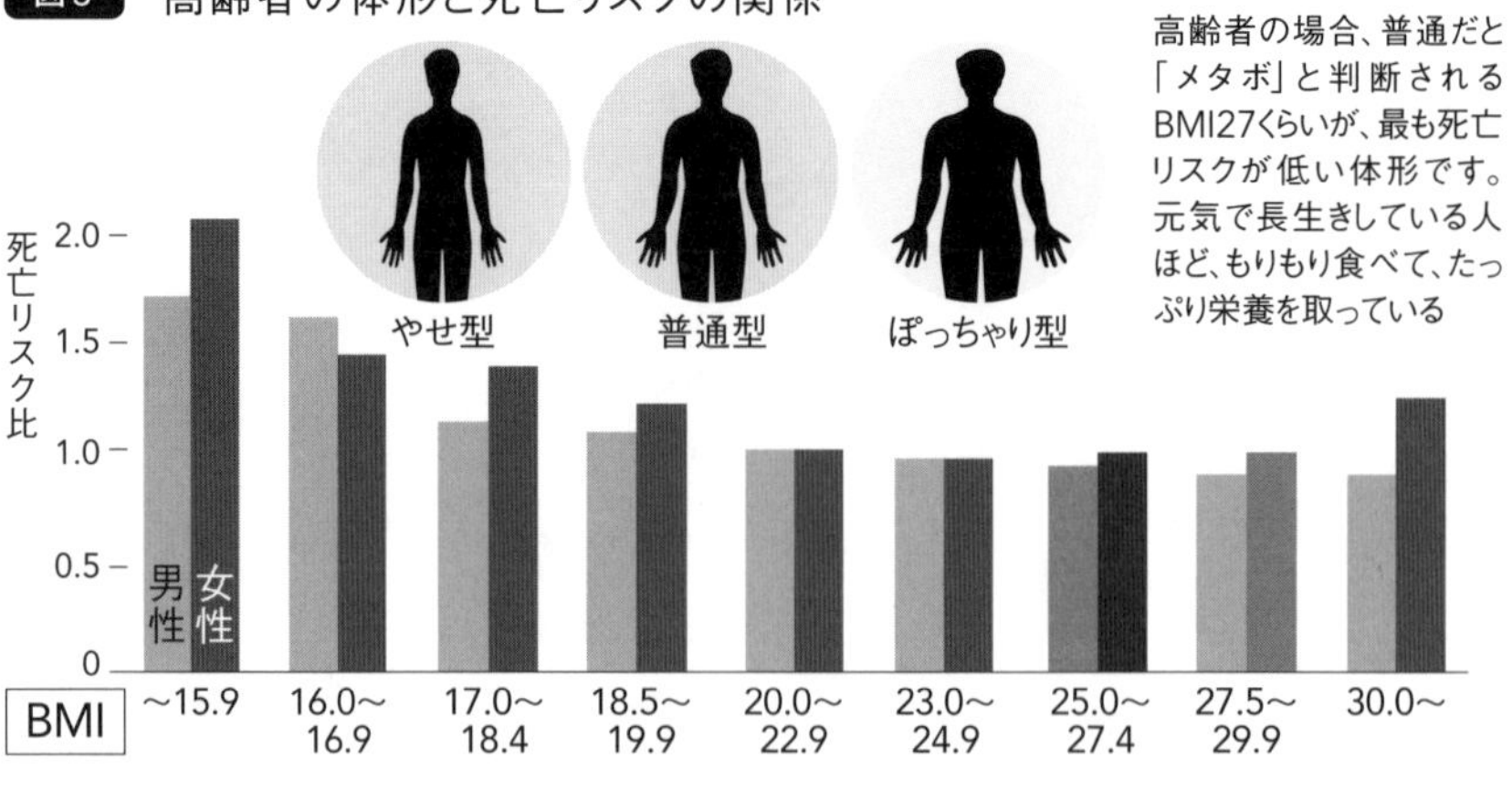


出典：文部科学省研究費大規模コホート研究 北海道大学大学院医学研究科予防医学講座 玉腰暁子

タボ」と判断されるぐらいのぽっちゃり型の人が最も死亡リスクが低いということになります。**健康的な体形は年齢によって変わるということを知っておいてください。**

## 70代で考え方のギアチェンジが必要

40代、50代では生活習慣病により健康を損なうリスクが高いため、その予防が重要です。食事に関しては、塩分・脂質の制限やエネルギー制限など**「食べ過ぎない」**メタボ対策がポイントになります。

しかし、一定の年齢を超えると、低栄養やサルコペニア（筋力低下）により要介護状態になるリスクのほうが大きくなります。そのため、適切なエネルギーを取るため**「しっかり食べる」**ことが最も重要なポイントになります。厚生労働省のフレイル予防施策の中では、この**考え方のギアチェンジが必要なタイミングは70歳前後**とされています。

図4 カロリー摂取に関する考え方の「ギアチェンジ」

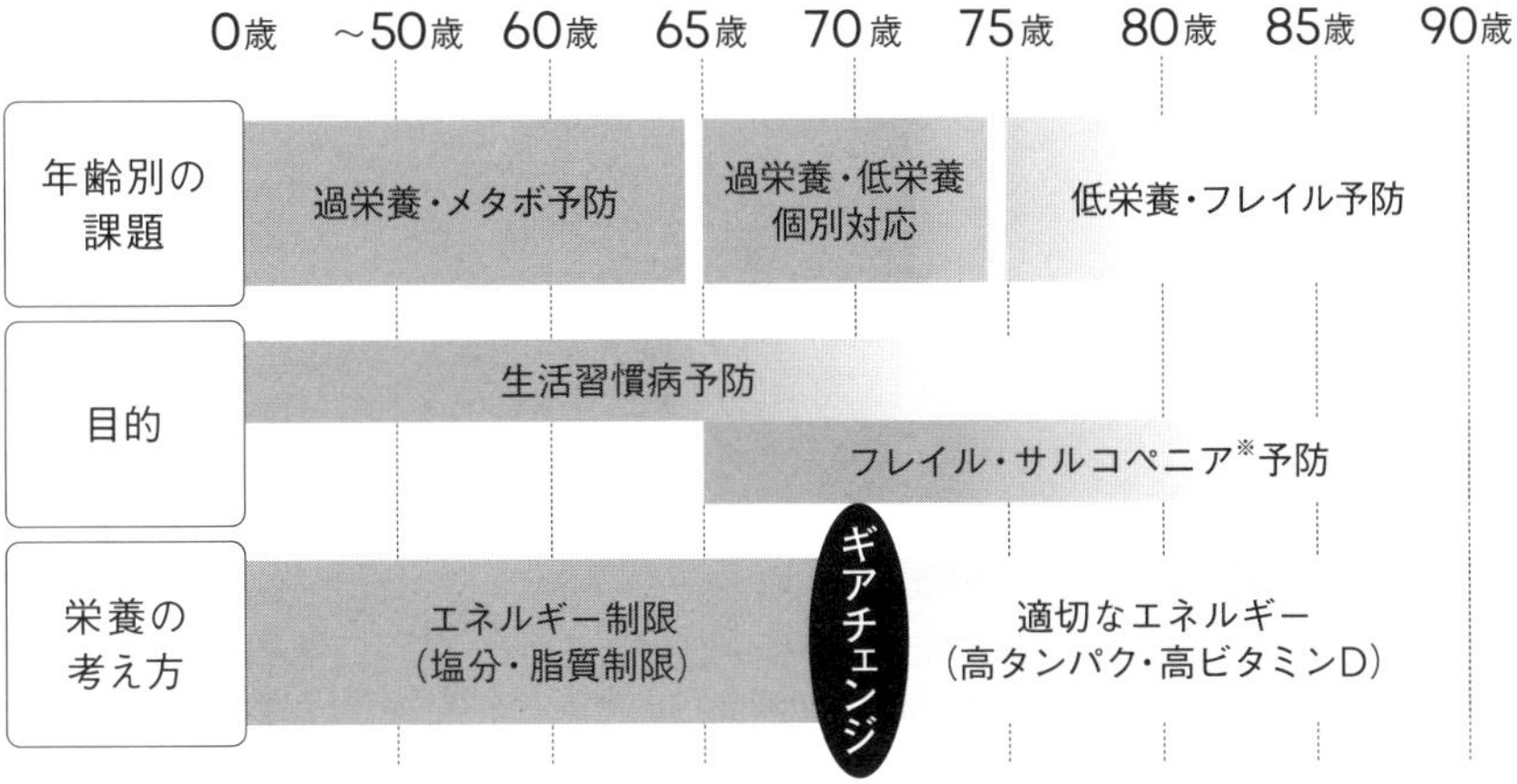


※フレイル・サルコペニア：加齢と共に心身の活力（運動機能や認知機能等）が低下している状態
出典：葛谷雅文「高齢者の栄養管理」から引用改変「食べるにこだわるフレイル対策」飯島勝矢

## 歯の健康が健康寿命を左右

高齢期の食に関して、忘れてはならないポイントがもう一つあります。食べることを支える歯の健康が　高齢期の健康に影響しているということです。

急にやせてしまった人に、何とかしっかり食事をしてもらおうと話を聞いてみると、入れ歯が合わずにうまくかめなくなり食事量が減っていたのが原因だった、というケースも少なくありません。年を取ってもしっかり食事を取れるようにするためには、歯が健康であり口腔《こうくう》機能が維持されていることがとても重要なのです。

実は、歯の健康は、認知機能の低下にも影響します。図5の左のグラフを見ると、20本以上自分の歯が残っている人に比べ、自歯がほとんどなく入れ歯も使用していないという人は認知症の発症リスクが約1・9倍になっています。入れ歯を使用している場合は使用して

図5　健康な歯は健康寿命を延ばし、認知症リスクを低減

●歯の本数・入れ歯と認知症発症との関係

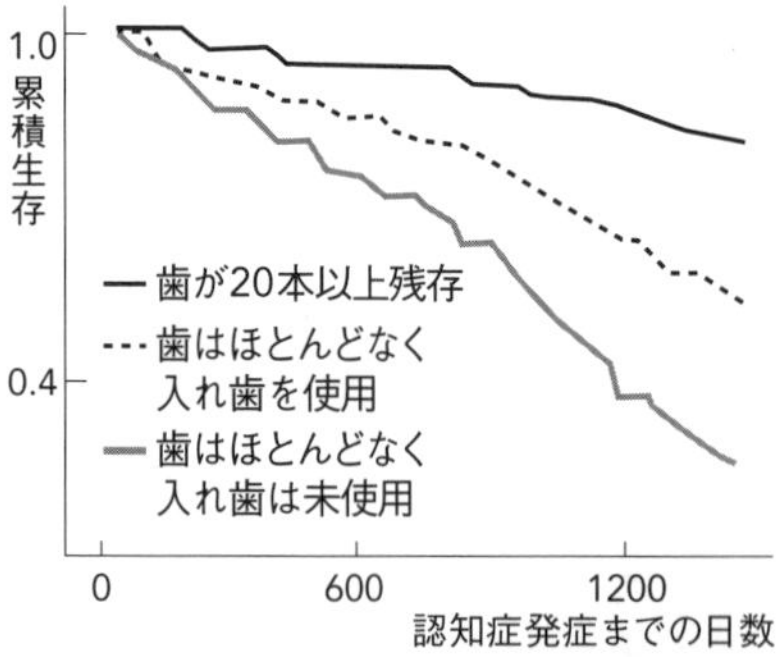


20本以上歯がある人に比べ、歯はほとんどなく入れ歯未使用の人

認知症発症リスク 1.9倍

●かかりつけの歯科医院の有無と認知症発症との関係

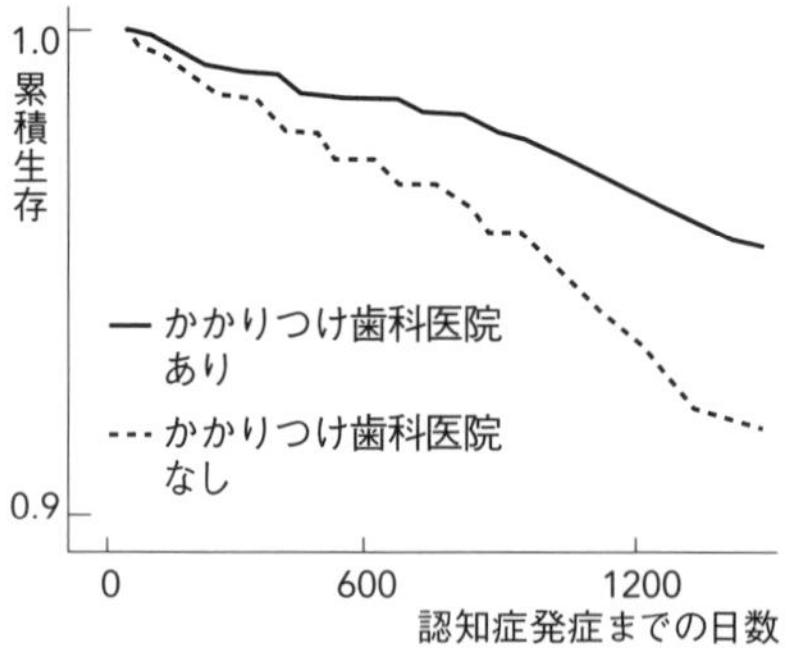


かかりつけ歯科がある人に比べ、かかりつけ歯科がない人

認知症発症リスク 1.4倍

出典：2010年厚生労働科学研究（日本福祉大学）

いない場合に比べて少し改善されています。
かかりつけの歯科医院がある人と比べると、ない人の認知症発症リスクが1・4倍になるという右のグラフからも、歯の健康を保つためにかかりつけ歯科医院にきちんとかかり、治療することが健康維持に役立つことが分かります。

## 高齢者の一人ごはんはリスクに

どのように食事を取るかも大切です。高齢者の「孤食」は高齢者の栄養状態、健康状態に悪影響を与えることが分かっています。孤食とは一人で食事を取ることですが、一人暮らしの場合だけでなく、同居家族がいても食事の際に一人になっている人を含みます。

図6は同居者の有無と、共に食事をする人の有無による健康リスクを測ったものです。同居者、共に食事をする人がどちらもいる場合と比較すると、共に食事をする人がいない「孤食」の場合1・5〜1・6倍低栄養にな

図6 「住居・食事形態」と「うつ・低栄養」の関係

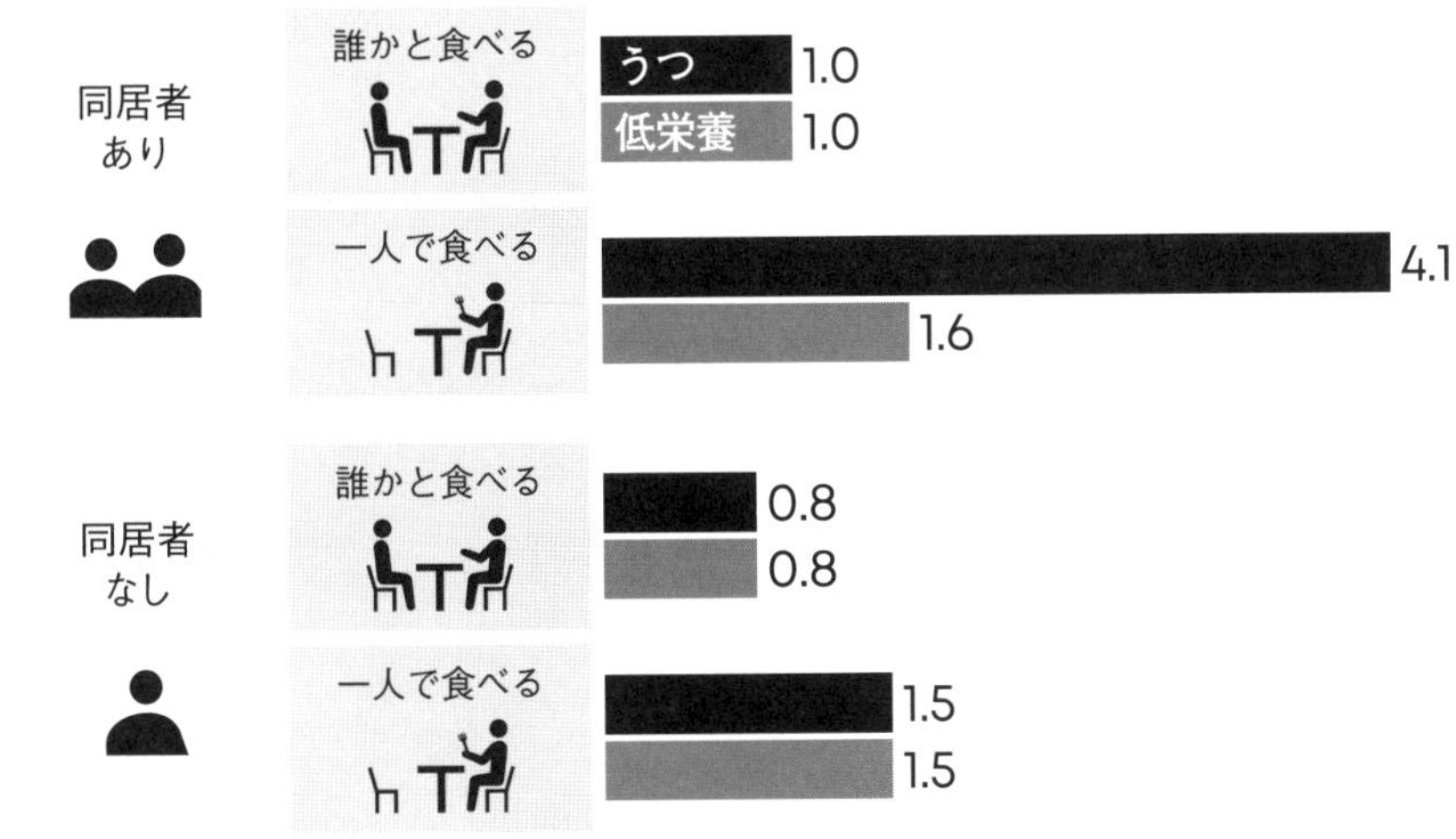


対象：年齢、性別で調整したオッズ比（男性933名、女性910名、年齢79.5 ± 5.5）
出典：2015年 Kuroda A,Iijima K,et al.JAMDA

るリスクが高くなっています。

社会や人とのつながりの維持が低栄養を回避する重要な要素にもなっているということが分かります。

一人での食事が続くと調理をする意欲が低下するだけでなく、同じメニューに偏ってしまったり、食事の回数自体が減ったりすることがあります。おいしい食事は人生の楽しみになりうるものですが、その食事の楽しみもなくなってしまいます。

同居者がいても孤食の場合、うつ傾向になるリスクが4倍以上になっていることを見ても、孤食を避けることは健康維持に大きく影響する要素の１つです。

## 高齢期の栄養摂取の原則

高齢期には、まずは最低限必要なエネルギーを取ることが重要です。厚生労働省の「日本人の食事摂取基準２０２０年版」では、65歳以上の場合ＢＭＩ21・5～24・9を目標に、１日３食バランスよく、しっかり食べるのが望ましいとされています。食事の時間を決めるとより効果的です。

各栄養素について目標とされる数値がありますが、特に、丈夫な骨と筋肉を維持し、歩く力を保つためには、タンパク質、カルシウム、ビタミンＤの摂取が重要になります。

高齢期の栄養摂取の原則と簡単な目安として、以下の５つのポイントを覚えておいてください。

- 3食しっかり食べる
- 食欲がないときは間食する
- 肉か魚を1日2品、卵か豆腐を1日2品
- 牛乳かヨーグルトを1日コップ1杯
- 日光に当たる

ただ、最初に挙げたように、高齢になると体の衰えに伴って「しっかり食べる」ことが難しくなり、気をつけていてもやせてしまうこともあります。あまり食べられない、栄養不足かもしれない、というときの対応をいくつか挙げておきます。

味覚の変化やかむ力の衰えが原因で食が細くなっている場合は、味付けや食感を工夫することで改善されることがあります。

また、義歯が合わない場合や、何かしらの疾患の影響で食欲不振になっている場合もありますので、短期間に食事量が低下した場合はかかりつけ医や歯科医に相

**図7** フレイルを予防するための栄養摂取の原則

**3食しっかり食べる**
食事の時間を決めると効果的

**食欲がないときは間食する**
乳製品や惣菜パンなどで栄養補給

**肉か魚を1日2品、卵か豆腐を1日2品**
タンパク質を取って筋肉量維持

**牛乳かヨーグルトを1日コップ1杯**
カルシウム・タンパク質を取って骨の健康維持

**日光に当たる**
体内でビタミンDを生成して骨の健康維持

談しましょう。

原因がはっきりしておらず、1度の食事量を増やすことが難しい場合は、以下のような食べ方の工夫をしてみましょう。3食きちんと食べることが望ましいとはいえ、「朝昼晩」に必ずしもこだわる必要はありません。栄養補助食品などを利用するのもよいでしょう。

- **食べる時間を変える**
- **ごはんだけを食べて栄養が偏るのを避けるために、おかずから先に食べる**
- **1食分を2回に分ける（1日の栄養の摂取機会を増やす）**
- **食事に間食を加える（バナナや乳製品など食べやすく栄養価の高いものや栄養補助食品）**

栄養補助食品には、市販のものと医師から処方されるものがあります。かかりつけ医がいれば一度相談してみてください。市販のものを利用するときは、エネルギーが１８０ｋｃａｌ以上でタンパク質が含まれているものを選びましょう。いわゆる「栄養ドリンク」はビタミン・ミネラルが中心でエネルギーやタンパク質を補えないものが多いので成分表を確認してください。

また、日々の食事の準備や買い物が難しくなってメニューが偏ったり、食事量が減ったりしている、という場合は配食サービスや食材の定期配送サービスを利用して無理せず食事の準備ができるようにしましょう。

## 健康寿命を延ばす「食」の4ポイント！

1 70代が見えてきたら、もりもり食べて「ぽっちゃり型」を目指す

2 歯科医院にきちんとかかる――歯の健康は健康寿命を左右する

3 食事は「ワイワイ」食べる――独居よりも「孤食」のリスクのほうが大きい

4 丈夫な骨と筋肉を作るには「タンパク質」「カルシウム」「ビタミンD」

# 3 認知症と向き合うために

介護という言葉から、多くの人が認知症を連想するのではないでしょうか。認知症とはどういうものか、親が認知証になったらどう対応すればいいのか、認知症予防のためにできることは何かなど、分からないことがたくさんあるはずです。改めて認知症について学んでいきましょう。

## 誰もが認知症とともに生きる時代

まず、認知症にはどのぐらいの割合の人がなっているの？というのが図1で、年齢別の認知症有病率を示しています。65歳以降を5歳区切りで見ると、年齢が上がるほど認知症の人の割合が増えていき、95歳以上になると8割近くは認知症になります。長生きして、他の病気で亡くなっていなければ、大半の人は認知症になると考えていいでしょう。

図1 人生100年時代は、誰もが認知症と生きる時代

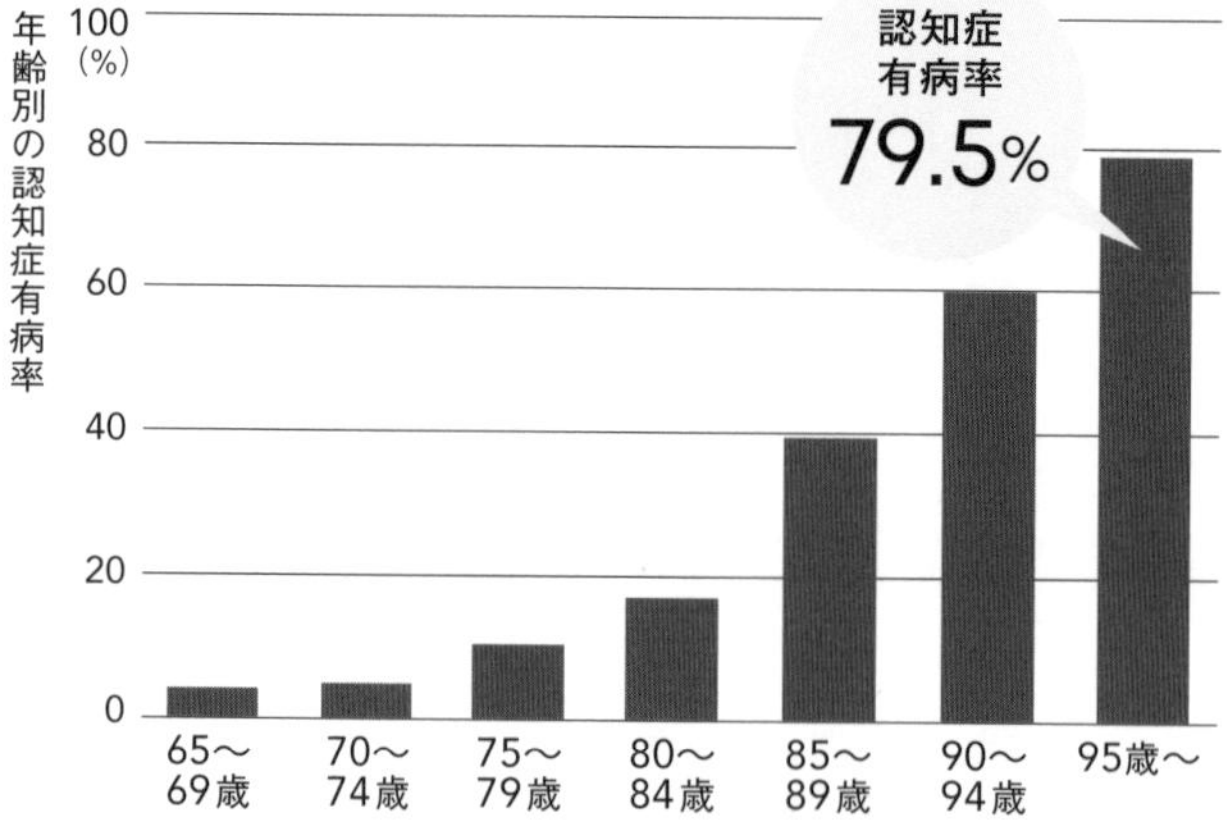


出典：厚生労働科学研究費補助金認知症対策総合研究事業「都市部における認知症有病率と認知症の生活機能障害への対応」（平成21～24）総合研究報告書

どのくらいの人数が認知症になっているのかというのが図2です。2018年には500万人程度といわれていたのが、2030年の予測で800万人、2050年の予測で1000万人。高齢者、特に後期高齢者の人数が増えていくと、認知症の人数も増えていきます。2050年には日本の全人口の10人に1人が認知症になるという推測があります。誰もが認知症から逃れられないという現実が迫っています。

## 生活に支障がなければ認知症とは呼ばない？

では、認知症とは何なのか。定義についてお話しします。

**認知症という病気はありません。**認知症の定義は、脳の器質的な変化があり（その原因はアルツハイマー病やケガなどさまざま）、それによって認知機能が低下し、日常生活に支障が出ている状態。そ

図2 総人口に対する認知症の割合

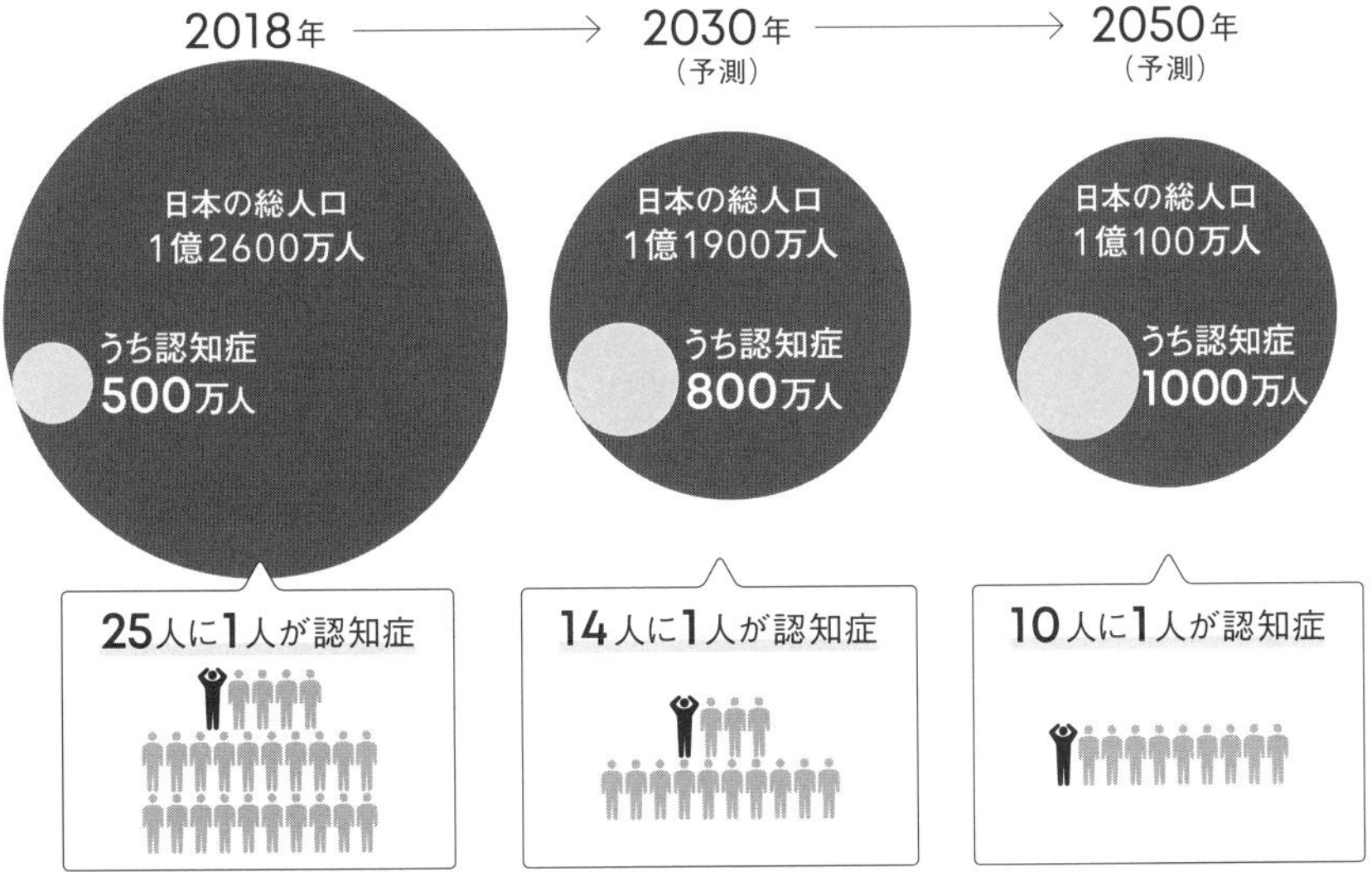


出典：総務省「国勢調査」。国立社会保障・人口問題研究所「日本の将来推計人口（平成29年推計）出生中位・死亡中位推計」（各年10月1日時点人口）

のためアルツハイマー型認知症とか、前頭側頭型認知症などという呼び方になっています。

　認知機能の低下で現れる具体的な症状（中核症状）としては、記憶障害、特に短期記憶障害（ここ、どこだっけ？）、もとになっている病気の種類によっては、失行・失認（何に使うモノなのか分からなくなり、靴がはけなくなる）、実行機能障害（実際に行動に移すとき、やり方が分からなくなる）、判断力の低下（数字などが分からなくなる）、そして言語障害が現れることもあります。

　病気によって起きるこうした症状があっても、まだ認知症とは呼ばれません。それによって**今の自身の日常生活に支障が出て、困りごとが起きている状態になると初めて認知症といわれます。**

　例えば農作業等をしている人で、短期記憶などに問題があり、話してみると「認知症だな」と思ったとしても、昔からやっている農作業が問題なくでき

図3　認知症とは？

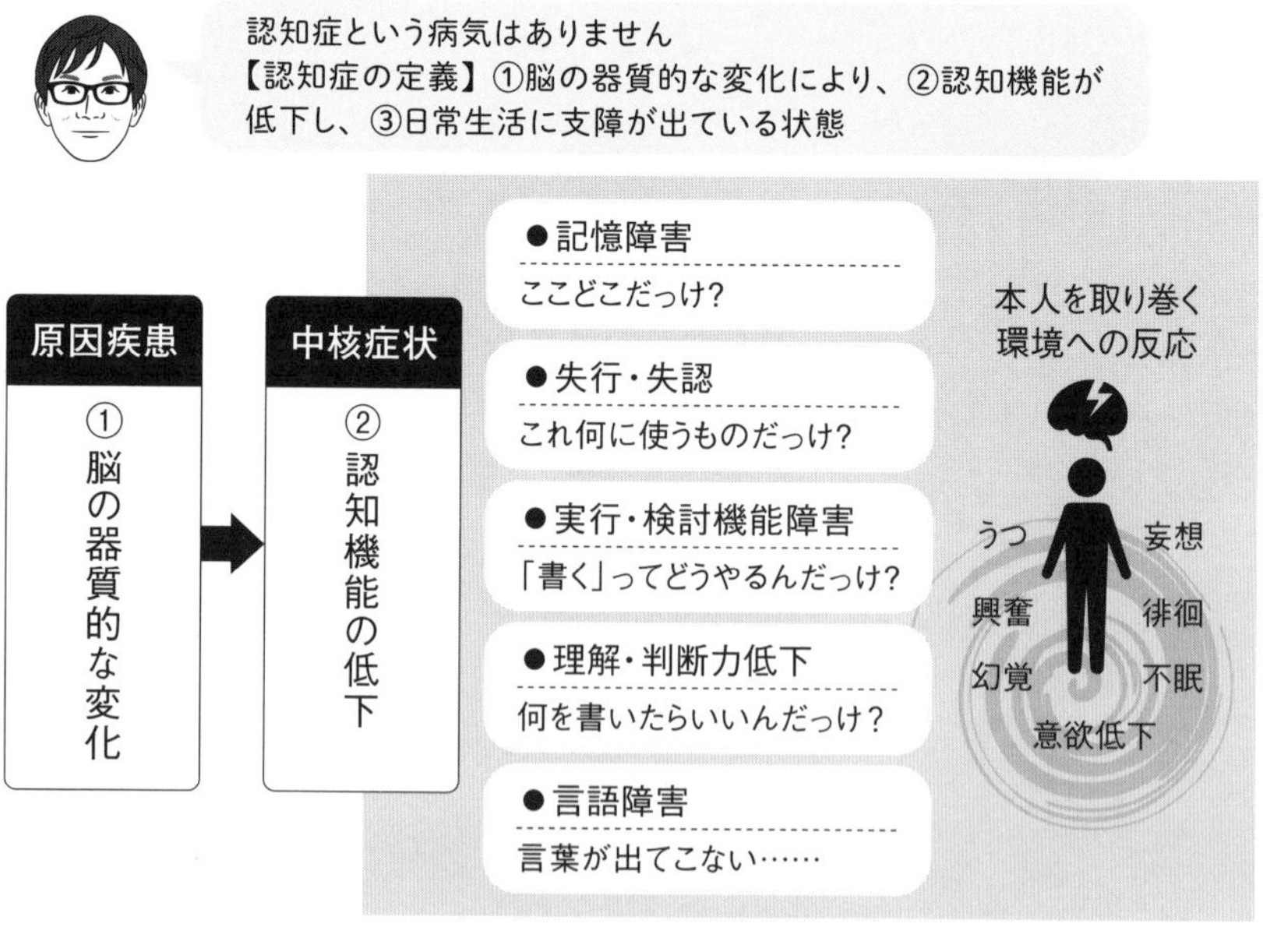

て、日々の生活にも支障が出ていなければ、認知症ではないということです。

認知症と似た症状に、老化によるもの忘れがあります。先ほど認知症には脳の器質的な変化があるとお話ししました。一方、老化によるもの忘れは生理的な老化で、だんだん脳が小さくなるとか縮んでいくとか、普通に年を取ることで現れる脳の機能の低下です。

認知症と老化によるもの忘れの症状の違いは、**認知症の場合は体験したことを丸ごと忘れます。**一方、**老化によるもの忘れの場合は一部を忘れます。**例えば、昨日の朝、何か食べたことは覚えているけれども、何を食べたか思い出せないというのはもの忘れ。一方、ご飯を食べたかどうかを覚えていない、もう一回食べようとしてしまうというのは認知症です。それに加えて、自覚があるなしの違いもあります。「私、何を食べたか思い出せないのよね」という人は認知症ではありません。さらに、**何を食べたか忘れていても、日常生活で支障がなければ認知症ではないのです。**よく、お年寄りの方で「すぐ忘れてしまうから、私認知症かも……」などと話している方は、基本的に認知症ではありません。

図4　老化によるもの忘れと認知症の違い

| | 認知症 | 老化によるもの忘れ |
|---|---|---|
| | 脳の神経細胞の変容 | 脳の生理的な老化 |
| |  |  |
| 症状 | 体験したことを丸ごと忘れる | 体験したことの一部を忘れる |
| 自覚 | 忘れた自覚がない | 忘れた自覚がある |
| 日常生活 | 支障がある | 支障がない |

写真：PIXTA

## 認知症の原因疾患は80種類以上！　原因によって症状も違う

認知症にはもととなる病気があって、そのために認知機能が阻害されるという説明を先ほどしました。では、具体的にどんな原因疾患があるかというのがこちらの図5です。どんどん原因が解明されていって80種類ほどあるといわれていますが、主なものは4種類です。

まず、一番多いのがアルツハイマー型。徐々に脳が萎縮していく病気で、68％を占めます。脳血管型認知症というのは、脳出血、脳梗塞などによって、脳が圧迫されたりして起きます。その他にレビー小体型認知症や、前頭側頭型認知症というのもあります。それぞれ脳のどの辺りの位置に障害が起こるか、図5の右に示しています。アルツハイマー型は全体的に萎縮する。前頭側頭型は前頭葉のあたり、レビー小体型は後ろの方。場所がそれぞれ違うので、ＣＴやＭＲＩなどの画像診断でどの認知症なのかが診断されます。

これらの原因により症状も対応も異なります。脳のどの位置が

図5　認知症の原因疾患

➡ 原因疾患の種類は、約80種類といわれており、主なものは4種類

●「認知症」の主な原因疾患

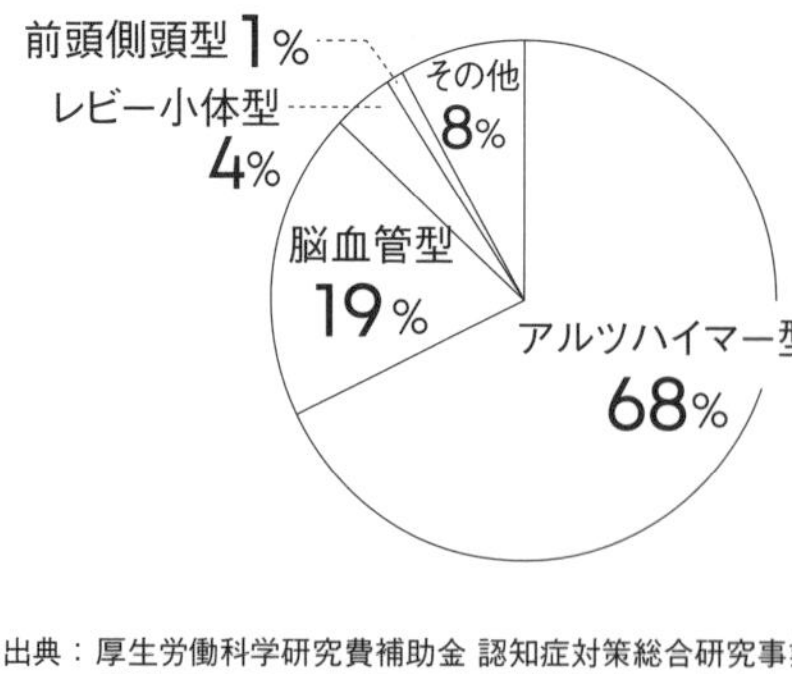


●脳に障害が起きる場所

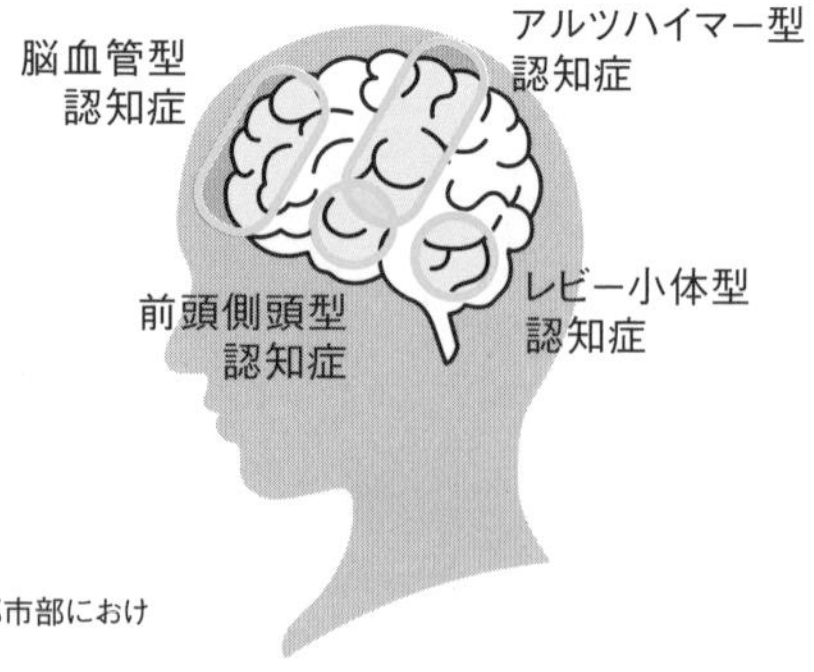


出典：厚生労働科学研究費補助金 認知症対策総合研究事業「都市部における認知症有病率と認知症の生活機能障害への対応」

**図6** 「認知症」の主な原因疾患

## アルツハイマー型認知症

☑ 異常タンパク質がたまり神経細胞が死ぬことで脳が縮んでいく

- もの忘れ
- 時間が分からない
- 今いる場所が分からない

## 脳血管型認知症

☑ 脳に栄養が届かなくなり神経細胞が死んでしまう

- もの忘れ
- 手足のまひ
- 言葉が出にくい
- 気分が沈む

## レビー小体型認知症

☑ 「レビー小体」という異常タンパク質が脳の中にたまる

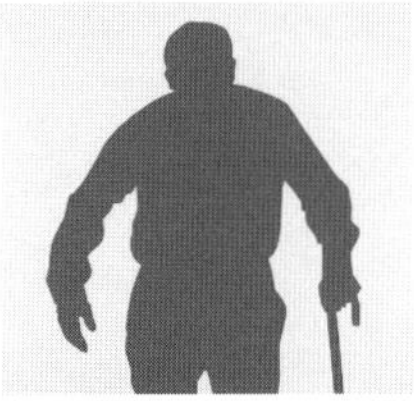

- もの忘れ
- 幻視
- 手足の震え
- 体のこわばり
- 表情が乏しい

## 前頭側頭型認知症

☑ 理性をつかさどる「前頭葉」と理解をつかさどる「側頭葉」が縮んでいく

- 状況に関わらず突然立ち去る
- 同じ行動を繰り返す

阻害されるかによって出てくる症状の種類も変わります。主なものを図6にまとめました。

まず、**アルツハイマー型認知症**では主に**記憶障害**が現れます。初期は短期記憶が保てないという症状が出てくるのですが、少し症状が進むと「時間が分からない」「今いる場所が分からない」などとなります。

**脳血管型認知症**は脳の一部が圧迫されるため、**手足のまひや言葉が出にくいなどの症状**が出ます。

**レビー小体型認知症**は、レビー小体という異常タンパク質が脳の中にできるもので、特徴的な症状としては**幻視**です。体の動きが悪くなるという症状も見られます。**前頭側頭型認知症**は理性をつかさどる前頭葉と理解をつかさどる側頭葉が縮んでいくので、状況に関わらず突然立ち去るとか、同じ行動を繰り返すとか、**ルールを守れなくなる**傾向があります。

このように、必ずしも認知症の全部にもの忘れがあるわけではなく、原因によって症状が異なるので、対応も変わることになります。

そのため、疑いがあれば早めに受診して、どういう原因があるのかを知ることが大事です。

早期に受診するメリットは、まず**認知症の種類によっては治療が可能になり**

**図7** 認知症で早期受診4つのメリット

1 認知症の種類によっては治療が可能になる

2 早期対応により進行速度を遅くできる

3 公的サービス利用など生活支援準備ができる

4 別の病気を早期発見できることも

**ます。**正常圧水頭症など、原因疾患を治せる認知症もあります。2つ目に、早期対応により進行速度を遅くできます。例えば、早い段階に飲んだほうが効果が高くなる薬があります。3つ目に、認知症という医療機関の診断があれば、介護保険の認定が下りて、公的サービス利用など生活支援の準備ができます。4つ目に、別の病気を早期発見できることもあります。一見、認知症のような症状が出る他の病気だった、ということもありますので、もとになっている病気を治せば症状が治まる可能性があります。

## 認知症の初期対応、どうすればいい？

では改めて、認知症かもと思ったら、最初の段階でどうすればいいのか。先ほど、早期発見ができれば認知症の進行を遅らせられる可能性があるという話をしました。もう少し詳しく話すと、**健常な状態から認知症に進む前に、軽度認知障害（MCI）という段階があります。この段階で適切な対応が取れれば、14％から44％の方は健常な状態に戻るといわれています。**

もしMCIの状態で何もしなければ1年で10％、5年で40％の方

図8　MCIの段階で対応すれば回復の可能性は高い

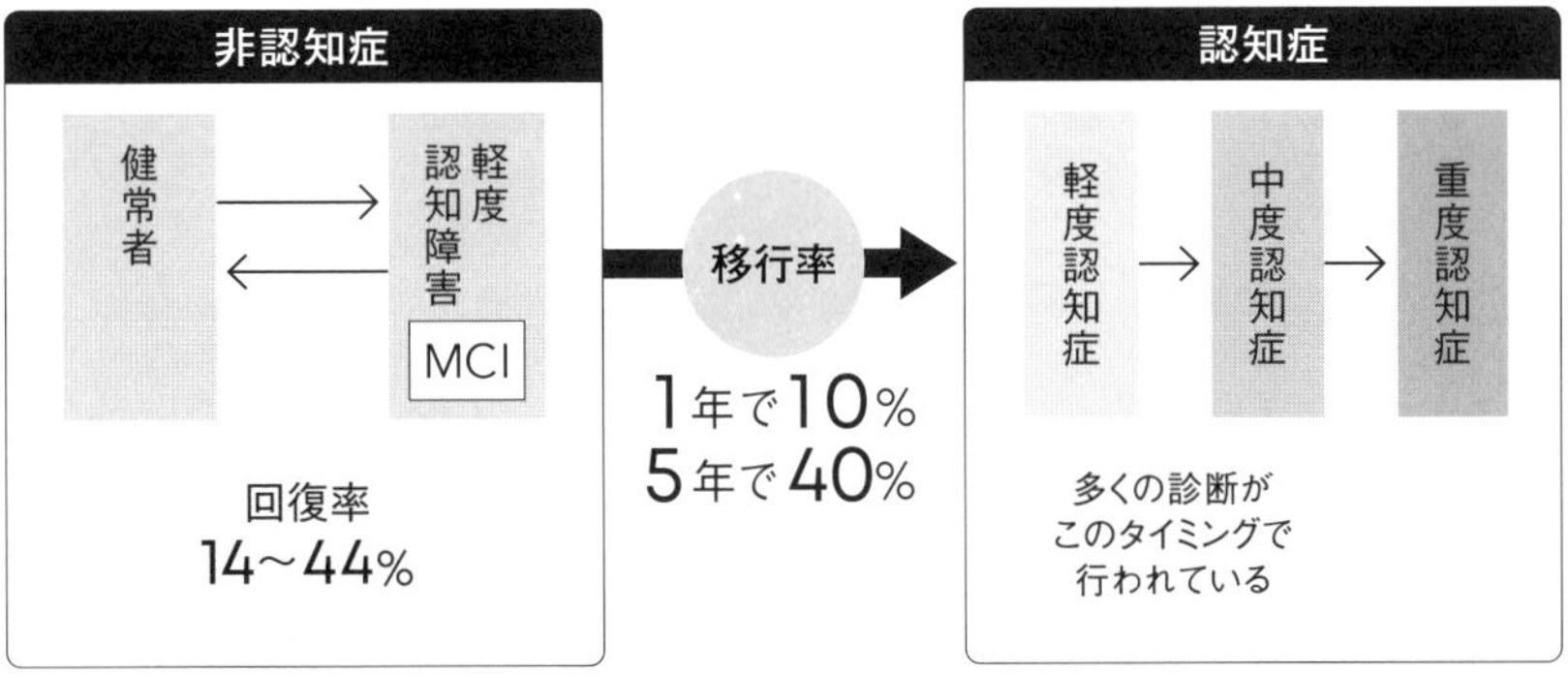


資料：日本神経学会「認知症疾患診療ガイドライン 2017」よりリクシス作成

## 図9　認知症に気付くのは家族が大半

●認知症を疑うきっかけとなるような変化に気付いた人との関係

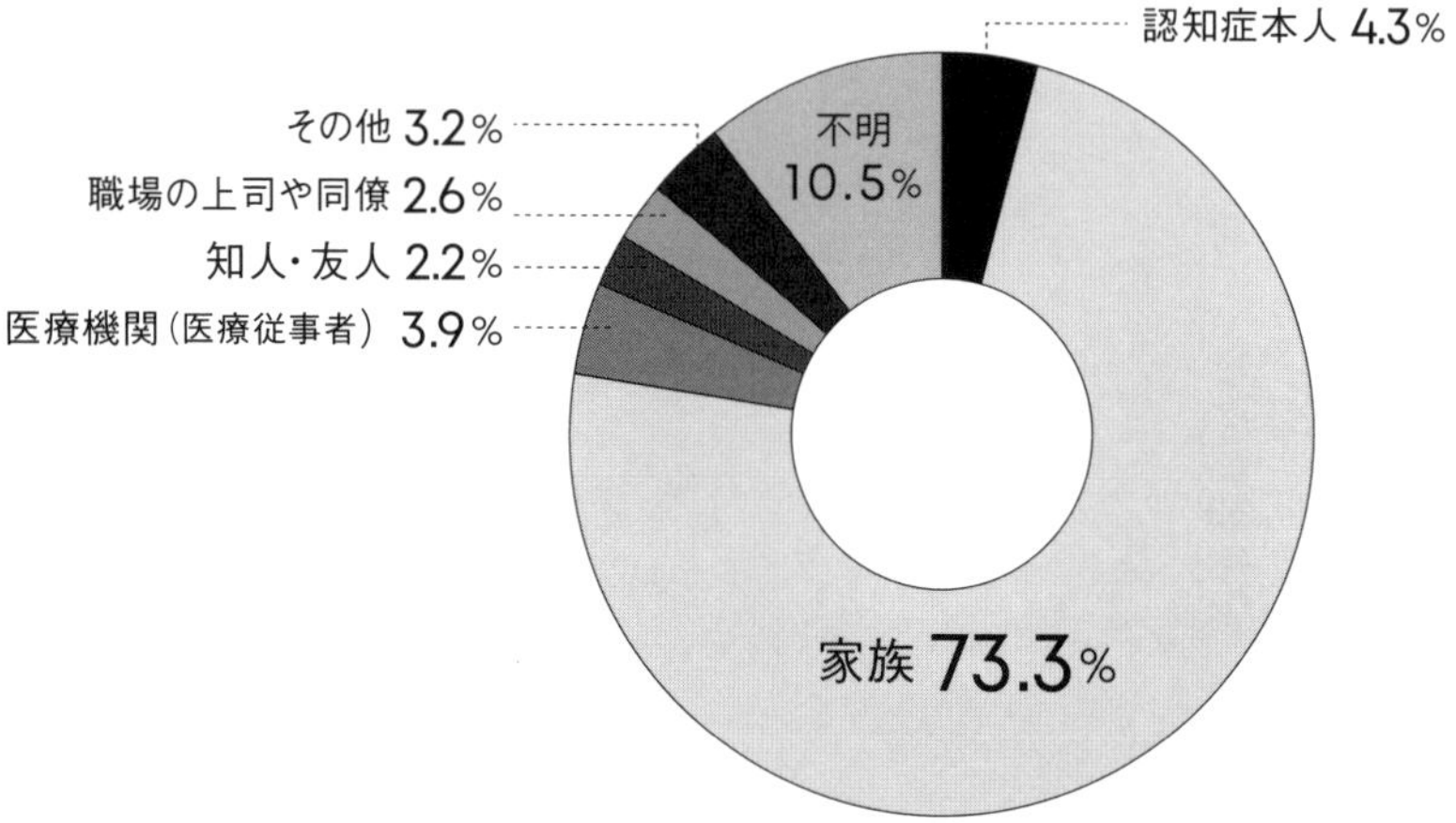


●認知症を疑うきっかけとなるような主な変化

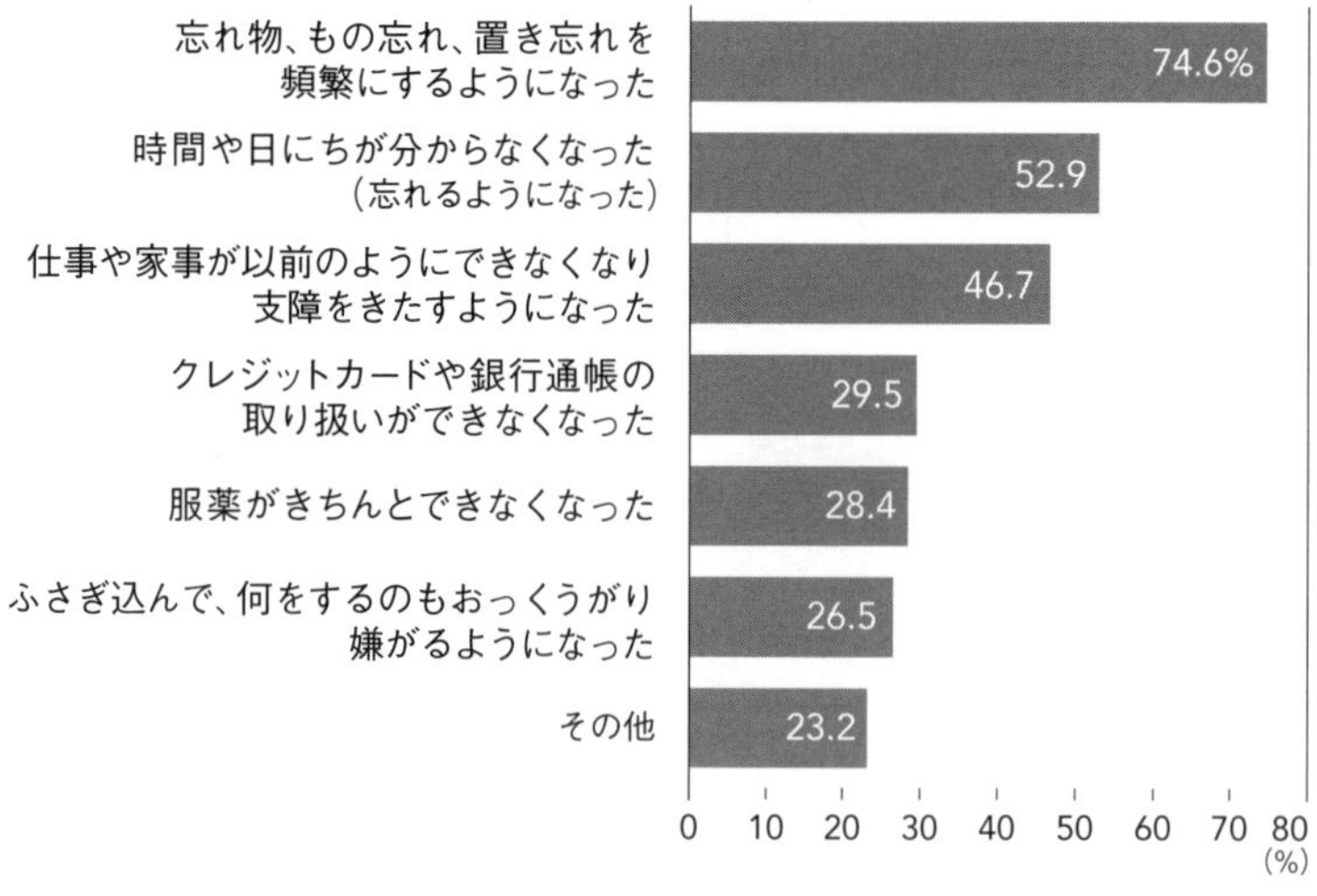


出典：認知症の診断と治療に関するアンケート調査 調査報告書（2014年）日本イーライリリー

が認知症になります。認知症になっても進行を遅らせるためにできることはあるのですが、早めのほうが回復率が高いといわれています。ところが、認知症の診断の多くは、軽度認知症から中度認知症に移るくらいで行われており、なかなか早期に発見されることがないのが現状です。

「認知症かもしれない」と気付くのは7割以上が家族です。それ以外では本人が4・3%、その他医療機関や知人、友人も少しありますが、圧倒的に家族が気付いているということです。認知症の傾向として自覚がないというのがありますので、本人が気付くのはなかなか難しいのです。

認知症を疑ったとしても、多くの人は実際に医療機関を受診するまでの期間がかなりかかっています。6カ月未満は半数弱で、人によっては3年以上、5年以上というケースもあります。早期発見が難しい理由は2つ、そもそもおかしいなと家族が思っても年のせいかなと様子見をしてしまう。次に、やっぱり変だと気付いても、本人には言いにくかったり、本人が病院に行きたがらなかったりする。この2つのハードルが認知症の早期診断を阻みます。

## 診察に応じてもらえないときには、こんな作戦も

では、やっぱりおかしいなと気付いたらどうしたらいいか。病院に行ってみよう、とさらっと本人に言える場合はいいのですが、なかなか言いにくい場合にはいくつかのパターンがあります。

まず、かかりつけの医師がいる場合、他の病気で通っている内科などで、かかりつけ医に家族側から連絡する。「認知機能が心配なので調べてほしいが、本人には伝えていないんです」と相談してみる。一

図10　認知症かな?と感じたらどうするか

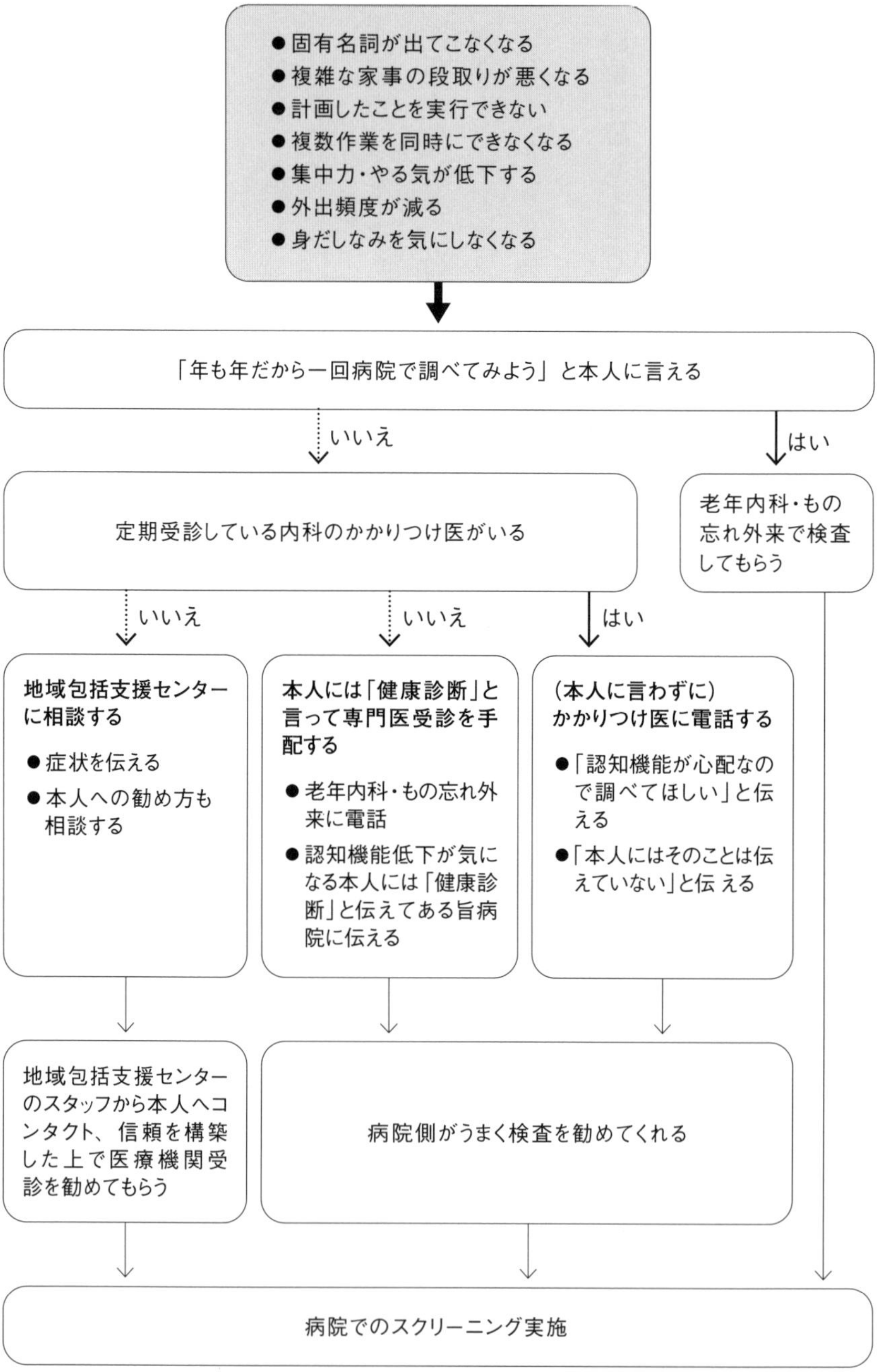

芝居打って協力してくれる先生も増えていて、病院側でうまく検査を勧めてくれます。家族が言うと抵抗する人も、お医者さんが言うと聞いてくれるということがあるんです。

かかりつけ医がいない場合、私が見たケースで有効だったのは、健康診断と本人には言って専門医の受診を手配する。また、健康診断を一緒に受けようと誘う。50代の子どもが受けるので、70代の親も一緒に、と言うと拒否感を少し減らすことができる場合もありました。こうした作戦を実行する場合に、病院側に「本人には認知症の検査だとは言っていないです」と伝えておくことが大事です。

どれも難しい場合は、地域包括支援センターに相談する。こちらは65歳以上の人の生活の困りごとを何でも相談できる場所なので、本人に受診を勧めるいい方法が見つからなくても、とりあえず困っていることへのサポートから入って、受けやすいサービスから受けることができます。

## 家族が認知症と分かったら

家族が認知症だと分かったときにどういう態度をとるべきか？ 実は対応によって結果が変わってくることがあります。認知症の進行を遅らせるために有効な対応を図11で少し紹介しています。

どう言えば納得してくれるのかというのは、もともとの本人の性格や生活習慣によって違いますけれど、認知症の人にやってはいけないことははっきりしていて、**本人の焦りや不安、ストレスを増やすような対応の仕方がよくないです。**

具体的には、本人の言うこと・やることを否定する「それ、やっちゃダメ」、本人のできないことを指摘する「またできてないの?」、自尊心を傷つけるような声かけをする「本当にだめだねえ」。第三者の立場でこうした言葉を見ると、「それは当然ダメだろう」と思うかもしれませんが、毎日介護をしている家族は、つい言葉がきつくなってしまうことは仕方ないといえます。

驚かせたり、せかしたりするのもよくないです。認知症になると、判断に時間がかかるようになっていて、普通の人が普通にやっている会話のスピードだと速過ぎるようになります。注意力もなくなっているので、急に声をかけるとびっくりします。こうしたストレスを与えられると、進行が早まりやすいといわれています。

図11の左側にあるような、本人の自己肯定感を損ねない対応が望ましいとされています。「頼む」「頼る」とありますが、本人にできることは、時間はかかるかもしれないけど、なるべく自分でやってもらうようにする。また、本人がやっていることは否定しないで受け入れる。本人を焦らせるようなこと、不安を引き起こすような言い方、自尊心を損ねるようなやり方はしない。それらが認知症の人への正しい接し方とされています。

実際に毎日介護している家族は、昔の元気だった親の様子を知っ

**図11** 認知症の進行を遅らせるための対応

●本人の自己肯定感を損ねない対応

| | |
|---|---|
| 頼む | これよろしくね |
| 頼る | お願いしてもいい? |
| 受け入れる | そのままでもいいよ |
| 寄り添う | だいじょうぶ? |

●焦りや不安を引き起こす対応

| | |
|---|---|
| 否定する | それやっちゃダメ! |
| できないことを指摘 | 前にも言ったでしょ |
| 自尊心を傷つける | 本当にだめねぇ |
| 驚かす・せかす | もう、早く準備して! |

ているので、毎日こういう接し方ができるかというと難しいのではないかと思います。やってはいけないことをやっている親を見て、気をそらせながら否定しないように対処するというのは、なかなかできるものではないと思います。

## 家族だからこそ認知症の介護が難しいワケ

実は、認知症介護を難しくする要因は本人側にも家族側にもあります。

本人側の1つ目は、認知症の症状の特徴によるもので、**「身近な人に対して、より強い反応が現れる」**という傾向があるのです。例えば一番よく介護している娘さんに対して、いろんなものを拒否したり、暴言を吐いたり、冷たく接するけれど、たまに来る親戚にはすごくいい顔をする、というようなことが起きます。

また、認知症の特徴として、**「出来事は忘れても感情は残る」**ということがあります。例えば、何か火にかけてはいけないものを火にかけようとして、家族に危険だからと止められたということがあったときに、なぜ止められたのか、何がダメだったのかということは覚

図12 認知症の人への「正しい」接し方を続けることは、家族だからこそ難しい

●家族の認知症介護を難しくする要因

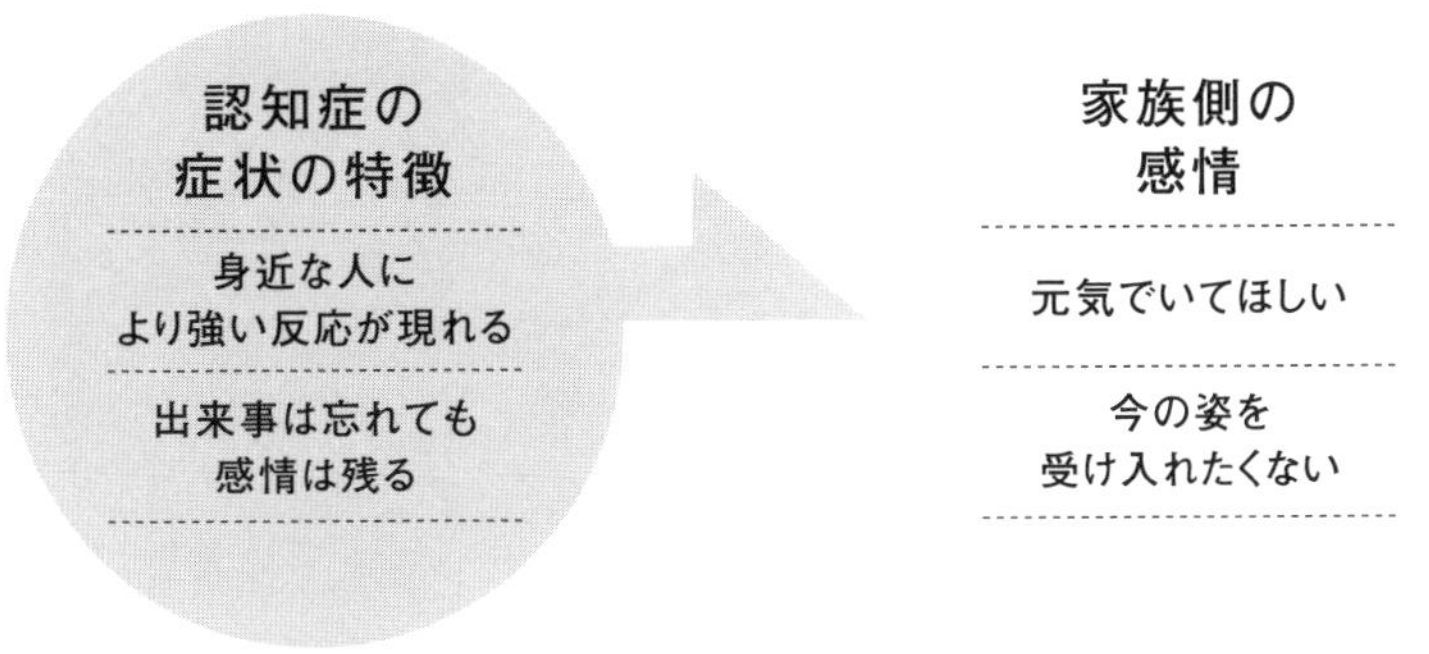

えてないけれど、あの人に何か嫌なことをされた、止められたという気持ちだけが残る。だんだんと近くにいる人に対しての嫌な気持ちだけが残っていく。相当うまく対応しないと、そのようになってしまうのです。

認知症の症状にはこうした特徴があるので、**近くで家族が介護をして一生懸命やっていればいるほど、当たりがきつくなっていく**という傾向があります。

また、家族側の要因としては、そもそも親に元気でいてもらいたいという気持ちがあるので、悪くなっていく親の症状をなかなか受け入れにくい。すでに悪くなった状態から接し始めるヘルパーなどの介護職は、そういう状態を受け入れるところから関係が始まるわけですけれども、昔から知っている家族は元気だった頃の親のことを覚えているので、**「あんなにしっかりしていたお父さんがこんなことになるなんて」**という気持ちがやっぱりあります。相当上手に切り替えができる人でない限り、こういった気持ちはずっと残るんじゃないかと思います。

こうした双方の要因から、**家族が認知症の人の介護をするというのは、専門職がやるよりも難しくなるのです。**

実際に私も報酬をもらって仕事としてやっているので、普通の人から見ると変な行動をする認知症の方に対して、穏やかに接することができるのですが、それでも同じことを何度も繰り返されると、だんだんイライラします。お金をもらっているお客さまに対してでさえそうなのですから、自分の家族に対してだと最初から我慢ができないというのも当然です。**私自身、自分の親が認知症になったときは、自**

**分では介護できないだろうなと思います。**

認知症の人の家族がたどる心理を表したのが図13です。最初に認知症と診断されたときには、普通ではない親の言動に戸惑い、認知症になった事実を認めたくないという気持ちが働きます。次に、対応の仕方が分からず、混乱してちょっとしたことでイライラするという状態になります。やがて、どこかで割り切れるようになって、最終的に今の状態を受け入れる。こうした4つのステップで進んでいくといわれています。そうこうしている間にもう少し状態が悪くなると、1つ前のステップに戻るなど、行ったり戻ったりするのです。**大事なのは、最初は戸惑って混乱して拒絶するという気持ちになるというのが通常であり、親を大切に思うほど信じたくない気持ちが働き、なかなか受け入れられないというのが普通だということです。**

また、家族が頑張るほど認知症の方の症状が悪化するという例も何度も見たことがあります。本人のためだと思って家族が無理をする。その状況が本人にも伝わるわけですね。認知症は人の感情を読み取る能力が落ちるわけではないので、「何か分からないけど、あの人はイライラしている」というふうに伝わるんじゃないかと思いま

**図13** 認知症の人の家族の心理4つのステップ

➡ 身近にいて大切に思うほど、信じたくない気持ちが働く

| とまどい 否定 | 混乱・拒絶 | 割り切り | 受容 |
| --- | --- | --- | --- |
| ●普通ではない言動に戸惑う ●周囲に打ち明けられず悩む | 対応の仕方が分からず混乱し、ちょっとしたことでイライラする | 怒ってもメリットが無いと思い始め、割り切れるようになる | 本人の状態への理解が深まり、あるがままを受け入れられるようになる |

本人の状態の変化に伴って各段階を行きつ戻りつしながら受け入れていくことになります

す。

家族が無理をしているという状態は本人にとってもよくないので、できるだけ介護保険のサービスなど、使えるものを使って息抜きできる時間をつくる。介護から離れる時間を家族自身に持ってもらうというのが、認知症の方への介護の負担をなるべく重くしないようにするための考え方です。

第5章で詳しく説明しますが、本人と家族、お互いの負担を減らすための「レスパイトケア」というものがあります。レスパイトとは休息、息抜き、小休止といった意味の単語で、レスパイトケアとは家族の介護負担を減らすために利用できるサービスです。

こうしたサービスを追加するだけではなく、精神的な負担を軽減する家族会や介護相談窓口への参加という方法もあります。自治体ごとに、家族会を介護者に向けてやっており、同じ立場の人に悩みを打ち明けたり、互いの経験を聞いたりすることで、精神的な負担を軽減できるので、こうした家族会や相談窓口への相談は有効だとされています。

## 認知症の症状の進行に伴う変化と対応を知る

時間経過と共に認知機能が低下していくことは自然なことです。皆さんこのように緩やかに進んでいくわけではないですが、イメージとしてその段階を図14に示しました。

最初の健常からＭＣＩの段階では、財布の中に小銭が増えたり、もの忘れが多くなったり、会話の中で単語が出にくくなって、「あれ」が増えます。この辺で家族は「怪しいかな？」と思うかもしれないのですが、年のせいだと様子見しがちになることも多いです。ここで早期発見、早期治療につなげたいところです。

次に認知症が軽度の段階になると、金銭管理が難しくなる、必要ないものをたくさん買ってしまう、同じことを繰り返し聞くという症状が出ます。火の不始末などで実際に危ない場面が出てくるのもこの段階です。この程度だといろんなリスクはあるけれども、少しのサポートがあれば大丈夫かもしれないと思って、結構家族で抱え込みがちになります。ですが、実際には認知症の介護を家族がやるのは難しいので、なるべく介護保険サービスなど専門職のサポートを受けて、家族だけで抱え込まない体制をとってもらいたいです。

さらにもう少し悪くなって中度になると、トイレの場所が分からなくなって失禁する、外出時に道に迷って帰ってこられないなど、困りごとがたくさん

**図14** 症状の進行に伴う変化と必要な対応（イメージ）

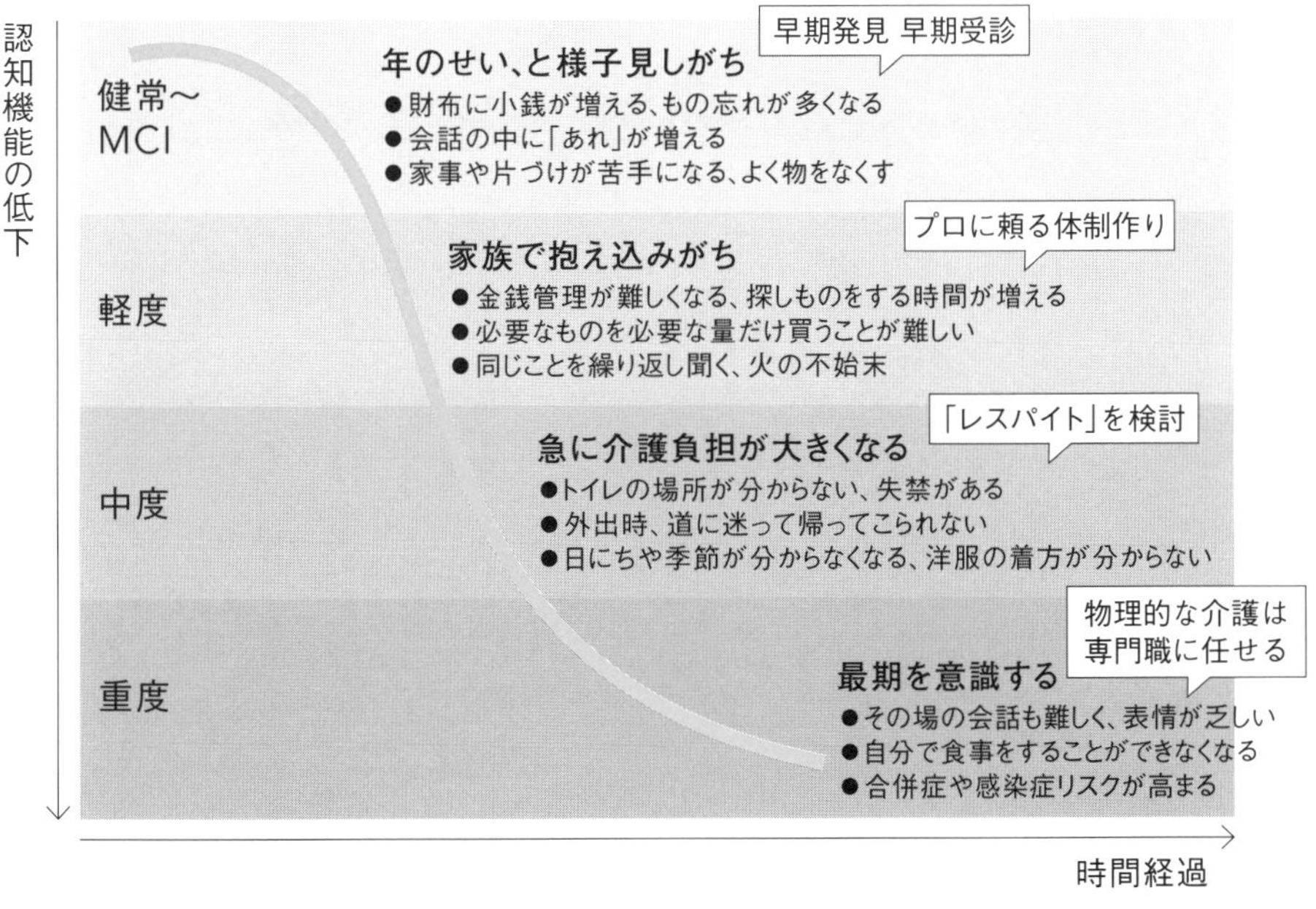

出てきます。介護サービスを使っていても介護負担は大きくなってくる。先ほどお話しした「レスパイト」の考え方を思い出して、なるべく家族の介護負担を減らすようにするのがポイントになります。

最後、重度の段階になると、その場の会話もほとんどできない、反応がないような状態になります。このぐらいの段階になると自分で食事をするのも難しくなってくるので、他の病気がなくても合併症や感染症のリスクがとても高まります。そのため、医療機関との連携が必要になりますし、みとりを意識するようになります。物理的な介護はなるべく外注して専門職に任せて、最期をどう穏やかに過ごすのかを家族は考えることになります。

**認知症への対応3ポイント!**

1 認知症かも、と思ったら早期受診

2 お互いのストレスを小さくするため、早めにプロに頼る

3 家族が息抜きをすることは本人のためにも重要

# 第4章

# ケーススタディ

「まだ大丈夫」と思っていても、介護は突然始まります。そんなときどう対処すればいいのかと、漠然とした不安を抱えている人は多いのではないでしょうか。一人ひとり置かれている環境も、親の状態も、仕事のスタイルも違うのですから「これが正解」というマニュアルはありません。ただ、既に仕事と介護の両立を行っている人の経験から学ぶことはたくさんあります。第4章では、4人のケースを紹介します。

ケース1

# 離れて暮らす親の介護　カギはチームづくり

- 絵里子さん（仮名）47歳、会社員、東京都内で一人暮らし。
- 両親はともに83歳、現在神奈川県で二人暮らし。
- 母は現在認知症で要介護3。

## 介護の始まり
## 母の認知症、父の入院をきっかけに介護サービス導入

２０１９年の正月に帰省した際に、母の様子がおかしいと父から相談を受けました。最近新しいことを覚えられなくなったというのです。母は健康診断の際に、検便のやり方が分からなくなり、便を手に持って父に見せに来たそうです。ショッキングな出来事ですが、親の介護について真剣に考え始めるようになりました。

５月に母が神経内科を受診し、認知症と診断。自分の変化に不安を感じていた母に老人性うつの兆候があるのではと私から医師に説明し、精神科を紹介してもらいました。**並行して、私から地域包括支援**

**センターに電話で相談を開始。**その後、実際に両親を見てもらうのが一番だと思い、「無料でいろいろ相談できるところがあるよ」と、両親と共に地域包括支援センターを訪問しました。

**要介護認定申請は時間がかかるから、使うかどうかはともかく、先に申請したほうがいい**とアドバイスをもらい、渋る父を説得して9月に申請にこぎ着けました。11月に要介護1の認定が下り、今もお世話になっているケアマネジャー(以下、ケアマネ)を決めました。当時はまだ介護サービスの導入に父が消極的であり、ケアマネさんとの対話にとどまっていました。

ところが、12月に父に大腸がんが見つかり、入院・手術することに。その間一人になる母を、私が仕事を休んで実家で見ることも難しく、母をどこかに預ける必要が出てきたのです。

ショートステイの施設を見学に行ったものの、父が受けた印象はよくなかったようで、結局、叔父夫婦が両親の家に1カ月泊まり込んで母の面倒を見てくれて、私も職場から実家に通うことで乗り切りました。叔父夫婦には本当に感謝しています。

20年1月に父が退院。**入院で父の体力も落ちている今が、介護サービスを導入するチャンス**だと思いました。父一人では世話をしきれない。頼れるのは一人娘の私だけ。娘には迷惑をかけたくない。そんな父の思いもある意味利用して、3月ごろから介護サービスを利用し始めました。

今はデイサービスを週2回、訪問看護をリハビリマッサージ込みで週2回、水曜と土日は何もない日としています。父に何かあったときのために父母が離れて過ごす練習と、父の休息を兼ねて、月に1回か2回はショートステイを利用します。

### 周りの理解を得る

## 周囲の人に状況を知ってもらうことで協力を得る

耳が遠くなってきた父が目を離したすきに、母がマンションから外へ出て管理人さんに保護されたり、母が父のことを知らない人だと思い込み、マンションの廊下で「助けて！」と叫んでちょっとした騒ぎになったりしたことがありました。それを機に、マンションの人たちも母の様子を気にかけてくれるようになりました。

実は、**親しくしている同じマンションのご夫婦に、両親が部屋のカギと私の携帯の番号を渡しており、何かあったときに連携していただけるようにしています。**私の家からはどんなに急いでも実家まで1時間半はかかってしまうため、この連携はとてもありがたいです。

また、父がセコムのペンダント型の見守りサービスを利用したいと言うので調べたところ、自治体で契約して貸し出してくれる制度があると分かり申請しました。この申込先は民生委員だったので、民生委員の方とも両親の状況を共有できました。両親のことを知ってくれている自治体やご近所の方を増やしておくことは、介護体制構築の上で重要なことだと私は思っています。

情報収集は、ほぼウェブから。『母さん、ごめん。』（日経ＢＰ）も熟読しました。必要なキーワードや介護サービス利用の基本的な手順はこの本で学び、併せて認知症の本を何冊か読みつつ、ウェブで気になる記事を随時クリッピングしています。

## リモート会議の後ろで騒ぐ母。同僚にも状況を知ってもらうチャンス

私の職場はありがたいことに時間の融通が利きやすく、プライベートで何かあったときには家族優先でいいという社風です。支援制度として介護休業もありますが、有給休暇の超過分を積み立てて、介護などの場合はそれを使ってよいことになっているので、介護休業は使わずに済んでいます。

19年までは海外出張の多い業務内容でしたが、その仕事が一段落し、転職しようかと思っていたとき異動の話が出て、国内業務の部署に移りました。会社に必要な人材だと思ってもらい続けることが働き方の相談をする上でも大切だと思っているので、仕事モードのときはあくまで仕事に集中するようにしています。

現在、勤務は基本リモートで、たまに出社する程度。平日は東京の自宅で仕事をしています。実家で仕事をすることもありますが、ネット環境もよくないし、「仕事モード」と「娘モード」が混ざり、仕事のパフォーマンスが落ちるので、必要最低限にとどめています。

たまに実家からリモート会議に参加すると、母が後ろで騒ぎ始めることがあります。母を落ち着かせてから戻るのですが、子どもや犬が騒ぐのと同じですよね。**お互いの生活環境が垣間見えると、状況を分かってもらえます。**さらけ出したほうが協力してもらえることもあるので、私は隠さず、ある程度の状況は同僚にも共有しています。

## 父が中心になって介護できるように体制を整える

**介護サービスの費用は、現時点では親の年金の範囲内で賄っています。**私は、たまに物資差し入れで「経口補水液ＯＳ-１」のゼリーや介護用品を送るようにしています。

介護保険で１割負担でも、ショートステイが１泊１万円。２泊３日にして１万５０００円となるとちょっと厳しいとか、父が家計管理している間は父の思うバランスを尊重して、賄えなくなったら少し援助することも考えています。

母が要介護３になったときに、父はＬＩＮＥ通話でケアマネさんたちとのミーティングに参加しました。**父にＬＩＮＥを教えておいて本当によかった**と思います。新型コロナウィルスによる緊急事態宣言の期間中も、毎日テレビ通話で顔を見ることができました。

最近は父も少し自信がないようで、朝晩ＬＩＮＥで生存報告してくれるようになりました。ある日、夜の報告がなかったので心配になり、夜中でしたが前述のマンションの知人に見に行ってもらったところ、ただ寝ていただけだと分かり安心しました。ご近所のサポートをもらえるのは本当にありがたいです。

親と距離を置くメリット

## 両親の自立した生活を守り、仕事も自分の人生も諦めない

週末は実家に帰ることが多いですが、私も本来出歩くのが好きなので**毎週実家通いばかりだと自分がつぶれてしまう。月1回くらいは他の場所に出掛けるようにしています。**

父は、母の面倒は自分が最後まで見なければ、という情緒的な人。私はドライに「そうは言っても何もかもはできない」という姿勢を守っています。私まで情緒的になると、そこから出られなくなるから。

そもそも一緒に住んでいないし、仕事も忙しく辞めることも考えづらい。**在宅勤務だからと同居して介護したりすると、介護の担い手がいるとみなされて受けられなくなるケアもあると聞いたので、世帯は分離したほうがいいと考えています。**

母も家が好きだし、父も自分で面倒を見られるうちは家で見たいと希望しています。自宅でなるべくいい環境を整えて、アップグレードできるところはしていこうと思います。

最初に地域包括支援センターに行ったときに、こちらの状況をしっかり見てもらって相談できたので、両親の状況に合わせたサポートをもらえたと思います。ケアマネさんは男性ですが、父が相談しやすいのではないかと推薦していただきました。ゼロから1にする「立ち上げ」は大変でしたが、1を3にするのはまだやりやすいのではないかと思います。

父の負担を減らす目的の家事サービスは今は利用していません。デイサービスに行く日の朝、母の支度のサポートのためにヘルパーさんに来てもらっています。父の話し相手にもなってくださるので、助かります。

私が週末に帰ったときは料理を作り置いたりはしますが、**父にはできることは自分でやってもらっています。やることがあることも父にとっては大事だと思います。**いよいよ父も要介護になれば、また地域包括支援センターに相談します。

### 働く×介護 両立のポイント

**1　地域包括支援センターとの連携**

● 要望や自分の状況はできるだけ具体的に細かく伝える。ケアマネと相性が合わないときは交代してもらってＯＫ。

**2　周囲の人を巻き込む**

● 親のご近所さんや友人に協力を仰いで、親が自立した生活を送れるサポートを。介護資金は基本的に親の資金で賄う。

**3　ツールは活用して**

● コミュニケーションや見守りにはＩＴ活用を。親が使い方を覚えられるうちに導入する。

絵里子さんの1週間。平日はできるだけ両親と介護のプロで回せるように設定

| | | 5時 | 6時 | 7時 | 8時 | 9時 | 10時 | 11時 | 12時 | 13時 | 14時 | 15時 | 16時 | 17時 | 18時 | 19時 | 20時 | 21時 | 22時 |
|---|---|---|---|---|---|---|---|---|---|---|---|---|---|---|---|---|---|---|---|
| 月 | 本人 | | | | 両親と一緒に朝食 | | 訪問看護立ち会い | | 介護認定調査の立ち会い（年1回） | 実家でリモートワーク | | | | | 夕食 | 仕事 | | | |
| 月 | 両親 | | | | 朝食 | | 訪問看護 | | 昼食 | | | | | | 夕食 | | | | |
| 火 | 本人 | | | | 自宅でリモートワーク | | | | | 出社 | | | | | 夕食 | 仕事 | | | |
| 火 | 両親 | | | | | | | 訪問ヘルパー | 昼食 | | | | | | 夕食 | | | | |
| 水 | 本人 | | | | 出社 | | | | | 自宅でリモートワーク | | | | | 夕食 | 仕事 | | | |
| 水 | 両親 | | | | | 訪問ヘルパー送り出しサポート | デイサービス | | | | | | | 訪問ヘルパー迎え入れ | 夕食 | | | | |
| 木 | 本人 | | | | 実家でリモートワーク | | 訪問看護立ち会い | 実家近くのシェアオフィスでリモートワーク | | | | | | | | 夕食 | | | |
| 木 | 両親 | | | | | 父の通院 | 母 訪問看護 | | 昼食 | | | | | | | 夕食 | | | |
| 金 | 本人 | | | | 自宅でリモートワーク | | | | 昼食 | 自宅でリモートワーク | | | | | 夕食 | 仕事 | | | |
| 金 | 両親 | | | | | | | 訪問ヘルパー | 昼食 | | マッサージ | | | | 夕食 | | | | |
| 土 | 本人 | | | | 自分の所要を済ませつつ実家へ移動 | | | | 昼食 | | 父の昼寝、散歩の間、母の見守り | | | | 夕食 | | | | |
| 土 | 両親 | | | | | | | 訪問入浴 | 昼食 | | | | | | 夕食 | | | | |
| 日 | 本人 | | | | 朝食 | | | | 昼食 | | 父が買い物など外出する間、母の見守り | | | | 夕食 | | | | |
| 日 | 両親 | | | | 朝食 | | | 訪問ヘルパー | 昼食 | | | | | | 夕食 | | | | |

ケース2

# 3人の介護をフルタイムで働きながら！カギは各種サービスの利用

● 美佳さん（仮名）50歳、会社員、夫と10歳の娘と東京都内で3人暮らし。

● 神奈川県で一人暮らしをする兄と実家の両親が数年前に相次いで入院、父と兄は要介護5に認定。母は他界し、兄（70）と父（97）は現在施設に入居。

## 介護の始まり
## 一人暮らしの兄と高齢の両親が相次いで倒れた

マンションで一人暮らしをしていた年の離れた兄と２０１３年末に連絡が取れなくなり、見に行くと倒れていました。病院に救急搬送されましたが、倒れてから1週間くらい飲まず食わずの状態で排せつもできていなかったようで、腎臓のダメージが疑われ半年くらい入院しました。以前から統合失調症があり、精神疾患の薬を飲んでいたので、それが運動機能を低下させたのかもしれません。

退院後に一人でマンションに住むのは難しいので、神奈川県の実家近くのサービス付き高齢者向け住宅（以下、サ高住）を探して入居させました。兄は62歳で要介護認定前だったので、有償サービスをオプションでいくつか追加契約して、支援してもらいました。

地域の大きな病院に、実家で暮らす高齢の両親と兄を診てもらい、同じソーシャルワーカー、同じケアマネに担当してもらえるようにしました。

東京都内に住む私が車で世話をしに行く際に、実家と兄の施設や病院も回れて、最後に区役所に行って各種行政の申請手続きなどをして帰れるように同じエリア内に固めました。私も夫もフルタイムで働いていて、子どもも小さかったので、**時間の効率化を最優先に環境を整えた**のです。

## 両親と兄が相次いで入退院を繰り返す

16年に89歳だった母の体調が悪化、薬の量も増えて自己管理が難しいので医師の勧めで施設に入れました。父はまだ歩ける状態だったので、**私が付き添わなくても父が一人で母に会いに行けるように実家の近くの施設を選びました。**料金は当初の想定より少し高かったけれど、昔から慣れ親しんだエリアで安心感がありました。

17年の梅雨の頃、母が脳梗塞で入院し数週間後に退院しましたが、身内が訪ねても見分けられない状態になりました。秋、今度は父が大腿骨を骨折して入院し、退院後に一人暮らしは難しいので母と同じ施設に入居することにしました。

実はこの時期、両親と兄が相次いで入院しました。父は骨折のあと体調不良で入院。数日で退院することになり、私が朝病院に行って退院手続きをして、不要な荷物を持ってそのまま会社に行くつもりが、午後に今度は母が骨折したと連絡が来て、また病院に戻るようなこともありました。母は退院後に父と同じ施設に戻りましたが、19年末に他界しました。

同じ年に兄が再び倒れ、歩くことができなくなったり嚥下《えんげ》機能が下がったりしてパーキンソン病併発と診断されました。サ高住では対応が難しくなったため、ケアマネさんや病院と相談して養護施設に移し、それ以降兄の状態は落ち着いています。

介護の周辺にある膨大な仕事

# 各種申請手続きに空き家問題。効率化が最大のカギ

## 施設に入った父と兄の生活基盤の整備を一人で担うことに

父と兄が施設に入ることができて完全介護になり、私自身が身体的な介護をするわけではありませんが、それに**付随する手続きを全部担うことになりました。**

兄はパーキンソン病で難病認定を受けている他、精神疾患の障害者手帳や自立支援も取得し、各種医療費控除や支援を受けています。通常の要介護認定の他、各種の申請のために診断書をはじめいろいろな書類を取り寄せ、区役所で行政手続きを行う必要があります。大変ではありますが、医療費や税金面でさまざまな恩恵を享受できる点は大きなメリットです。

職場は新型コロナ禍前からリモートワークができたので、昼休みを活用して行政窓口に電話したり、途中で1時間だけ中抜けしたり、なるべく仕事に支障が出ないようにしました。余裕のある時期を狙って半休を取り、区役所の用事をまとめて済ませるようにするのですが、**どのような書類が必要か事前に電話で確認しチェックリストを作り、郵送で済ませられるものは郵送で済ませ、行く回数を最少に抑える工夫をしました。**

申請書類は区役所や保健所のサイトからダウンロードできます。本人署名の委任状が必要な場合もあるので、自治体のサイトからひな型をダウンロードして出力しておき、必要なときに施設へ郵送できるように準備していました。

コロナ禍前は海外出張先でケアマネや病院のソーシャルワーカーから連絡が入ることもありました。出張中はすぐに駆けつけることができないので、可能な限り電話で対応してもらいました。医師にはビデオや電話会議の対応をしてもらえなかったので、ソーシャルワーカーを介して帰国後の面談調整など、協力してもらったこともありました。今後、もっとオンライン化が進むことを期待しています。

治療方針の確認や担当医の変更など、必ず病院に行って対面で説明を受けなければならないときは、施設のスタッフに父や兄の送り迎えをしてもらい、病院集合、病院解散にさせてもらうこともあります。病院で長い待ち時間が予測され、急な仕事対応が求められる場合はＰＣやタブレット持参で、どこでも最低限の仕事をできるようにしています。

## 空き家の管理や駐車場の解約、本人に代わって生活基盤を整備

父が施設に入ってからは空き家問題が発生しました。**今はＮＰＯと自治体で組んで空き家を管理する仕組みができました**が、当初は地元の不動産屋さんと契約して有償で毎月実家の様子を見に行ってもらいました。植木の剪定《せんてい》や雑草の処理は、近所からクレームが来ないように業者に年に1～2度頼みます。

介護は実際のところ、本人のケアのための作業は一部分であって、その人を取り巻く環境の整備を代行する作業がたくさんあります。**いずれは兄の成年後見人になることを考えてはいますが、現状は委任状で対応できる範囲の行政手続きの代行や、本人立ち会いの必要な銀行手続きなどは、施設側と調整して有給休暇が取れるときに同行して対応しています。**幸い父も兄も認知症の症状はないので、筆談等も交えながらその場で回答が可能です。銀行は本人が手続きする必要があるので立ち会います。

介護保険や健康保険の証書、マイナンバーの控えを持っておくことも大事です。自分の身分を証明できる情報を持っておき、必要なときに提示できるようにすることは、区役所に電話で問い合わせする際にも時間短縮になります。

家族や職場の理解

## 家族や親戚のサポートに加え、有償サービスも積極活用

職場に介護をしていることは伝えていますが、**介護のための休暇は取得せずに時間をやりくりできています。**以前、個人的な事情で半年間休職した際、たまたま両親と兄の入退院が重なって、休職期間を介護にフル活用することになりました。

夫も仕事が忙しいのですが、子どもの面倒を見てもらうことが多いです。急を要しない病院の用事のときなどは、夫が代わりに行って家族として書類に署名してきてくれることもあります。判断がつかない同意書などの記入は写真で送ってもらって、「ここはこう書いて」と電話で話しながら書いてもらうことも。それでも分からないことは翌日ソーシャルワーカーから私に連絡してもらうようにしました。

### 自分で1時間かけて駆け付けるより、徒歩3分で行けるヘルパーに依頼

両親が二人で実家暮らしをしていた頃には「困ったらまず○○さんに電話ね」と、状況をよく分かっているケアマネさんに連絡するように何度も伝え、電話がかかってくる先を私一人に集中しないようにしました。契約しているヘルパーさんのセンターは実家のすぐ近く。**私が1時間かけて車で駆け付けるより、徒歩3分で行けるヘルパーさんに依頼したほうが確実に対処できます。**

遠隔で動いてくれる人を周辺に作ることが大事だと思います。父は頭はしっかりしているものの耳

が遠いので電話は難しい。実家の近所に住む親戚に電話を受けてもらって、筆談で伝えてもらったり、ＦＡＸも活用したりしました。

入院中は洗濯のために病院に行かなければなりませんが、パジャマはレンタルし、病院指定の洗濯代行委託業者があれば個別契約して活用していました。

多少お金はかかっても、人に代行してもらえるサービスはフル活用しました。**介護のためにキャリアや自分の生活を犠牲にするのは家族の本意ではない**と思うし、一緒にいることだけが介護じゃないと割り切っています。

## 日帰り温泉でリフレッシュする大事な時間

今は父も兄も施設で落ち着いているので、コロナ禍前は私も自身の家族で週末、近郊の日帰り温泉に行ったり、コロナ禍の間は自宅でお菓子を作ったりなどしてリフレッシュしています。以前は海外出張の多い仕事で、気分を変えられるのもよかったと思います。

私は、昨日まで自分で生活できていた父がある日骨折していきなり介護が始まり、実家が空き家になった経験をしました。**両親が65歳を過ぎたら、元気でも地域包括支援センターと一度コンタクトを取り、**親の生活環境への客観的意見を聞く他、助けてほしいことや電話やメールなど連絡方法を共有しておくことも大事だと思います。

## 働く×介護 両立のポイント

### 1

**介護保険外のサービスも賢く利用**

- ヘルパーが介護保険でサポートできる範囲は法律で定められているので、通院など自宅以外でのケアはできない。小規模多機能の契約を結べば、通院を含めたサポートが受けられる。
- 介護保険外の自己負担でオプションサービスを提供している介護ヘルパーセンターの場合は、病院でのサポートを柔軟に受けることは可能。ただし、介護保険外なので、ケアマネはこの手配はできない。

### 2

**各種申請に必要な書類のチェックリストは事前作成で時短**

- 公的な申請に必要な書類は複雑。事前にどんな書類が必要かを調べてチェックリストを作るのが、手続きにかかる時間短縮のカギ。ネットでも検索できるし、役所の担当窓口に電話しても教えてくれる。

### 3

**一部病院はオンラインでの会議が可能に**

- 新型コロナ禍を経て病院によってはオンライン会議を認めているところも増えてきた。医療方針の変更の確認が電話でＯＫになったり、同意書のやりとりをＦＡＸや郵送で対応したりする病院も。ただ、病院ごとに方針は違うので確認が必要。

美佳さんの週末スケジュール。父と兄の世話は基本的に週末だけ

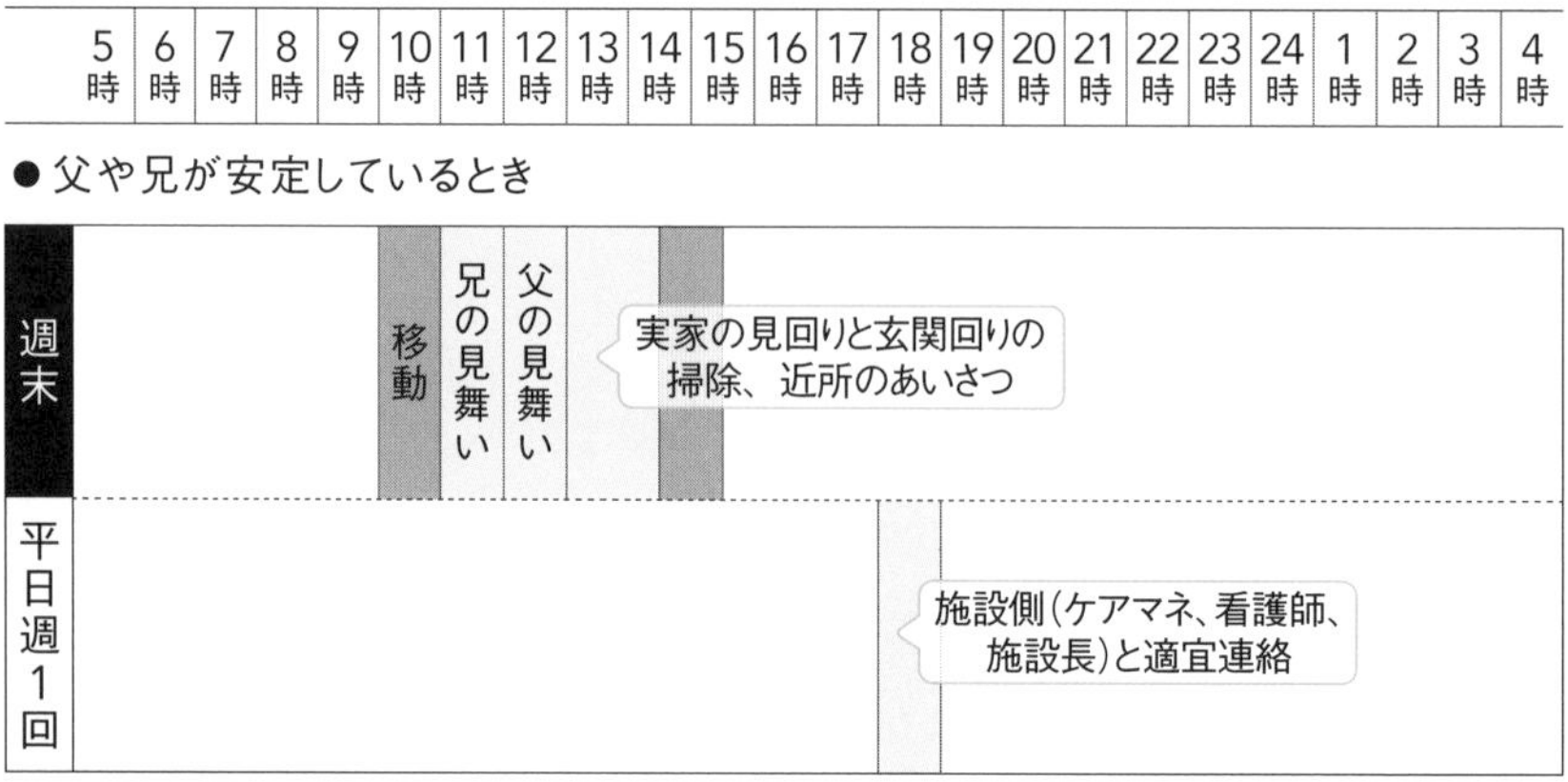


▶月に1回兄と父の見舞い。

▶季節の変わり目ごろにパジャマや着替えなどの入れ替えが必要。週末に買い物をして名前を書いて宅配便で送る。ひげそりなど生活必需品や消耗品などはAmazonで買って施設に直送する。

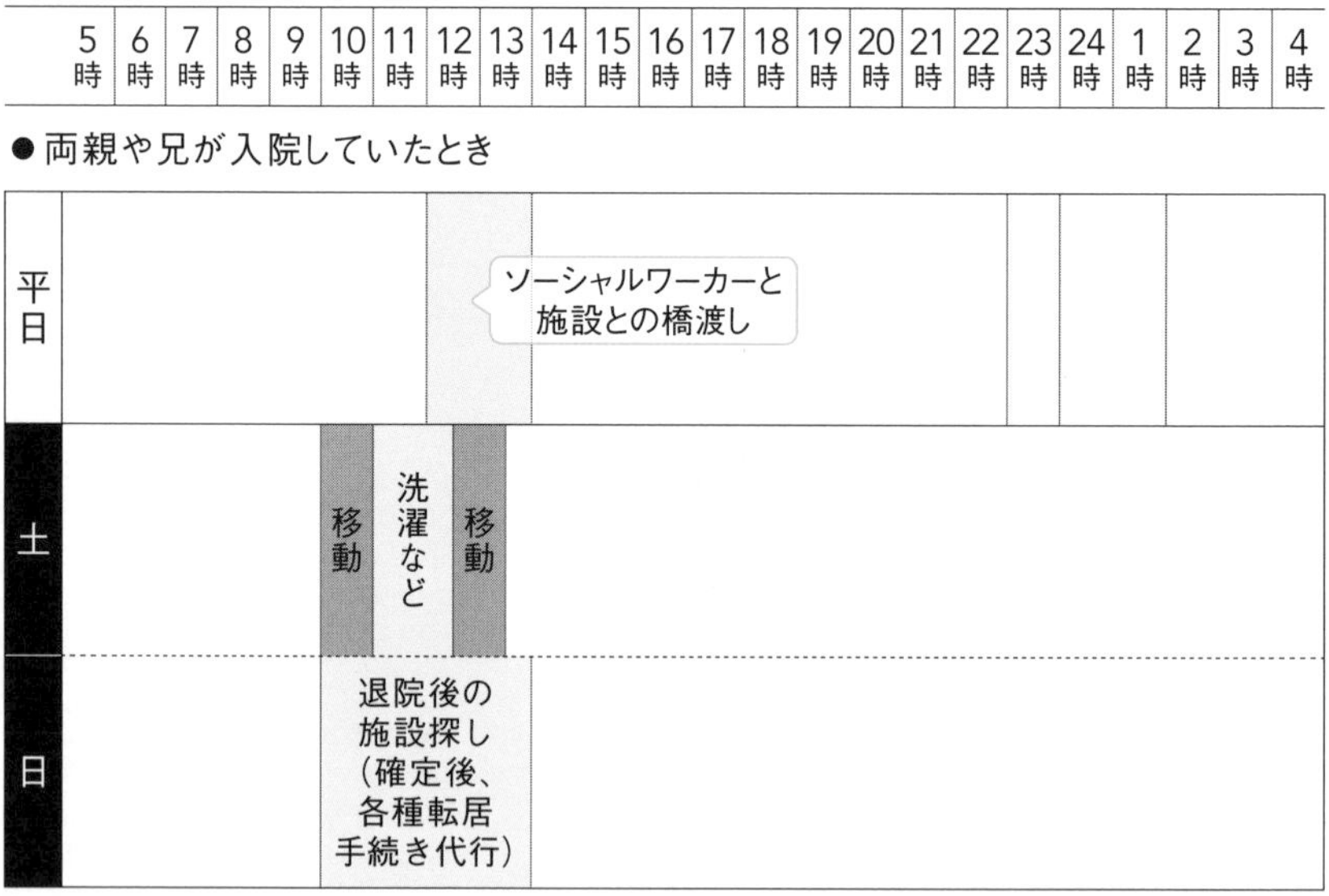


▶両親と兄が相次いで入退院をしていた時期は、「入院セット」をいくつか用意しておき、何かあったらそれを持って病院に駆け付ける。

▶入院中は毎週末病院に行って、まず洗濯機を回し、その間に看護師さんから伝えられた必要なものを買いそろえる。

▶退院後に家に戻れないと分かっているときは、土日のうち病院に行かない日を使って施設の見学や、あっせん業者との打ち合わせをしていた。

ケース3

# 「認知症は怖くない」最初にこじらせた私だから言える

● 紗江子さん（仮名） 46歳、フリーランス、夫と中学生の息子と3人暮らし。
● 近所で一人暮らしをする義理の母が数年前に認知症を発症し、最終的には要介護3に認定。紗江子さんが通いで世話をしていた。

## 介護の始まり
## 良好な関係だった義母の性格が突然変わった

義母との関係は良好でした。義母は東京で一人暮らし。結婚当初、私たちは夫婦で千葉に住んでいて、私は東京都内に通勤していたのですが、仕事で遅くなると職場に近い義母の家によく泊めてもらっていました。私の仕事にも理解があり、とても仲良くしていました。

子どもが生まれ、1年間の育休から復帰するタイミングで、義母の家のそばに引っ越しました。義母に保育園のお迎えをしてもらうなど、かなり子育てのサポートはしてもらいましたが、ベタベタしないほどよい距離感を保っていたと思います。

2015年に子どもが小学校に入り、その年の夏ごろから、**義母の性格に変化が見られるようになってきました。**明るくて我慢強くて、理性的な人だったのですが、急に子どものようにわがままを言ったり、我慢ができなかったり、計算ができなくなったりし始めたのです。

## 言ってはいけなかった一言

5歳の女の子のような義母の言動に、「あれ、どうしたんだろう? ちょっと面倒くさいなぁ」と感じていましたが、あるとき義母からの電話で状況は一変しました。義母は激しい口調でまくし立ててきて、よく聞いてみると2つのことに怒っているようでした。

1つは、友達からの電話に折り返したいが、かけ方が分からない。分からないことを認めたくないから「電話が壊れた」と言います。もう1つ、かかりつけの医師とケンカしたらしく、医師から「ぼけているから検査を受けろ」と言われたことに腹を立てていました。話しぶりがあまりにも支離滅裂だったので、**私はつい「ばあば、認知症なんじゃない?」と言ってしまいました。**

仲がいいからと油断があったのかもしれません。私のその一言が、義母の悪感情のスイッチを入れてしまい、いわゆる「認知症の周辺症状」を引き起こしてしまいました。**そこから3年ほどの間、義母は私を敵視して暴言を吐き、ときには暴力を振るうこともありました。**仕事中に何度も電話がかかってきて、身に覚えのないことで怒鳴られる。あまりにもそれが続くので、着信拒否して距離を置いた時期もありました。

**距離を置いたら楽になるかといえば、逆に不幸な気持ちになりました。**あんなに世話になったのに何もしてあげられない。でも顔を見れば暴言を吐かれるから会いたくない。自分のことも嫌いになります。

その間、人にアドバイスをもらったり、認知症に関する本をあれこれ読んだりしました。

知識が増えるにつれ、認知症は初期の対応で決まってしまうところがあって、**頭ごなしに否定してしまうと敵対し、家族でも一緒に暮らすのが難しくなる**こともあると知りました。義母は、変わりゆく自分のことを分かっていて、不安と恐怖でいっぱいだったのだと思います。前もって知っていたらこんなにこじれることはなかったのかもしれません。

### 要介護認定の申請

## 夫と義母の確執のために遅れた要介護認定

義母は、認知症に関する検査を受けてはいなかったのですが、17年1月に、かかりつけ医から、軽度の認知症でしょうねと言われ、そのときは「要支援」と認定されました。義母も体は元気でしたし、そのときは積極的に介護サービスを利用しませんでした。

そのうち、仕事を通じて「ユマニチュード」に出合いました。国立病院機構東京医療センター総合内科医長の本田美和子先生がフランスから取り入れたケアの手法です。ユマニチュードでは認知症の人を決して否定しません。自分が義母にした対応の逆です。その手法を学び始めて、少しずつ義母との関係が変わってきたように思います。

## 猛暑で義母の体力が低下、排せつの世話が必要に

同時に、徐々に義母の体力が低下してきました。義母は持病があり、猛暑の年に体力が一気に落ちてしまったのです。**体力が落ちると歩かなくなり、骨盤底筋群が弱ったのか、排便のコントロールが難しくなり始めました。**便や尿が漏れるようになり、世話をしに通う日々が始まりました。**関係が良くなったことで精神的には楽になりましたが、体力的にはきつくなります。**

19年7月に、もう一度要介護認定を申請し、要介護1の認定を受けました。実は、夫と義母の間には確執があり、要介護認定の申請手続きを積極的にしなかったという事情がありました。ですから**義母が大変な状態になったときには、私たちはまだ何の準備もできていなかったのです。**家族で介護方針や意向を統一できていないことの難しさを感じました。

## 限界まで続けたワンオペ介護

しばらくの間、私一人で義母の世話をしていました。私は比較的時間の調整がつきやすいフリーランスの仕事をしていますが、仕事が立て込むと時間調整はかなり難しくなります。日中は仕事があるため義母のところへは朝夜1回ずつしか行けません。**日中の人の目が届かない間に衣服や部屋を汚すので、結果的に世話が大変になってしまいます。**

小学生だった息子が食事を届けたり、様子を見に行ったり、サポートしてくれたのは助かりました。義母も孫と一緒だと外出する気になり、気力が湧くようでした。

19年12月からヘルパーさんに来てもらえて、私はかなり楽になりました。**義母も、最初は他人が家に入るのは嫌と言っていましたが、実際は来てくれるのが楽しかったようです。**デイサービスも、最初は義母が嫌がったのですが、見学に行ったら１００歳のすてきな女性がいて、「あんな人がいるなら」と喜んで行くようになりました。環境整備が進むことで、不器用なりに夫も介護に関わるようになり、**プロに早めに入ってもらうことの大切さを実感しました。**

デイサービスを週2回利用し、お風呂もそこで入れてもらうようにして、ヘルパーさんには毎日2回朝昼30分ずつ来てもらうようにしました。介護保険でカバーしきれない部分は自己負担ですが、**医療保険と夫の職場で補助があったので賄えました。**

ケアマネさんが義母の様子を見て「これは要介護1ではないですね」と教えてくれたので、再申請したら要介護3になりました。義母は間質性肺炎で酸素療法を受けており、通院も難しいので訪問診療にしましょうという相談をし始めた矢先、20年7月に義母は急に亡くなりました。

## 対処法が分かっていれば、認知症は怖くない

義母を見送って振り返ってみると、この経験によって、同じような立場の人の気持ちが分かるようになったと思います。**私自身つらい時期に、認知症の人と向き合うということがどういうことかを分かっ**

**てくれる人と話すことで、気持ちが楽になりました。**今なら、悩んでいる人の話を聞けると思います。

認知症は不幸な病気と思われがちですが、**むやみに恐れなくても対応を分かっていれば大丈夫**だと言ってあげたいです。私が初期対応を間違えたからこそ、言えることかもしれません。

義母が**一人で出歩いてしまったとき、助けになったのは意外にも近所のコンビニでした。**そのセブン-イレブンでは認知症の人への対応を研修で教育しているようで、店員さんが「おばあちゃん、また来たの?」と声をかけてくれて、帰るまで見守ってくれました。時々、義母と一緒にお店に行って顔を覚えてもらっていたので、何かあったときに安心だなと思いました。

### 働く×介護 両立のポイント

**1** 自分のせいと思わないで!

- 介護を頑張った人の中には、「もっとこうしてあげればよかった」と悔やみ続けて鬱状態になる人もいる。紗江子さんのように「よく頑張った」と自己肯定できれば大成功。関係がこじれたとしても不可抗力。自分のせいと思わないで。

**2** 要介護認定の申請に家族が抵抗したら

- 本人や家族の抵抗で要介護認定の申請が遅れそうなら、地域包括支援センターや市区町村の介護窓口に匿名で相談を。専門スタッフが上手に介入してくれる。要介護認定のための医師との連絡も地域包括支援センターからしてくれる。

## 紗江子さんの1週間。近所に住み、毎日朝夕の食事をサポート

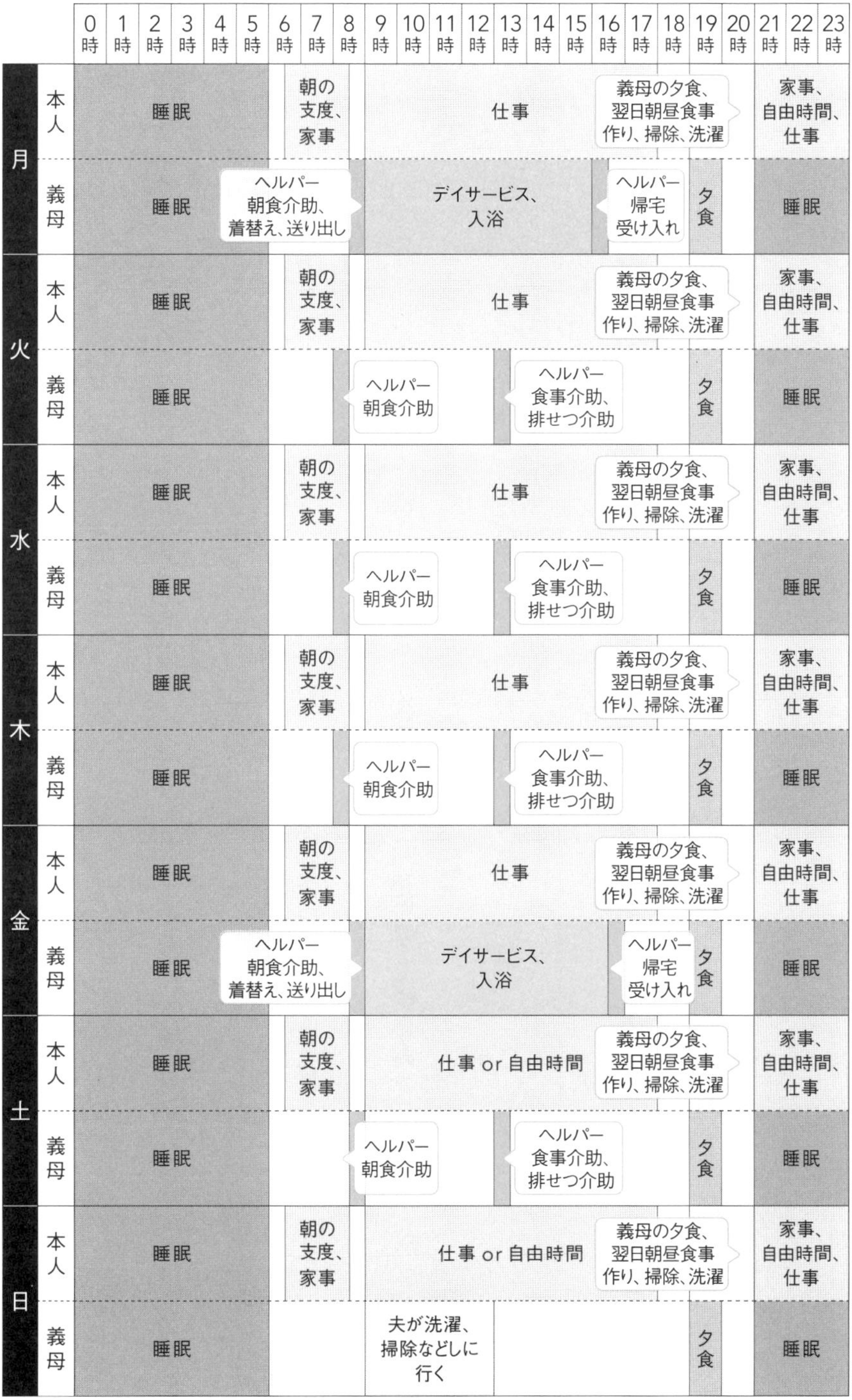

ケース4

# 遠距離だから冷静に「親不孝介護」成功のポイント

● 山中浩之さん　59歳、会社員、東京都内で妻と子どもと暮らす。

● 新潟県で一人暮らしをしていた当時81歳の母が要介護状態に。必要なときに帰省する形でヘルパーやデイサービスを利用して在宅介護を続けていたが、母は２０２０年にグループホームに入居。介護の体験を書籍『新親不孝介護　距離を取るからうまくいく』（日経ＢＰ、川内潤さんと共著）として出版。

## 介護の兆し

### 事前情報が教えてくれた母の変調

母の異変に気付いたのは２０１７年7月。その頃、科学技術ジャーナリスト、松浦晋也さんの介護経験をつづった書籍『母さん、ごめん。50代独身男の介護奮闘記』（日経ＢＰ、集英社文庫）の編集を担当しており、しばらく会っていなかった親のことが気になっていました。編集作業が一段落した段階で、母の様子を見に行っておこうかと新潟に帰省しました。

父は私が社会人になってすぐに他界していたので、母は長らく一人暮らしをしていました。10年ほど前から、ときどき母が少ししんどそうに見えることがあったものの、自分自身も仕事が大変な状況だったこともあり、電話すれば母も「元気にやってるよ」と言うし、大丈夫なんだろうと思っていました。

帰って最初に気付いたのは、松浦さんの本にも登場した「通販の箱の山」です。**居間に開封もしていない健康食品や化粧品の箱がたくさん積まれているのに気付いて、頭の中に警報が鳴りました。**必要のないものを買ったり、同じものを何度も買ったりしてしまう、認知などの衰えを示すのが「通販の箱の山」です。

「これがサインだよ」と教わっていなければ気付かなかっただろうし、箱の存在に気づいても「また無駄な買い物して」で終わっていたと思います。誰でも親は大丈夫だと思いたいですから。

箱の他にも、一緒に外出したときに「歩き方も少しおかしいな」と感じました。**「親の様子に何かを感じたら、ためらわずに地域包括支援センター（以下、包括）に行け！」**ということを松浦さんの経験を通して学んでいたので、翌日に母の住む地域の包括に一人で行き、その場で包括の人から母に電話してもらい、近々母の様子を見に行ってもらえることになりました。

私の場合は幸運にも仕事で介護に関する情報や体験談に触れる機会があったからこそ、このとき素早く対応できたのだと思います。それでも「包括には何か起こる前に相談してもいい」と知っていながら、実際に電話をかけるまで何度もためらいました。

介護の情報は「それに触れた瞬間に、俺の介護生活が本当に始まってしまう」という気持ちにさせるものです。実際に何かが勃発するまで気付かないふりをすることもできるので、夏休みの宿題のように一日延ばしで「まだ大丈夫」と思い続けてしまう。

そしてある日突然「親の介護」という非日常が始まって足をすくわれる。準備も覚悟もしていない中で介護が始まっても思うようにいくはずがありません。うまくいかない自分を責めて、それを人に打ち明けられずに抱え込んで、悪いスパイラルにはまってしまうのだと思います。

☑ **ポイント1**

**親が「まだ大丈夫」なうちに親の住むエリアの地域包括支援センターに相談する**

## 母のたわいのないうそに怒りが抑えられない

私が帰京した後、包括のAさんが早速母を訪問して「元気そうでしたよ」と様子を伝えてくれました。ところがその翌日、母から足が痛いと私に電話がありました。抵抗する母をなだめて近くのクリニックに行かせると外反母趾《ぼし》だと分かり、「整形外科を受診することになった」というので、お盆休みを使って再び新潟に帰って付き添いました。

外反母趾は手術しないことになりましたが、その翌日、母の定期的な受診にも付き添うことにしました。そのとき、医師と血圧や普段の体調についていつも以上にハキハキとやりとりする母に少し驚いたのですが、その後、母が実は日ごろ血圧を測ってはおらず、医師の話に合わせて適当にうそをついていたことが分かったのです。そのことがショックで、私は母にきつい言葉を投げつけてしまいました。

きつく当たってしまった自分の言動に、しばらく落ち込みました。このときのことをビジネスパーソンの介護問題に詳しい川内潤さん（ＮＰＯ法人となりのかいご代表）に相談すると、こう言われました。

「心理的に、子どもにとって親はいつでも帰れる安全地帯なんです。親の老化は『自分の安全地帯』が崩れていくのを目の当たりにすることになる。冷静に見るのは難しく、誰でもイライラするものです。**効果的な解決策は、イライラするなら親に会わないこと。**介護のプロでも自分の親の介護はできません。『自分がそばにいて介護することが親孝行』という考えは、自分にも親にも危険です」

このときの体験を後で振り返れば、母の「うそ」は、外面のよさからくるたわいもない言動だと分かります。でも、親が老いた様子を目の当たりにする恐怖の裏返しで、怒りが抑えられなかった。東京と新潟で離れているほうが冷静になれるのかもしれないと思いました。

**☑ ポイント2**

**親の衰えを目の当たりにすればイライラするのは当たり前。**
**あえて距離を置くほうが親も自分も幸せ**

## 母の異変に頭をよぎった「同居するべきか否か」

それから何事もなく半年ほどが過ぎた18年2月、仕事中に母から「救急車を呼んだ」と電話がかかってきました。「眠れないし食欲もない。このままだと死んじゃうから病院に連れて行ってもらう」と支離滅裂です。到着した救急隊員から自宅にいた妻に連絡が来て、大丈夫そうだというので救急車にはおわびして帰ってもらうことになりました。年末に転倒して通院していたと後から聞いて、これはいよいよ放っておけないと覚悟しました。

詳しい母の状況も分からず、**「自宅に引き取ることになったらどうしよう」という考えが頭をよぎりました。**同居するほどのスペースはありませんし、親が一人で暮らせなくなったときにどんな選択肢があるのか分かりません。行き先が決まるまでは近くに呼び寄せて世話をするしかないのか？ と悩みました。

川内さんに親の様子を話したら「山中さん、もしかして東京にお母さんを引き取ろうと考えていませんか？」と見抜かれました。「気持ちは分かりますが、お勧めしません。**親子といえど、ずっと離れて暮らしてきてそれぞれの日常があるので、衝動的に引き取ってもお互いに不満がたまって不幸になるケースが多い**んですよ」と言われ、少し冷静になることができました。そこで介護保険を申請し、新潟で母のサポート体制を組むことにしたのです。

包括のAさんに連絡すると「遠距離ですので、介護保険申請の代行をしますよ」と申し出てくれました。ところが介護保険被保険者証（介護保険証）がどこにあるか分からないと母が言います。

再発行の手続きなど、母の認識もあいまいな中でのやりとりは大変でしたが、最終的に要支援1の認定が下り、ヘルパーさんに週2回、1時間ずつ来てもらい様子を見ることになりました。

すると驚いたことに**2週間もたたないうちに母はどんどん元気になっていきました。**それまでずっと「一人暮らしが好きだから放っておいて」と私には言っていましたが、私に気を使っていただけで、一人で寂しい思いをしていたのでしょう。

ヘルパーさんに「お母さんはかまわれるのが好きな人ですよ」と言われてましたが、しおれた花に水をやったように回復した母の様子を見ると、介護のプロに任せることの意味がよく分かります。

**☑ ポイント3**

**遠距離なら介護保険申請は包括に代理申請を依頼。介護保険証の所在は早めに確認しておく**

## 落ち着いたと思っていたのに要介護度アップ？

ところがその半年後、9月1日に母の介護保険の認定は要支援1から2つ上がって要介護1になりました。私は母が元気になって「しばらくはこれでいけそうだ」とすっかり安心していましたが、ヘルパーさんやケアマネさんの目にはそうは見えていませんでした。「認定を再申請して、支援をもう少し手厚くしたほうがいい」と提案を受けたのです。

一人暮らしで長らく食生活がいいかげんになっていたため、母の体力は大きく低下していたようです。**プロの目が入ったからこそ異変に気付くことができた**と思います。

## 母が倒れた！ 医療と介護のスムーズな連携のカギはかかりつけ医

要支援1、要介護1になった差分で、支援をどう増やすか。そんな会議をした1週間後に、母が玄関先で倒れました。

たまたま私が新潟に帰る予定をしていた日で、実家に向かう途中で妻から「お母さんが救急車を呼ぼうとしている」と連絡が来ました。家に着いて人事不省状態の母を前に困り果て、ケアマネさんに電話で相談したところ、「救急車を呼ぶより、かかりつけの病院に連れていったほうがいいですよ」と、車椅子を持って駆け付けてくれました。レンタカーで病院へ向かう途中、母はずっと意味不明の言葉を発し、私のことも分からないようでした。

母の日ごろの様子を知っている病院で診てもらうことができたのは本当によかったです。診断は老人性のてんかんでしたが、その治療だけでなく、母が自宅で過ごせる介護体制が整うまで入院できるように、その日のうちに手配してくれました。救急車で知らない病院に行っていたら、こんなにスムーズに医療と介護の連携が運ばなかったのでは、と思います。

3週間の入院中に実家を介護しやすい状況に片付け、退院後は9月に決めた手厚めのケアプランを実行することになりました。訪問介護を週3に増やして毎日食事を作りに来てもらう、お風呂も入れてもらう、さらにデイケアに週2で通うことになりました。

> ☑ **ポイント4**
> **介護には予想外のことがつきもの。早めにプロに介入してもらうことで、変化に気付くことができる**

## 「ついに出たか」先が見えているから怖くない

18年11月下旬から、自宅で週3回のヘルパーさんの訪問、デイケアに週2回通いリハビリをする、というペースでしばらく過ごしていましたが、そのうち、母に妄想が出始めました。ストーカーにつけまわされていると言うのです。

『母さん、ごめん。』の編集を担当していたので、いずれこういうときが来るとは分かっていました。例えは悪いですが、**先が分かっているホラー映画のようなもの**です。いつどこから出てくるかまでは分からないけど、とにかくゾンビが出てくることが分かっている。認知症の症状も、分かっているから「ついに出た」と受け止められるし、そのときには対処できる環境もサポート体制も整っている。

これが、もし心構えができていなければ、誰に相談すればいいのか分からなくてパニックになってしまって、落ちついて日常生活を続けることも難しかったでしょう。

**気持ちに余裕があったから、「もうこれは自宅介護では手に負えないな」という冷静な判断もできた**と思います。ケアマネさんに「そろそろ自宅介護は難しいと思う」と相談すると「私もそう思います。こちらでお母さんに合う施設を探しますね」とスムーズに話が進みました。家族に覚悟ができていると介護スタッフも率直に話しやすいのだと思います。

要支援の軽いレベルから早めにケアサービスの方に入ってもらったことで、支援してくださる方々が私よりも母の性格や状況を理解してくれ、そのおかげで認知症高齢者向けのグループホームで、母の性格と相性のよさそうな、しかも母の年金の範囲内で賄える施設の候補リストを作ってもらうことができました。高齢者向けの施設はすごくたくさん種類があり、対象も予算も幅が広くて、自分で母に合う施設を見つけるのは困難だったと思います。

☑ **ポイント5**

**介護制度は複雑。自分で把握しようとするよりケアマネにまず相談**

## 見学お断り！　コロナ禍での施設探し

リストが届いたのが20年2月10日。コロナ禍が始まるタイミングでした。施設の見学は基本お断りになり、感染者の多い東京から新潟に行くことすら許されないような雰囲気がありました。

もはやケアマネさんの目を信じるしかありません。とはいえ、まったく見たこともない施設に母を入れるのもどうかと思い、外から眺めるだけでもと現地に行ってみました。

最初に行ったのは新しいピカピカの施設で、まだ入居者がいないこともあり中も見せてもらえましたが、「早く決めていただければすぐ入居できます」と押してくるばかりで、マニュアル的な受け答えに終始。「早く決めていただければ」が出たらNG、と川内さんに言われていたこともあり、心の中でリストから外しました。

次に、ケアマネさん一押しのグループホームに行ってみたところ、母が通っていた高校の裏にあることが分かりました。**これなら母の不安は減らせるのではないか。**グループホームは同じ地域の人で集まろうというコンセプトの施設です。育った場所、生活した場所が近ければ興味関心も近いし共通の話題もあります。

母に入居の話をするに当たり、抵抗感が出ないようにケアマネさんと作戦会議をしました。玄関先で倒れて入院したときに病院の方々からちやほやされ、食生活が正常化して体調がよくなったことがあり、母はそれをポジティブな記憶として受け止めていたので、「あんなふうに面倒を見てくれる場所を母さんの通っていた高校の近くに見つけたよ。なかなか入れないみたいだけど、入れたらラッキーだよね」と話を運ぶと、母も乗り気になってくれました。

4月に申し込んだ時点で6人待ちでしたが、思ったより早く6月21日にはグループホームに入れることになりました。

## ☑ ポイント6
## 介護施設選びは「豪華さ」より「親が望む生活」を実現できる環境重視

入居の準備は大変で、着替えや身の回りのもので何を持っていくのかを選択したり、持ち物全部に名前を書いたり、とても一人ではできません。それまで母の介護は妻や子どもたちには経済的にも時間的にも負担をかけないよう、私とヘルパーさんで回すようにしていましたが、このときは妻が「新潟に旅行に行きたかったから」と手伝ってくれて本当に助かりました。

入居できて一安心と言いたいところですが、母が住んでいた賃貸マンションを解約しないと毎月家賃が引き落とされていきます。他人が生活していた場所を引き払うのはなかなか大変で、1回の滞在で全部を終わらせるのは難しい。回収業者に何度も見積もりを取って部屋いっぱい分のゴミを出し、銀行や役所などの手続きも必要で、8月末に明け渡すまでに4～5回は帰省しました。

## 施設入居で精神的にも経済的にも楽に

施設入居から3年ほどたちましたが、母はグループホーム暮らしを楽しんでいるようです。会いに行っても別れ際はサバサバしていますし、**電話しても「じゃあ、またね」とあっさり切るので、こちらも気楽に空いた時間に電話をしてみようという気持ちになります。**義務感で「電話しなきゃ」というストレスがなくなったのがとにかくありがたいです。

それに、施設の費用を母の年金で賄えるのがとても助かります。以前一人暮らしをしていたときは、こちらから仕送りをしていたので、経済的にも少し楽になりました。

今は施設のケアマネさんと2、3週間に1度くらい定期連絡をする程度で、それ以外に何かあるとショートメールで連絡事項が送られてくるので、安心して仕事に集中できます。

## 「親の介護は子どもがするもの」という呪いを皆で変えていかなければ

40歳を過ぎれば介護保険料を支払っているのですから、「親の介護は自分の家の問題」と遠慮する必要はありません。どんどん活用し、その分バリバリ働いて納税すればいいんです。日本の介護保険制度はよくできていると思います。無駄が多いという批判もありますが、利用する側が必要以上に手厚い介護を求めることで負担が大きくなってしまっているという面もありそうです。

子どもは「自分で介護できないなら、せめてお金をかけていい施設に入れることが親孝行だ」と思いがちですよね。けれど、それが本当に親が望む生活につながるとは限りません。あっさりとそばで済ませたいと思っている人に豪華なフレンチフルコースをごちそうして喜ばれるでしょうか。

**お金をかけるよりも、親が何を望んでいるのかを知るために時間をかけるほうが大事**なのかもしれません。

といっても、親子は距離が近すぎて、本音がかえって分からないこともあります。私も母親が望むことが分からずプロに教えてもらいました。ですので私は、家族に情けない姿も含めて素の自分を全部見せて、私にとってどんなことが幸せなのか、感じてもらおうと思っています（笑）。

職場の上司や同僚にも隠さずに状況を理解してもらって、必要があれば休みを取っていいと思います。介護に限らず誰だっていつ何が起こるか分からないから、お互いさまで誰かが大変なときはサポートすればいい。むしろ、誰にも言わずに抱え込んでつぶれてしまったときに会社に与えるダメージは、たまに休みを取ることの比じゃないですから。

ただし、**介護休暇は自分で親の面倒を見るために取るのはＮＧです。プロと相談して、親の介護を任せる仕組みをつくるために使いましょう。**そうしないと、続きません。続かなければ、親か、子どもか、どちらかに大きなストレスがかかり、仕事や家庭に影響が出てしまう。

**「親の介護は子どもがするものだ」という親孝行の呪いを解き、「親不孝（に見えるくらい、そばにいることにこだわらない）介護」に、社会全体が変わって行けば、介護に対するイメージも変わっていく**と思います。

## 働く×介護 両立のポイント

### 1 事前の情報収集は大切

● 親が元気なうちは介護に関する情報は向き合いづらいもの。しかし知っていたから早期に気付けること、対処できることはたくさんある。早い対処はダメージも軽減する。

### 2 介護が必要になったからといって急に同居しようとしない

● 長らく離れていれば親子といえども別の生活習慣がある。それぞれの生活を守ることがお互いの幸せ。

### 3 介護は自分でしない

● プロの目でなければ見えないことや、プロだからスムーズに進むことがたくさんある。物理的なケアは任せて、家族は家族にしかできない心のケアを。

山中さんの1週間。母がグループホームに入って手がかからなくなった

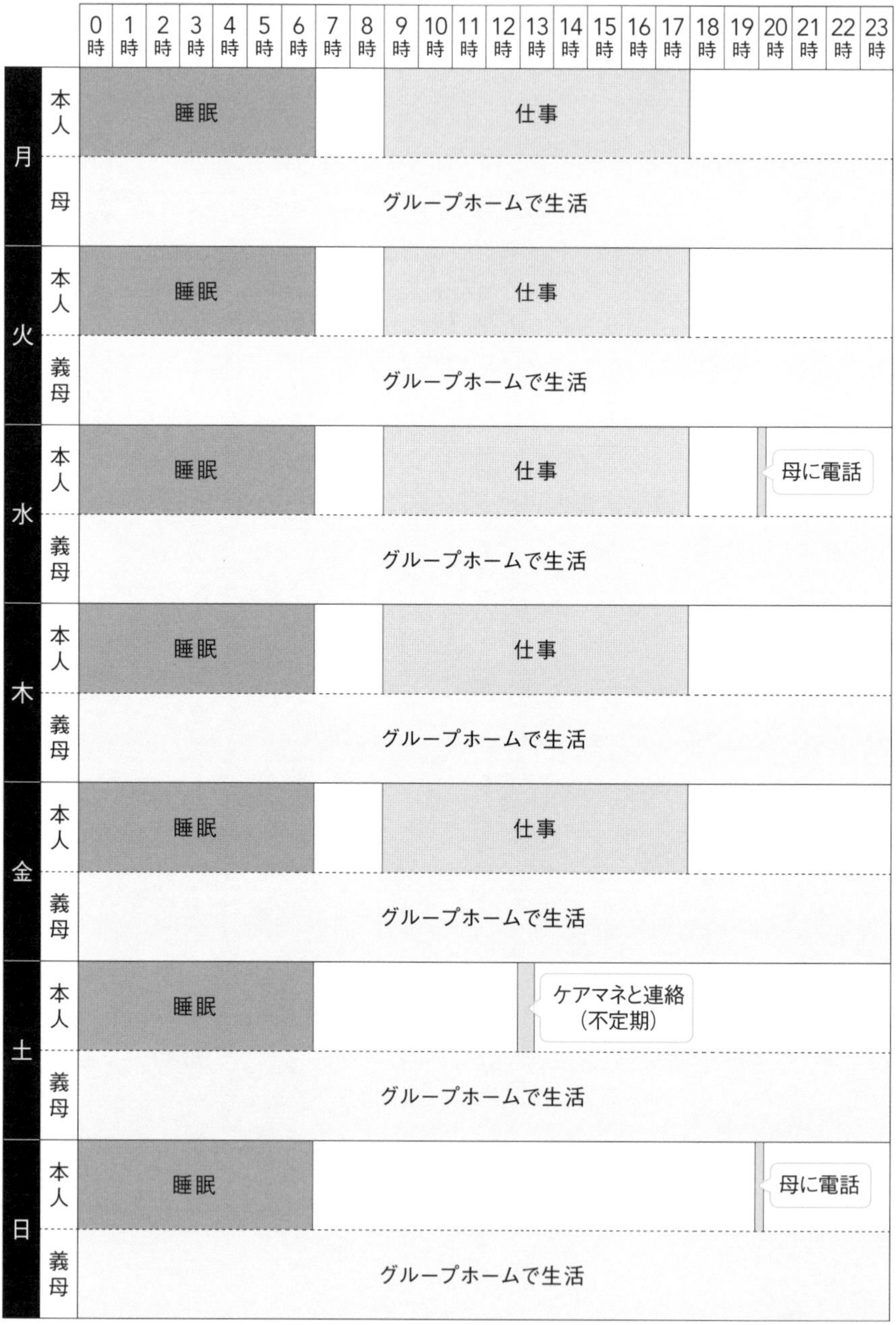

第5章

# 介護でぶつかる5つの壁

## どう乗り越える? 専門家に聞いてみた

実際に介護が始まると、次から次へと大小さまざまな壁にぶつかります。しかし、気を付けておくべきポイントを知っていれば、上手に乗り越えることができます。多くの人がぶつかる5つの壁について、専門家に詳しく話を聞きました。

# 1 家族の壁

## 親子・きょうだい関係をこじらせないために

木場 猛 リクシスCCO、介護福祉士

介護に関して、トラブルが起こりやすいのは、実は家族間のコミュニケーションです。どんなトラブルが起きやすいのか、またその原因について考えてみましょう。

### 介護方針、お金、不公平感…。家族間で起きやすいトラブル

これまでに寄せられた多くの相談を振り返って、トラブルにつながる要因を3つ挙げてみました。図1を参照してください。

**「主たる介護者が誰か」**と**「意思決定者が誰か」**というのは似ているのですが、同じ人が担う場合と別の人が担う場合があります。

一人がすべてを担っている場合は分かりやすいですよね。一緒に住んでいる娘が主たる介護者で、ケ

アマネジャー（ケアマネ）とのやりとりもすべて行い、介護方針の決定もやっているというようなケースです。

　一方、直接的な介護は同居している娘が行っているけれど、介護や医療の方針や施設選びなどの重要な話について「決めるのはやっぱり長男だよね」と家族が思っているような場合、遠方にいる長男が意思決定するケースもあります。この場合は、主たる介護者と意思決定者が別々です。

　別々でも一緒でも、どちらでも構わないのですが、**それが誰なのかあいまいなまま進んでいると、後でもめることが多いのです。**

　もちろん、介護を受ける本人の意思を大事にすることが大前提ですが、家族で事前にシミュレーションする際に**「主たる介護者になるのは誰か」「お金はどこから出すのか」「意思決定をするのは誰か」、この3点は早い段階で決めておくことが大事です。**

　仮に本人が倒れて意識がないときに誰が判断するの

**図1**　介護で家族間のトラブルにつながる3つの要因

**一番「近い」人に介護負担が偏る**

- **主たる介護者が誰か**はっきりしていないと、なし崩し的に一番近い家族の介護負担が大きくなり、負担が偏りがちに

**お金をどこから出すか決めていない**

- **介護費用をどこから出すか**が決まっていないと、一番近い家族が金銭的負担まで抱えることになってしまう

**方針が決まらず対応が後手に**

- 介護方針の**意思決定者**があいまいだと、いろんな人があれこれ口を出して決まらず、対応が後手になり介護者の負担も大きくなる

家族間連携がうまくいかず、もめてしまうケースの多くは、**①主たる介護者が決まっていない、②どこからお金を出すかが決まっていない、③介護方針の意思決定者があいまい**という場合です。

か。また、基本的に本人のお金を使って対応すべきですが、本人の意思表示ができなくなったとき、お金があるのにそれを動かせないという事態が起こります。本人以外が銀行口座から預金を引き出せる「代理人カード」を作っておくのか、「家族信託」を使うのかなど、あらかじめ口座と管理方法について話し合っておくといいと思います。

また、**介護費用の不足分や一時的な出費を誰かが出さないといけない場面は出てくるので、誰がどう支払うのか決めておきましょう。**放っておくと一番近い人が出さざるを得なくなり、その人の負担が増えます。この点も家族で話し合っておくことが大事だと思います。

## 事例から学ぶ家族間コミュニケーション

具体的な相談事例で見てみましょう。まずは介護される本人、親とのコミュニケーションについてです。親の希望を事前にどう聞き出すか、困りごとができたときに親をどう説得するか、という悩みはとても多いです。

### 家族で事前に<br>シミュレーションしておくとよいこと

☑ **主たる介護者**になりそうなのは誰?

☑ **介護方針の決定**は誰がすることになりそうか?

☑ **お金はどこから**出す?

- 本人が意思表示できないときの口座管理方法
- 不足分や一時的な出費を誰がどう負担するのか

相談事例 本人（＝親）とのコミュニケーション

**【介護が始まる前に親と話す難しさをどう乗り越えるか】**

親の希望をどう聞き出したらいいかわかりません。以前話題に出したことがありますが、深く聞けませんでした。

**【介護の始まりで、受診や要介護認定、他人を家に入れることなどに本人の抵抗感がある】**

父親が要介護認定を受ける気がなく、介護が必要な状況になったときにうまく対応できる自信がありません。いくら言っても親が聞いてくれないことをどうやって解決すればよいのでしょうか。

## 介護前の親の希望の聞き出し方

聞きにくいことをどう切り出すのかについて、例を示します。

まずは心理的ハードルが高いのですが、直接対決型の切り出し方です。「この先、要介護になったらどうしてほしい？」「万が一のときは施設に入る？」「いつまで運転するつもり？」と直接尋ねるやり方です。家族関係が良好でストレートに聞けるケースもあると思います。

ただ、こういう聞き方をされても、親もどう返事をしていいのか困るかもしれません。実は私も、最近親に「いつまで運転するつもり？」と言ってしまい、切り出してわずか10秒ほどでけんかになって、そこから先に話が進みませんでした。

この直接対決に不安を感じる場合は別のアプローチがあります。「タイミングを見計らう」こと。「直接聞いたらもめそうだな」と感じるときは実際に難しいのです。**親戚や知人、有名人などの介護や老後の話題が出たタイミングで切り出してみる**のは有効です。「〇〇おじさんは老人ホームに入ったそうだね」と話を振って、「お父さんはどうしたい？」と自然な流れで聞くという方法です。

2つ目は**「他の親戚経由で確認する」**という方法です。何も自分で確認する必要はないので、親と年の近い親戚や、きょうだいに話してもらうことができるなら、それもいいですね。孫に「おじいちゃんは大きくなったら何になるの」という質問をしてもらい、その流れで介護や老後の話に持っていけたという人もいました。

3つ目は**「道具や外部の人を使う」**やり方です。自分史・エンディングノートなどのツールを使ったり、終活として家の片付けなどをするタイミングで、専門業者の人がいろいろ話を聞いてくれたりします。また、信託制度などお金関係の相談をする際に、担当者に手伝ってもらうのもよいでしょう。

**私のお勧めは、実家に帰ったときに一緒にアルバムの整理をすることです。**写真を見ていると当時の思い出から今の話につながり、自然に先の話もできるようです。写真を見ることにはもう1つのメリットがあります。それまでの親の人生を振り返り、「親」という役割にとらわれない本人の思いや価値観があるということに気付くことができる点です。本人が判断できなくなったときに家族が意思決定しなければならないことも出てきます。少しでも親の価値観や好きなものを知るヒントがあれば、選択について後悔が少なくて済みます。

## 介護が必要になってからの説得

介護やサポートが必要になったときに、拒否する親に介護サービスの利用をどう説得するか。結論からいえば、本人が必要性を感じていないときに説得するのは無理です。家族が無理に説得しようとすると、どちらかが力でねじふせるしかないという状態になり、後々尾を引くことになります。「あのとき嫌なことをされた」「自分の意見を聞いてくれなかった」という思いが残ったまま何年も過ごすことになりかねません。

**難しいと思ったときは専門職に相談**してください。介護が必要なとき、地域包括支援センターに相談しましょう。入院中やかかりつけがある場合は医療関係者などが、無料で相談に乗ってくれます。彼らはどんな切り口で話



**図2** 親の「説得」が難しいときは専門職を頼る

どうやって他人のサポートを受け入れてもらうか、ということについても、介護のプロは多くの選択肢を持っています。
最初の働きかけから第三者に頼むことで、もめてしまった場合に後々の介護に悪影響を及ぼすリスクを小さくできます。

●家族が「最初の働きかけ」を頼れるプロ

- 地域包括支援センター
- ケアマネジャー
- かかりつけの医療関係者

せばスムーズか知っています。また、うまくいかずもめてしまった場合も、**家族には代わりがいませんが、第三者の場合は担当を変えればリセットできます。提案しにくいことほど他人にお願いしたほうがいいと思います。**

## 直接対話が難しければ第三者やツールを活用して

次は、本人以外の家族とのコミュニケーションについてです。

**相談事例** **本人以外の家族間コミュニケーション**

**【介護中の親族間の連携構築】**

介護のことを自分だけで進めていいのか分かりませんが、きょうだいや配偶者と話ができていません。スムーズに意見交換できるようにしていくにはどうすればよいかが課題です。

**【老々介護の親に対して何かできることはあるのか】**

要介護認定を受けた父よりも、同居している母がうつ傾向にあり心配です。ストレスから父に攻撃的な発言をすることが問題になっています。同居家族へのケアに関して事例などあれば教えてください。

親族間の連携をどうすればいいか。どの家族にも当てはまる正解はありませんが、経験上「こういうアプローチがありますよ」ということはお伝えできます。

まず、立ち位置によって少し変わってきます。**自分が「主たる介護者」の場合**、放っておくと負担が大きくなるので他の家族にも手伝ってもらうようにしたほうがいいのですが、家族は「聞いてない」と感じると手伝ってくれなくなります。介護自体が忙しい中、面倒ではありますが、「入院しました」「要介護2になりました」と事実だけでも粛々と他の家族に伝えるようにしてください。

ただでさえ忙しいのに負担を増やすようですが、伝えていないと結果的に一人で抱え込むことになってしまうので、頑張ってもらいたいと思います。家族でＬＩＮＥグループを作って情報共有をするのも手です。

では**自分が離れた場所に住んでいるなど「主たる介護者」でない場合**はどうか。気になることはあると思うのですが、うかつに介護方針に口を出すのは危険です。特に、介護される本人への接し方などについてアレコレ言うのはよくありません。自分にできそうなことがあれば伝えつつ、介護される本人ではなく、介護している家族の様子を気にかけてください。

介護している家族が抱え込んでいるな、頑張り過ぎているなと感じるなら、「介護サービスを増やしてみたら」などの提案はしたいですが、「私はこう思う」という伝え方だと相手の思いと違ったときにもめる原因になります。そんなときに、「リクシスの木場」というのを言い訳に使ってもらえるといいと思います。**「私が思っているわけではないけど、リクシスの木場という人が『こうしたらいい』と言っていた**

**よ。試してみたらどうかな?」**と、人のせいにして提案すると、多少言いやすいかもしれません。

## 介護をする家族をどうサポートできる?

主たる介護者に対して、どうサポートできるか、どう介入できるかですが、1つ目は利用する介護サービスの頻度を増やして、家族の負担を減らすことを提案することです。

2つ目は、レスパイト(小休止)ケアの利用です。レスパイトケアとは、介護する側の負担を減らすことを目的としたサービス利用のことで、介護保険ではその利用が認められています。具体的には、日中に通うデイサービスを追加したり、一時的に施設に宿泊してもらって、介護から離れる時間をつくったりします。

利用にはケアマネとの相談が必要ですので、ケアマネの連絡先をあらかじめ聞いておくといいですね。「本人は『自分は大丈夫』と言っているけどどうだろうか」と、こっ

図3 介護をしている家族の介護ストレスが心配になったときの3つの介入方法

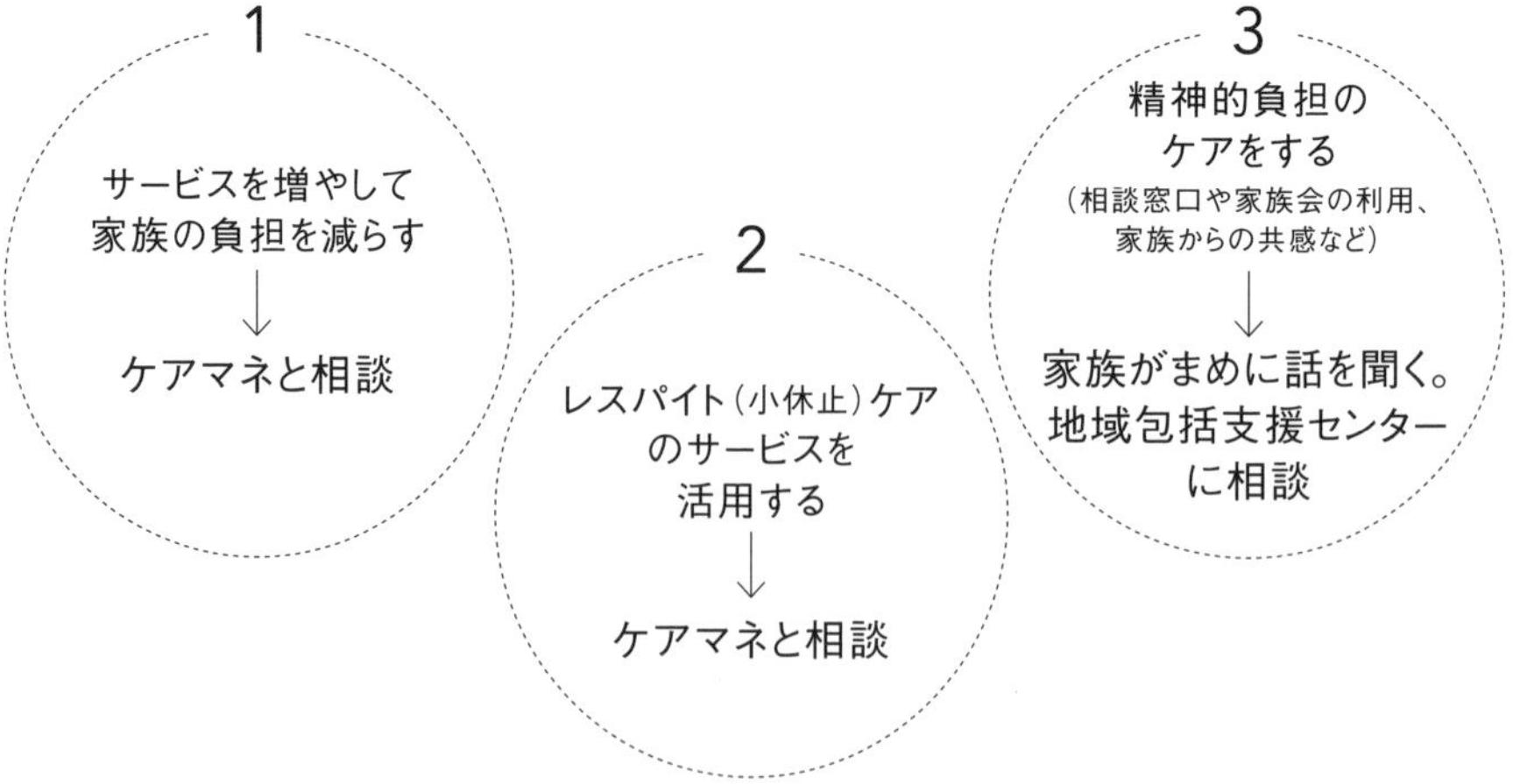

そりケアマネに聞いてみることもできます。

3つ目は、精神的負担のケア。できれば介護をしている人の話を聞いてあげられるといいですね。介護相談や家族会のような場に話しに行くことを勧めるのも役立つと思います。家族会や相談窓口の情報は地域包括支援センターに集まっていますので、利用してみてください。

この他、介護者の家事負担を減らすために、民間の家事代行サービスなどの活用も有効かと思います。

**家族間でもめない3つのポイント**

1 事前に①主たる介護者 ②費用の出どころ ③意思決定者をシミュレーションしておく

2 要介護認定申請等で「本人の説得」が難しいと感じたら、迷わず専門職に相談

3 「主たる介護者」に対しては、必要に応じた「レスパイトケア」導入のすすめと「共感」を



**図4** あふれる前に小休止「介護者」のレスパイトケア

レスパイトケアとは、「休息」「息抜き」「小休止」の意味。
家族の介護負担を減らすために利用するサービスを指します。

**日中通うデイサービスの追加**

要介護度や必要性に応じて、週に数回日中通って入浴や食事の介助を受けたり、リハビリやレクリエーションを楽しむ通いの場です。

午前、午後の半日型や9時から17時の1日型があり、1日で約1200円程度の負担になります。

**一時的に施設に宿泊するショートステイ**

家族が対応できないときや家族が介護から離れる時間を取るために利用。必要に応じて1泊～3カ月の期間利用できます。

1泊の費用は要介護度や食費などオプションの設定によりますが4000～1万円程度です。


**精神的負担を軽減する家族会・介護相談窓口**

近隣で開催されている「家族会」では、介護をする家族が同じ立場の人に悩みを打ち明けたり、先人の話を聞くことができます。

また、ほとんどの自治体で行政窓口やNPOなどが介護家族向けの相談を受け付けています（無料）。

# 2 お金の壁

## いざというとき使えない？ 認知症とお金の問題

村山澄江　司法書士

### 当てにしていた介護のためのお金が…使えない？

「もしもこの先、親の介護でお金が必要になったらどうする？」「そのときは、お父さん名義の家を売ったり、お母さんの定期預金を解約したりして工面すればいいんじゃないかな」

これは、介護のお金に関してよくある家族の会話です。確かに、親にそれなりの預貯金や持ち家があれば、何とかなりそうな気がしますね。

でも実際は、こうした手続きをしようとしたらできなかったという方が非常に多いです。一番多いのは、家に関する想定外の「壁」。家を売れなかった、ローンの借り換えができなかった、建て替えもできなかった、などです。そして2番目に多いのが、定期預金を引き出せなかったというケース。銀行の窓口に行って親の定期を解約しようとしたら、「本人じゃないとできません」と言われてしまう。

介護費用の当てにしていたお金が、いざそのときになってみたら使うことができない。なぜこんなことになるのでしょうか。

家を売る、定期預金を解約する、あるいは株を売買するといったことは契約行為になります。**契約行為は判断能力がなければ有効に行うことができません。**病気で意思表示できなくなったり、認知症の症状が進むなどして判断能力が低下していると、契約の内容をしっかり理解して契約書にサインすることが難しくなります。本人の意思が確認できなければ、家族などが代わりに手続きをしようとしても、不動産会社も銀行も証券会社も応じてはくれません。

## 本人の代わりに契約行為を行う「成年後見人」

本人の判断能力が低下しているときに契約行為を行うには、「成年後見人」を付けるしか方法はありません。成年後見人とは、法律上の代理人のこと。家庭裁判所によって選任された代理人が、本人の代わりに契約行為をしたり、日常の手続きや財産の管理を行ったりする仕組みを成年後見制度といいます。私も司法書士として成年後見人としての業務を２００７年ごろから行っていて、40名以上の高齢の方を法律面や生活面で支援しています。

**成年後見人には、「法定後見」と「任意後見」の2種類があります。**本人の判断能力が低下したときに付けるのは「法定後見人」になります。任意後見については後ほど説明します。

法定後見人は、判断能力の低下の度合いに応じて支援の範囲が規定されており、症状が重い順に「後見」「保佐」「補助」という3つの種類があります。保佐人も補助人もまとめて「後見人等」と表現されることがあります。

「そういう制度があるのなら、後見人を付けさえすれば問題は解決するのでは?」と思うかもしれませんね。確かにひとまず解決はしますし、とても大切な制度なのですが、少々やっかいな側面もあり、あくまで「最終手段」として用いるべきものではないかというのが、多くの方々の後見人をしてきた私の実感です。その理由をこれからお話しします。

## 法定後見人は、誰が選ばれるか分からない

法定後見制度について私が一番やっかいだと思うのは、「誰が後見人に選ばれるか分からない」という点です。

例えば介護費用で母親の定期預金を解約する必要が出てきたとき、本人は判断能力が低下しているため、銀行の窓口に子どもが行ったものの、「後見人になってから改め

図1　成年後見制度　大きく分けて2種類

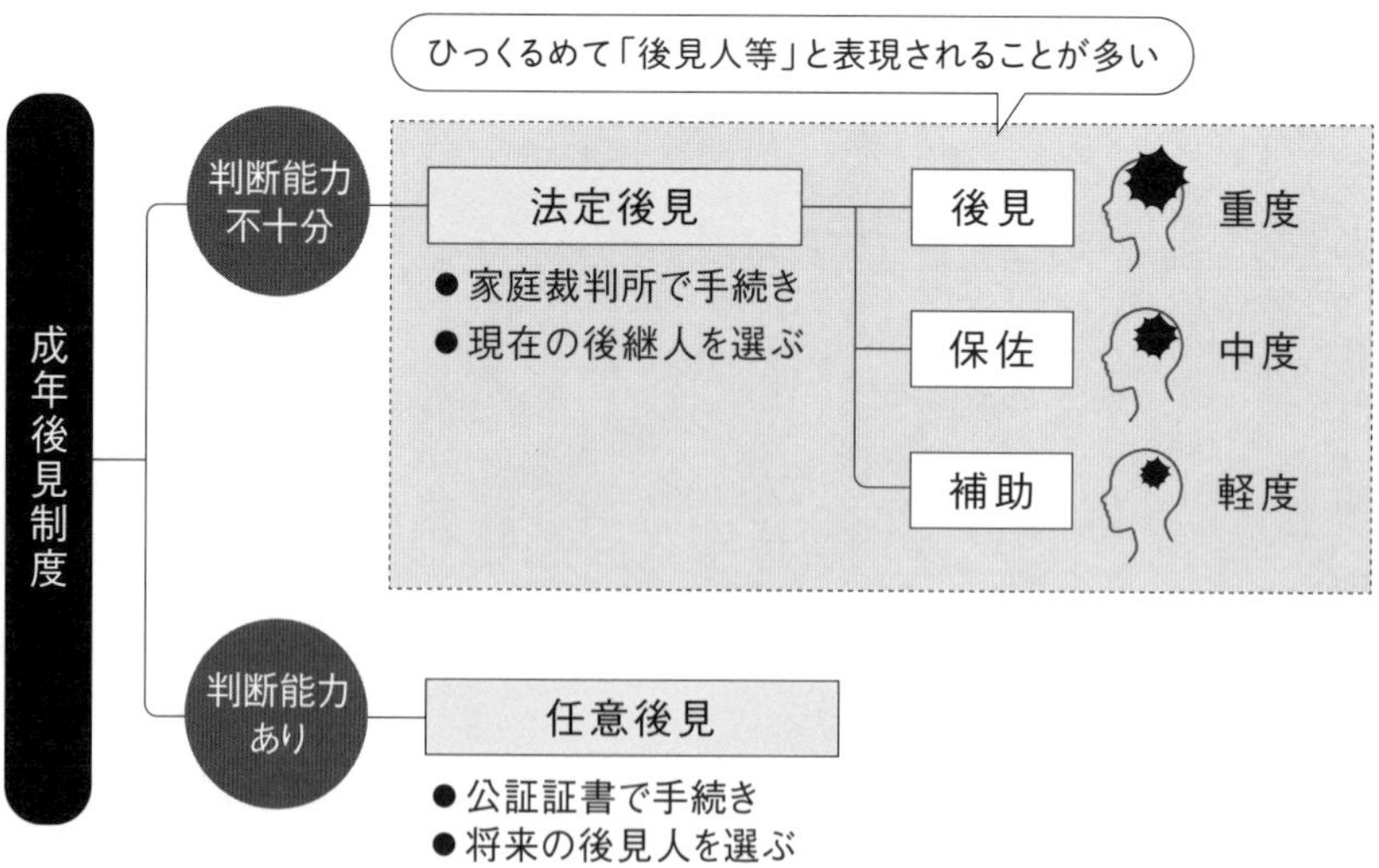

ていらしてください」と言われたとします。

後見人は立候補できる仕組みになっているので、子どもが「私がやります」と手を挙げて、家庭裁判所に申請（申し立て）を行うことができます。このとき、立候補した人が確実に選ばれるかというと、そうではありません。決めるのはあくまで裁判官です。

裁判所が公開している２０２２年のデータによると、親族が選ばれたケースが約19・1％、司法書士や弁護士など、第三者の専門職が選ばれたケースが80・9％でした。圧倒的に親族が少ないのは、「おひとりさま」など、親族の候補者がいないケース（76・9％）も含めての数字だからであって、親族の候補者ありのケース（23・1％）の約8割は親族が後見人に選ばれているというデータが出ています。

とはいえ、「手を挙げたけれど選ばれない可能性」はゼロではないのです。

## 法定後見制度を使ったことを後悔する家族も

専門職の人が法定後見人に選ばれた場合は裁判所の規定で報酬が発生します。金額は最低でも月に2万円。管理する財産の内容によって、月額2万〜6万円と幅があります。

専門職が選ばれた場合はこうした金銭的負担が発生することに加えて、「法定後見人は原則、本人が亡くなるまで付く」というのも大きなポイントになってきます。

例えば、「家を売却して介護施設の入居費用に充てたい」というとき、法定後見人を付けて家の売却手続きが完了したら、家族としては課題はほぼクリアしているわけです。でも、「もう後見人は必要ないです」というわけにはいかず、報酬を（本人の財産から）支払い続けることになります。

法定後見制度を利用したことを後悔しているという家族は実際にいらっしゃいます。例えば、後見人に選ばれた専門職と信頼関係が築けない場合です。

後見人はすべての財産管理を任されるので、銀行の預金通帳も全部預かることになります。そのこと自体に抵抗を感じるご家族もいますし、後見人の中には、家族に通帳の履歴を一切見せない人、家族に何の相談もなく、本人が大事にしていた不動産等を売却してしまう人もいます。

通帳を見せる義務も、相談する義務も後見人にはありませんが、家族の心に寄り添う姿勢がない人を信頼するのは難しいですよね。

法定後見人は家族が立候補した場合は選ばれる可能性は比較的高いけれども、１００％ではない。専門職が選ばれた場合は、本人が亡くなるまで報酬が発生し、相性が良くない人に当たる場合もある。このことをしっかり知っておくことが大事だと思います。流動資産（固定資産以外）の額が多いと、親族が選ばれる確率が少し低くなる可能性があります。

## 元気なうちにできる対策、「家族信託」と「任意後見」

では、法定後見制度を使いたくない場合にはどうすればいいか。ここからは代表的な2つの方法をご紹介します。１つ目が「家族信託」。２つ目が「任意後見」です。任意後見は、先に説明した2種類の成年後見制度のもう1つですね。

図2　家族信託は贈与ではなく、財産の管理を託すもの

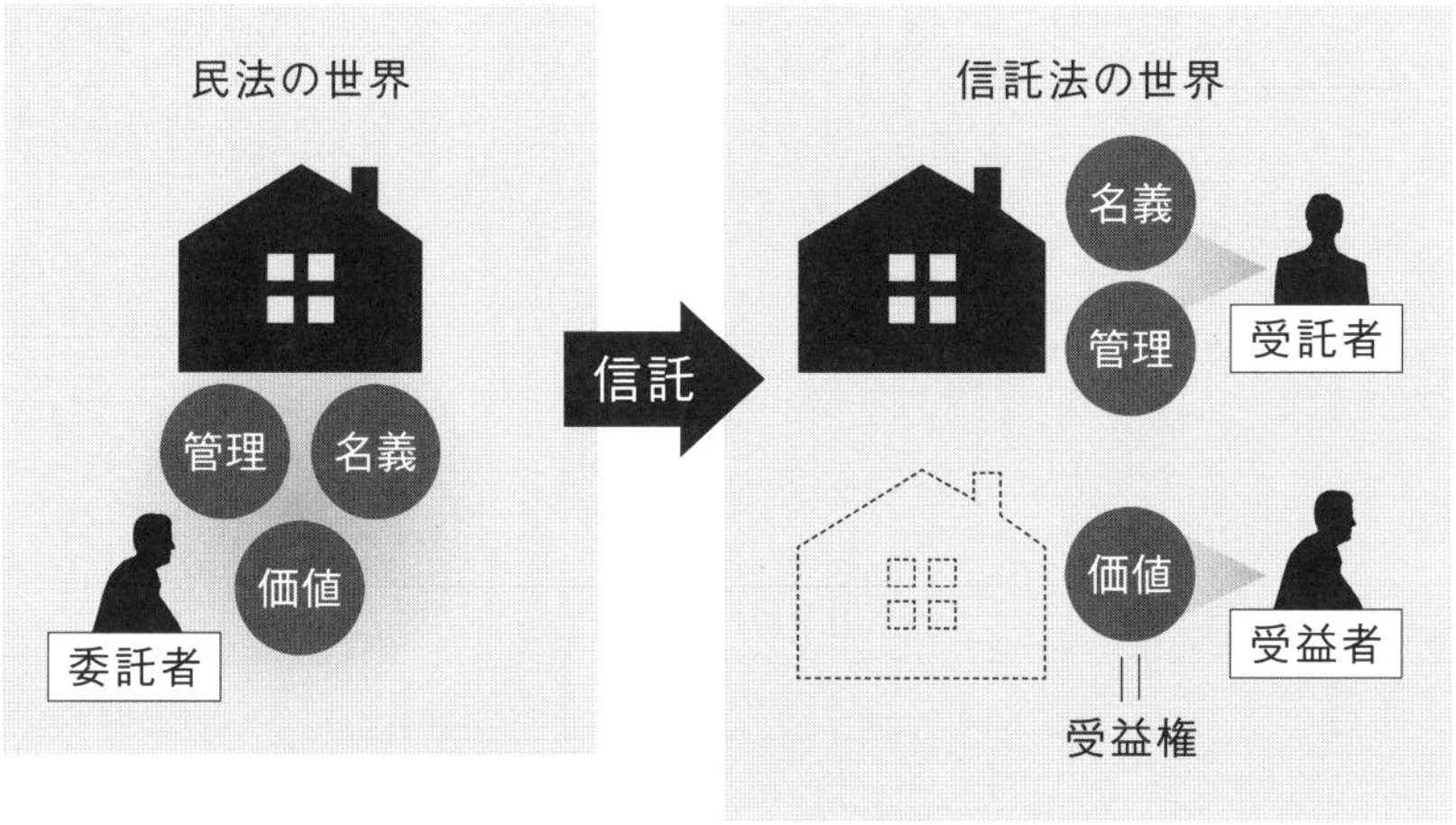


図3　家族信託の仕組み

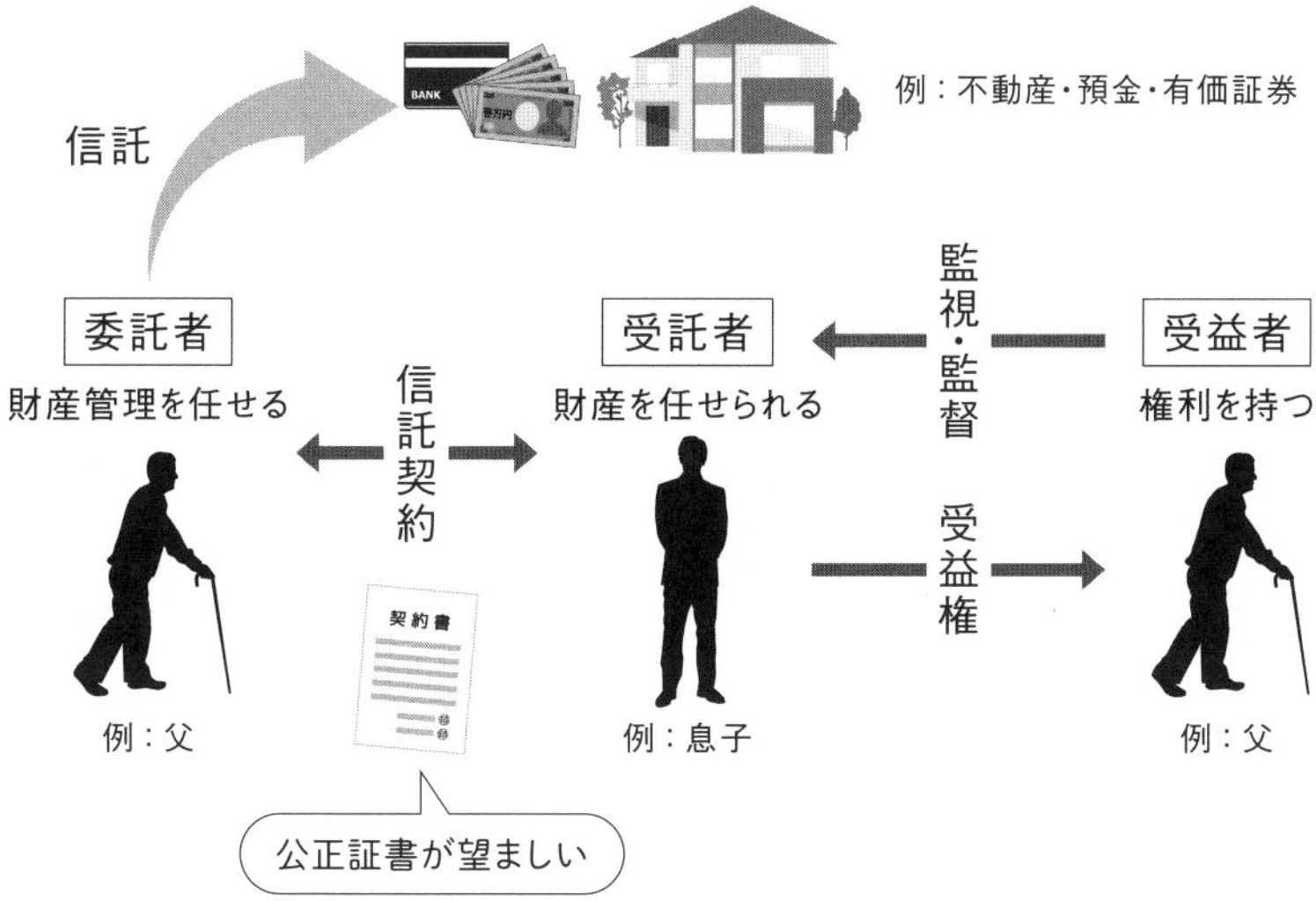

家族信託と任意後見はいずれも契約が必要になるため、「本人が元気なうちに使う仕組みであること」がポイントです。

**家族信託は制度などを表す法律用語ではなく、通称です。家族などの信用できる人に、財産管理を任せること**をいいます。

財産の管理を託す人を定め、信託契約を交わします。このときの契約書は公正証書で結ぶことが多いですが、私文書でも効力は同じです。これにより、本人が認知症などになった場合も、後見人を付ける必要性が極めて低くなります。

家族信託はあくまで財産の管理を「託す」ことで、贈与ではありません。そのため財産の価値（受益権）は本人のままです。また、管理する範囲についても、後見人がすべての財産を管理するのに対し、家族信託は「この土地と建物」「金５００万円」というように、託された範囲の財産のみを管理することになります。金銭は必ず

### 不動産を売却するタイミングが来たら

☑「売主」として契約書にサインするのは?

→ 受託者 息子

●持主（委託者）が認知症になっても売買に影響がない

☑売却してできたお金は誰のもの?

→ 受益者 父（財産的価値は手元にある）

●信託専用の口座で息子が管理する

☑贈与税はかからないの?

→贈与ではないのでかからない

（不動産取得税、譲渡所得税もかからない）

☑固定資産税通知はどこに送られる?

→ 受託者 息子

信託専用の口座で管理します。
契約書に書かれていないことはできないので、将来のことをしっかり考えた上で信託内容を決めて契約書を作成することがとても大事になってきます。例えば、「今後お金を借りて自宅をアパートに建て替えて資産運用してね」といったことも頼んでおくことができます。

**任意後見は、将来の後見人を本人が自分で決める仕組みです。** こちらは必ず公正証書で契約を行います。子どもを後見人に指定しておくこともできますし、「おひとりさま」の方から、私のような専門家が後見人を頼まれることもあります。

任意後見人の契約の効力が発生するのは、実際に本人の判断能力が低下したときからです。診断書を医師に書いてもらい、家庭裁判所に申し立てをします。そうすると裁判所は「任意後見監督人」を選びます。これは、後見人を頼まれた人が本人に判断能力がないのをいいことに、好き放題やれてしまう状態を防ぐためです。

任意後見人の報酬は自由に決められます。第三者に頼む場合は月2万～3万円が平均ですが、引き受ける人が無償でやると言えばそれでも成立します。ただし監督人の報酬は裁判所が決めます。監督人の報酬は管理する財産が５０００万円以下なら目安は月に1万～2万円くらいのイメージです。

任意後見は、法定後見と違って将来の後見人を確実に指定できることが一番の特徴です。複数人や法人を指定することもできます。また、本人が「ピンピンコロリ」だった場合は任意後見の効力が発生せず、後見人や監督人の報酬もかからないことになります。

図4　任意後見制度と家族信託の違い

<table>
<tr><th colspan="2"></th><th>任意後見制度</th><th>家族信託</th></tr>
<tr><td colspan="2">契約する<br>タイミング</td><td>元気なうち</td><td>元気なうち</td></tr>
<tr><td colspan="2">頼まれた人を<br>例えると</td><td>代理人</td><td>管理人</td></tr>
<tr><td colspan="2">効力が<br>発生するとき</td><td>判断能力が衰えたとき</td><td>原則、契約締結のとき<br>（条件をつけることもできる）</td></tr>
<tr><td colspan="2" rowspan="3">コスト</td><td>初期費用：15万～25万円</td><td>初期費用：30万円～</td></tr>
<tr><td>任意後見人の報酬：<br>0円～自由に決める</td><td>受託者への報酬：<br>0 ～自由に決める</td></tr>
<tr><td>監督人報酬：12万円～/年</td><td>ランニングコスト：なし</td></tr>
<tr><td colspan="2">契約対象</td><td>すべて<br>（身上監護含む）</td><td>財産<br>（不動産、お金、株など）</td></tr>
<tr><td colspan="2">遺言機能を<br>つけられるか</td><td>不可</td><td>可</td></tr>
<tr><td rowspan="3">監督</td><td>監督機関</td><td>裁判所</td><td>なし</td></tr>
<tr><td>監督人の<br>必要性</td><td>効力発生時に必要</td><td>――</td></tr>
<tr><td>監督人に<br>なれる人</td><td>司法書士または、弁護士<br>（裁判所が選任）</td><td>――</td></tr>
<tr><td colspan="2">契約書の<br>種類</td><td>公正証書</td><td>自由<br>（公正証書が望ましい）</td></tr>
</table>

## 大切なのは、「家族が将来どう暮らしていくか」を考えること

本人が元気なうちに契約を交わす家族信託と任意後見、「いざというとき」が来てから利用する法定後見。私がお伝えしたいのは、「どの方法が優れているか」ということではありません。大事なのは、家族が将来どうやって暮らしていくかを今のうちからしっかり考えていくことです。「何も対策をしなかったと仮定して、何か困ることは出てくるだろうか？」。そういう視点で考えてみてほしいのです。

例えば、親の預金のみで介護費用が賄えるかどうか。賄えないのであれば、不動産が大きな資源になるかもしれないということが見えてきますし、そうしたら今のうちに不動産を動かせるようにしておく必要があるね、という話になります。

家族信託と任意後見は似ているので、「どちらがいいですか？」と聞かれることもあるのですが、「自分の不安に対して、どちらのツールを使ったら解決するのか？」を考えてみてほしいです。

もちろん、これらの方法を使わずに解決する手段もあります。ここからは、今すぐできる、お金がかからない対策をご紹介します。

### ①金融機関の代理人届

これが手間も少なくお勧めです。元気なうちに親と子が一緒に金融機関の窓口へ行って、「子どもを代理人に」と届け出をします。代理人として登録されると代理人キャッシュカードが発行されて、口座名義

人と同じように代理人が窓口やＡＴＭで普通預金のお金を引き出せるようになります。ただし、ＡＴＭで定期預金は引き出せません。

### ②通帳・クレジットカードの整理

どこの銀行に何がどれくらいあるのか、どんなカード引き落としがあるのかを把握しておくと、相続のときにもとても役に立ちます。

### ③定期預金を普通預金にする

①で触れた通り、代理人届では定期預金は下ろせませんし、「定期預金が解約できなくて法定後見人を付けざるを得なくなった」という人は多いです。利息が少ないのであれば、定期預金を普通預金に変更しておくのも一つの予防策です。

### ④どれか1つキャッシュカードを共有する

すべてのキャッシュカードを子どもに預けるのは親も不安でしょうから、例えば「ここには30万円入っているから、私たちに何かあったときに使ってね」という通帳を準備してキャッシュカードを渡してもらえれば、急な入院などにも対応できるかと思います。

### ⑤ 生命保険の見直し

お付き合いで入った保険などはどうなっているか親本人も忘れがちです。どんなときにいくら支払われるのか、また、生命保険にも代理人を登録する制度（指定代理請求制度）があるので、死亡保険金以外で代理人が請求できるのはどんなケースか確認し、登録をしておくといいでしょう。

## 「これしか道がない」ではなく、多くの選択肢を持ってほしい

私が何より願っているのは、皆さんに「多くの選択肢を持ってほしい」ということです。これまで私がお手伝いをしてきた家族には、本人の判断能力がだいぶ低下して、困りごとが既に発生していて、法定後見「しか」道がない方が多くいらっしゃいました。

本人が元気なうちにいろんな方法を知っておいて、時には私たちのような専門職にも相談しながら、自分たち家族に合う「お金の壁を乗り越える方法」を選んでもらえたらと思います。

# 「お金の壁」よくある疑問に村山さんがお答えします

**Q 任意後見人は複数でもいいということですが、子ども二人でも可能？**

A 可能です。実際に、子ども二人を任意後見人に選んで契約しているケースもあります。一方の子どもが海外勤務が多く、その方をメインにすると業務が立ちゆかなくなるかもしれないということで、最初から二人を指定しておき、権限も平等に、かつそれぞれが単独で権限行使できる仕組みにして対応しました。

**Q 家族信託について。信託契約を結ぶ際、契約書は自分で作成して公証役場へ持っていくことは可能ですか？　法律的に正しい書き方でないと無効になることがあるので専門家に頼むほうがよいとのネット記事を読みましたが、費用が１００万円程度かかるということでした。**

A 信託契約は、正直言って自力での書類作成は無理です。私たち専門職でもさまざまなことを調べて、大変苦労しながら作成しています。自分で作ったものの不備が多く、後日専門職に修正を依頼することになるケースも頻発しているそうなので、家族信託を手掛けている複数の専門職に相談してみるのが一番いいでしょう。費用は必ずしも１００万円かかるわけではなく、30万円程度としている事務所もあります。費用感と、自分がやりたいことについての納得感があるかどうかはすごく大事なことなので、遠慮せずに聞いてみてください。

**Q 法定後見人と信頼関係が築けないときなど、問題がある場合は代えてもらうことはできる？**

A 確実にできるとは言えませんが、裁判所に上申書を提出する方法はあります。そのときに気を付けたいのは、クレーマーのように思われてしまうと逆効果だということ。「こういう理由で信頼関係を築けないので変更してほしい」ということを端的に理路整然と書き、辞意を促してもらったケースはあります。

**Q 生前贈与のメリットとデメリットを教えてほしい。**

A 生前贈与は財産を移転できるので、認知症対策としてはありだと思います。ただし、年間１１０万円を超える贈与には贈与税がかかりますので、税負担についてきちんと検討した上で行ったほうがいいです。

なお贈与には「相続時精算課税制度」といって、贈与するときは２５００万円まで非課税で渡せますが、相続のときに贈与した財産も合わせて相続税を計算するといった仕組みもあります。検討する場合は、税理士に相談するといいでしょう。

**Q　銀行口座や保険などの情報は、どのタイミングでどういう方法で親に聞いておくのがよさそう？**

**A**　親が70歳になったら聞いてほしいというのが本音です。ただ、70歳を超えてもお元気な方はたくさんいますし、そのタイミングでは難しそうであれば、自分のことや世間話にからめて聞くといいかなと思います。例えば、「働けなくなったときの保険について考えているんだけど、お母さんたちは保険ってどうやって決めたの？」「銀行の支店がどんどん統合されて不便になってきたけど、メインバンクはどこを使ってる？」という感じで聞きながら、親自身のことを話してくれたらラッキーですね。

**Q　最近、親が軽度の認知症と診断されたところですが、預貯金等の所在が不明です。これから家族信託は進められる？**

**A** 初期の認知症と診断された方でも家族信託が間に合った方はいらっしゃいます。本人の判断力と、あとは「誰々さんに任せる」という意思表示がしっかりできるかどうかにかかってきますね。預貯金の所在が不明となると、なかなか難しいかもしれません。

**Q 家族信託で財産の一部、例えば賃貸アパート経営を受託した場合、いよいよ認知症になったときに、法定後見人は家族信託以外の財産管理を行うということ？**

**A** その通りです。家族信託は、「この先後見人なしでも済むように」と想定して行っておくものですが、後見人を付けないとできないようなことが発生した場合は、法定後見人が家族信託で託された財産以外のものを管理することになります。

**Q 親以外に一人暮らしの叔母の面倒もいずれ見なくてはいけないのですが、親より手続きなどは複雑になる？**

**A** はい。子どもに比べて、おいやめいという立場でやれることには限界が出てくる可能性があります。何かある前に、任意後見契約などの対策はしておいたほうがいいですね。

**Q 実家の主なお金の管理は父がしていますが、老後のお金のこと、もしもに備えて遺言状など用意してほしいと伝えても、なかなか動いてくれません。強く言うとキレる性格なので、うまく伝える方法や、準備できることがあれば教えてほしい。**

A 介護の話もお金の話も同じで、「年寄り扱いは絶対ダメ。リスペクトを忘れないで」ということです。お父様のような方の場合は、「もう年なんだから」という感じで話すのは絶対ＮＧ。例えば教えを請うスタイルはどうでしょう？「私はあんまり資産管理をうまくできないんだけど、お父さんどうやって管理してるの？すごいね、教えて」と、うまく聞き出せたらいいですね。

**Q 本人に判断能力がないと判定されて、法定後見が必要な状態になったとき、もし後見人への報酬が支払えない経済状態だったらどうなる？**

A 家族がいる場合といない場合の2つに分けて考えたいと思います。家族がいる場合でお金があまりないのであれば、家族が手を挙げればおそらく家族が後見人に選ばれます。ただし、親族内に「○○さんが後見人になるのは反対」などと言う人がいて意見が割れているようなときは外されるケースもあったので、注意が必要です。

家族がいないおひとりさまでお金がなくて、という方の場合でも後見制度は利用できます。4

親等内の親族がいれば裁判所への申し立てだけはやってもらい、いなければ住んでいる自治体の長が代わりに申し立てをして、専門職の後見人が付きます。報酬額は通常通り裁判所が決定しますが、実際に支払いできない場合も結構あって、その際後見人は、助成金制度を利用してそこから受け取るか、無報酬でやる場合もあります。いずれにしても、本人に経済力がないから制度が使えないということはありません。

村山澄江
（むらやま・すみえ）

２００３年に司法書士試験合格。成年後見家族信託など生前対策の相談数１３００件以上、家族信託・成年後見の専門家としてメディアやＹｏｕＴｕｂｅ「ゆるっとかいご」などでも活動中。著書に『今日から成年後見人になりました』（自由国民社）、『認知症に備える』（自由国民社）がある。

3

# 距離的な壁

## 離れて暮らす母を見守る。市販のIT機器で実家をスマートホーム化

和田亜希子　見守りテックコーディネーター

離れて暮らす親が電話に出ない――。こんなとき、状況が見えないために心配になって仕事どころではなくなります。フリーランスの和田亜希子さんもそうでした。実家で二人で暮らす両親の生活は父の病気でバランスを失います。仕事をセーブしながらの介護は大きな負担に。母が自宅で熱中症になったことを機に、スマートホーム化を決意します。介護の経緯から、さまざまな課題をどのようにＩＴでクリアしたのか、体験を話してもらいました。

（聞き手　工藤千秋）

- 和田亜希子さん　52歳、自営業、独身
- 神奈川県横浜市にあるシェアハウスで暮らす。２０２１年に父が亡くなった後は、千葉県の実家で水頭症と軽度認知症を患う母が猫と暮らす。母は要介護３。

きょうだいはいないため、横浜の自宅と千葉の実家を行き来しながら介護と見守りを続ける。

介護のはじまり

## 父の入院で崩れた両親二人だけの暮らし

### 家事を一手に担当する父が悪性リンパ腫に

私は、大学卒業を機に実家を離れ、22年現在は横浜のシェアハウスで暮らしています。実家で両親が二人暮らしをしていましたが、母はもともと足腰に持病を抱えて外を歩き回るのは難しい状態なので、買い物や家事は父が担当していました。

父が17年に悪性リンパ腫を発症。発病後は、私が月1回ペースで実家に戻ってサポートしていました。父のがんは難治性でしたが、進行がゆるやかで、入退院しながらも自宅で普通に生活できる期間も多かったんです。

ただ、そのうち新型コロナ禍が始まり、20年に入ってからは持病を抱えた両親のいる実家を訪れるのは高リスクに。この頃はほとんど実家には行かず、こまめに電話で両親の状況を確認するしかありませんでした。父の容体が一気に悪化したのは、21年の春です。

父が入院した4月から本格的な介護生活がスタート。横浜の自宅と、実家と病院を行き来する日々です。父の入院した病院は実家から車で40分ほどの場所にあります。入院中は、ほぼ病院と実家の往復で時間を費やしました。私は車の運転をしないので、愛車のバイクか、1時間に1本程度のバスで行くしかありません。

付き添いで病院に泊まり込むことも多く、その間母が実家で一人になるので、食事の宅配サービスや生協の宅配を使ったり、食事の作り置きをしたりして、なんとか乗り切りました。残念ながら、母の世話を頼めるようなお付き合いのあるご近所もほとんどいませんでした。

私はフリーランスでウェブサイトの企画・運営やライターの仕事などをしていますが、父の発症後はかなり仕事をセーブ。新規案件の受注は控えて、運営しているミニサイトからのアフィリエイト収入と、ときどき期間限定のアルバイトをしていました。**仕事をセーブすることによる経済的な不安は常に感じていました。**

## 両親が拒否し続けた介護ヘルパーの導入

21年5月になって、父が退院し在宅治療が始まるため、改めて介護保険を申請し、父は要支援1と認定されました。母はこの間に何度か要介護度が変わり、今は要介護3です。

父の在宅治療中は、私はほぼ実家に滞在し、横浜の自宅には月に数日戻る程度でした。このときに、以前から両親にすすめていた訪問介護ヘルパーを改めて提案しました。実は、私は**7月から始まる東京五輪・パラリンピックで選手村スタッフとして働くことが決まっていて**、その間は家を空けることになります。そのため、なんとか訪問介護ヘルパーに来てもらえるようにしたいと思っていました。

「他人が家に入るのはイヤだ」と言う両親に、「とりあえず、1回だけお試しでやってみよう。それでイヤだったら、その先は利用しないことにすればいいから」と説得。**最初は渋っていた両親ですが、ヘルパーさんがとても「ほめ上手」で、すっかり気に入ってくれました**（笑）。

## 「自分のために必要」東京五輪・パラリンピックにスタッフで関わる

7月に入るといよいよ父が緩和ケア病棟に入院。実家で一人になる母には私がこまめに連絡を入れながら、訪問介護ヘルパーやデイサービスを利用することにして、私は選手村のボランティアに参加を決めました。

ギリギリまで相当悩みましたが、結果的に参加して本当によかったと思っています。東京で開催される五輪・パラリンピックにスタッフとして関われるチャンスは、二度とありません。17年から両親の介護優先で、特に21年からは仕事ややりたいこともかなりセーブしてきたけれど、これだけはわがままを言わせてもらおう、と。

私自身、50代に突入して、これからの人生の時間もやれることも限られています。その**貴重な時間をすべて親に捧げてしまうと、結局、親との関係性もギスギスしたものになってしまう**、とも思いました。

## 父の死をきっかけに母の認知機能低下が進む

入院していた父が危篤となったのは、東京五輪の閉会式の日。選手村から病院に駆け付けて父をみとり、2週間後のパラリンピック開幕までに、無事、葬儀まで済ませることができました。

一人暮らしになった母の生活をこれからどうしていくかが課題でした。もちろん、施設に入ってもらうのが一番安心ですが、母は「どうしてもイヤだ」と言います。

ただ、この頃から、母の様子が明らかにおかしくなっていきました。父の死という環境の変化が大きく影響して、認知機能が大きく低下。以前は庭に出て歩く程度はできたのに、家の中の移動も心配な状態に。うっかり転んでしまうと、自分では起き上がれないことが増えていました。春には硬膜下血腫も経験していたのでその影響かと思っていましたが、実は認知症が始まっていたようです。

さらに頭を悩ませたのが、母の「日時見当識障害」です。これは日にちや曜日、時間を正しく認識できなくなるという認知症の初期症状のひとつです。体の自由が多少利くのが余計やっかいで、日にちを勘違いして、病院に行くことが続きました。足の不自由な母はタクシーで病院に乗り付けて、日にちが違うからと帰ってくる。そのたびにタクシー代を1万5000円も使っていました。

母の一人暮らしをＩＴで支える

# 父が他界、認知症の初期症状が出始めた母の見守り体制を強化

## 母が熱中症で緊急搬送。実家スマートホーム化を決意

そんな様子に不安を募らせていた矢先、母が熱中症で倒れて緊急搬送される事件が起きます。以前から防犯と両親の見守りのために「ネットワークカメラ」をリビングに設置。横浜からスマートフォンでカメラの映像をチェックしていたのですが、ある日、母の姿がどこにも見えないことに気付きました。それが昼ごろのことです。すぐに仕事を早退して、実家に駆け付けたのは夕方4時。母は、ベッドの下に落ちて倒れていたんです。まだ、残暑が厳しい時期。深夜に倒れて、エアコンもついていない閉め切った30℃以上の室内で、身動きがとれなくなっていました。

今までのやり方はもう限界だ。そう思ったときに浮かんだのが、スマート機器を導入する「実家のスマートホーム化」でした。

## 古い実家でも工事不要でスマートホーム化

以前から、仕事でＩＴ機器について取材をしていたため、母を遠隔で見守るためにＩＴをどのように活用できるのかイメージができたのが幸いでした。

スマートフォンアプリを使った遠隔操作やＡＩスピーカーでの音声操作で、エアコンなどの電気機器

の操作や玄関のロックの開閉を可能にするスマートホーム化。築数十年の古い実家でも、工事不要で後付けできるアイテムがかなり多くあります。5万～10万円ほどの予算で、自分で簡単に設置できる範囲で活用することにしました。

私が実家に最初に取り付けたのが「SwitchBot ハブミニ」というスマートリモコンです。これによって、家中の電気機器のリモコン機能をすべて私のスマートフォンアプリに集約。温湿度計のセンサーと連動させて、一定の室温になったら自動でエアコンを運転するように設定し、アプリで遠隔操作することができるようになりました。

家電を遠隔操作できるスマートリモコンは小さな箱状の機器。設置は簡単で、登録した家電のリモコンをスマートフォンで操作できるようになる

トイレ飾り棚の端に電池式の人感センサーを設置

レンズ部分が360度回転し廊下から玄関まで見渡せるネットワークカメラ

ネットワークカメラは、トイレや玄関が見渡せる廊下と台所にも追加しました。以前からあるリビングと寝室のカメラも、死角ができないように位置や角度を工夫しました。毎日必ず行くトイレには人感センサーをつけて、母が入ったら私のスマートフォンに通知がくるように。少なくとも母が自分で動いていることを確認できます。

**親と離れて暮らしていると、電話に出ないだけで不安になるものです。**母の日常生活はスマートフォンの通知で確認できるし、何かあればすぐにカメラで確認できる。私の精神的ストレスが軽減したのはもちろん、「何が起きているか分からないからとりあえず実家に駆け付ける」ということも減りました。

ＡＩサポートのメリット

## 子どもの言葉に反発する親も、ＡＩには耳を貸す

### 高齢者でも音声で簡単に操作できるＡＩアシスタント

もう１つ、導入してよかったのが、音声で操作できるスマートスピーカーです。当初は「Google Home Mini」を使っていましたが、今はＡｍａｚｏｎのディスプレー付き「Echo Show 5」を使っています。

母は認知機能の低下で、以前は使えていたスマートフォンの操作もできなくなり、ＬＩＮＥのビデオ通話も困難になりました。「Echo Show 5」があれば、私からスマートフォンを通して呼びかけるだけで、自動的に実家の端末の画面に顔が映し出され、ビデオ通話ができます。母は一切の操作が不要なの

で、とても便利です。

スマートスピーカーは、日にちや時間の感覚がなくなってきた母に、その日の予定やするべきことを音声でリマインドもしてくれます。おかげで以前のように、予約日以外の日に通院したり、薬を飲み忘れるということもなくなりました。

高齢者には使いこなせないのでは？　そんな疑問の声も聞きますが、スケジュールの登録やリマインドの設定はすべて私がやっていますし、音声操作も、母は割とすぐに使えるようになり、気に入っているようです。テレビのリモコン操作も難しくなってきた母にとって、声をかけるだけで好きな番組を映し出してくれるのも便利です。「エアコンをつけて」「カーテンを閉めて」「今日の予定は？」「来週の予定は？」など、大事なフレーズは書いて、母がいつも座っているテーブルに貼り付けました。スマートスピーカーを動かしているのは「ＡＩアシスタント」と呼ばれるプログラムですが、母は画面の向こうに人がいてサポートしてくれていると思っているようです。

私が母に「薬は飲んだ？」と聞くと機嫌が悪くなるのに、ＡＩアシスタントに言われる分には、「また注意されちゃったよ（笑）」なんて

Echo Show5

「今週の予定は？」と聞くと音声と画面で教えてくれるEcho Show 5

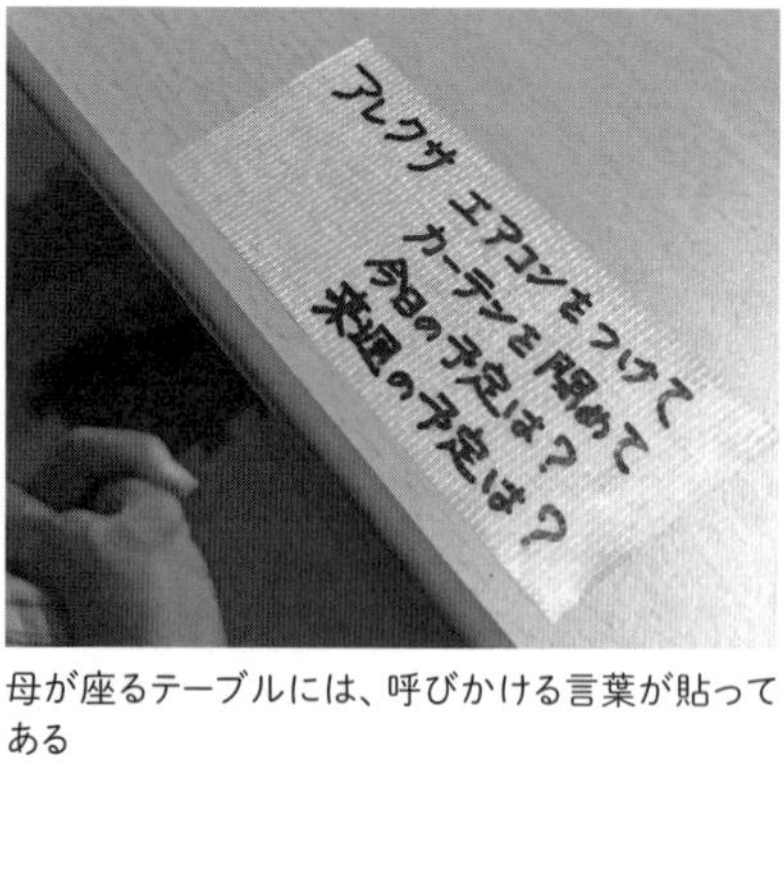

母が座るテーブルには、呼びかける言葉が貼ってある

素直に聞いているのも、ほほ笑ましいです。

一人暮らしで足の悪い母にとって、来客対応や緊急時の玄関の鍵の開閉も問題でしたが、それはスマートドアベルとスマートロックで解決しました。

スマートドアベルは、Ｗｉ－Ｆｉでインターネット接続されたドアフォンで、母がリビングから動かずに来客に対応できます。母が寝ているときなどは、私がスマートフォンから遠隔で来客対応を行うことも可能です。

スマートロックは、スマートフォンから遠隔で鍵の開閉を操作。緊急時に私がスマートフォンから解錠し、介護サービスのスタッフやご近所の方に家の中に入ってもらって母を助けてもらうこともありました。

もし、スマートホーム化による遠隔介護を考えている人がいるのであれば、まずはＡＩアシスタントと、スマートリモコンの導入をおすすめします。

**スマートドアベル**

スマートドアベルで、母がデイサービスに出かけるのを遠隔で見届けることもできる

**スマートロック**

既存の鍵の内側サムターンの上に貼り付けるだけと簡単設置のスマートロック

## 介護だけの人生にしないためにあえて離れて暮らす

スマートホーム化を導入したことで、常に実家の親の様子を気にかけながら緊張状態でいることから抜け出せたのは私にとっても大きなメリットでした。

私は独身でフリーランスですから、実家に同居して介護するという選択ももちろんありました。でもそうしたら、長期にわたる介護生活の始まりです。父の容体が悪いときは横浜の自宅にほとんど帰れず、家賃を払っているだけというときもありました。それでもシェアハウスを引き払わなかったのは、親の介護だけの日常になるのはイヤだったからです。

自分自身の人生も大事にしたい——その砦になってくれたのがシェアハウスでした。親の介護で疲れ切っても、シェアハウスに戻って住人の人たちとたわいもない会話をしているだけで、憂鬱な気持ちも吹き飛びます。

困ったことや泣き言を打ち明ける場として、ＳＮＳの存在も大きかったです。Ｆａｃｅｂｏｏｋでつながっている人たちに助けられたり、励まされたりしたおかげで、ここまでこられたと思っています。

親の介護をしていると追い詰められることも多くて、精神的に落ち込むこともありますが、メンタルが壊れないようにとても気をつけてきました。頑張り過ぎず、積極的に手抜きをする。自分の楽しみにも時間を使う。そうして心のバランスをとることが大事かなと思います。

親の介護に限らず、シングルの私としては、自分の老後への不安がありました。でも、今回、ＩＴを活

和田さんの1週間。平日は遠隔で母の様子を把握

用したスマートホーム化を実践してみたことで、おひとりさまの老後でも、ＩＴをうまく使えば自分らしい老後を過ごせそうだと前向きに考えています。

和田亜希子
（わだ・あきこ）

見守りテックコーディネーター。１９７０年生まれ。早稲田大学政治経済学部卒業。都市銀行、検索エンジンなどを経て２００１年に独立、Ｗｅｂマーケティング支援やＷｅｂサイトの企画・運営を行う。２００７年第5回Ｗｅｂクリエーション・アウォード「Ｗｅｂ人賞」受賞。２０２１年に父親が他界し、一人暮らしとなった母親が転倒を繰り返すようになったため、実家をスマートホーム化しＩＴを活用した見守りを開始する。その取り組みや見守りに役立つ製品を紹介するサイト「見守りテック情報館」を立ち上げ、離れて暮らす高齢の親の見守りについて情報発信やアドバイスなどを行う。

# 4 医療の壁

## 高齢者にとっては、入院することはリスク

佐々木 淳 医療法人社団悠翔会理事長

### 高齢者にとっては、入院することはリスク

「高齢になってからも、何かあったときは入院して治療を受けられれば安心」。皆さんはそんなふうに思っていないでしょうか。

入院治療がうまくいくのは、患者さんに体力があることが前提です。しかし、高齢者の多くは体力が衰え、回復力も低下しています。そのため入院期間が長くなり、退院した後も元気な状態になるのは難しく、徐々に弱っていきます。

入院によって身体機能や認知機能が低下することを入院関連機能障害といいます。**高齢者の場合、元気な人でも10日間入院すると、7年分年を取ったのと同じだけ骨格筋という筋肉が失われる**ともいわれています。

高齢者にとっては、入院そのものがリスクなのです。

ご存じの通り、日本は超高齢社会です。日本では今、年間約43兆円の医療費がかかっていますが、その約半分が70歳以上の高齢者によって消費されています。そして、高齢者の医療費の8割は入院医療費です。

もちろん、脳梗塞や心筋梗塞といった医療費のかかる病気は人生の後半で発症することが多いですし、がんも加齢に伴って累積発症率が上がっていきます。それゆえ年齢とともに医療費がかかるようになるのは仕方がないようにも思えますが、図1のグラフを見ると、90歳、95歳、100歳と医療費は高くなり続けている。95歳の人が心臓のカテーテル治療をするかというとおそらくやりませんし、高額な抗がん剤の治療もやらないでしょう。なぜ、こうした超高齢の年代でも入院医療費が増え続けているのでしょうか。

図1　高齢者医療費の8割が入院医療費

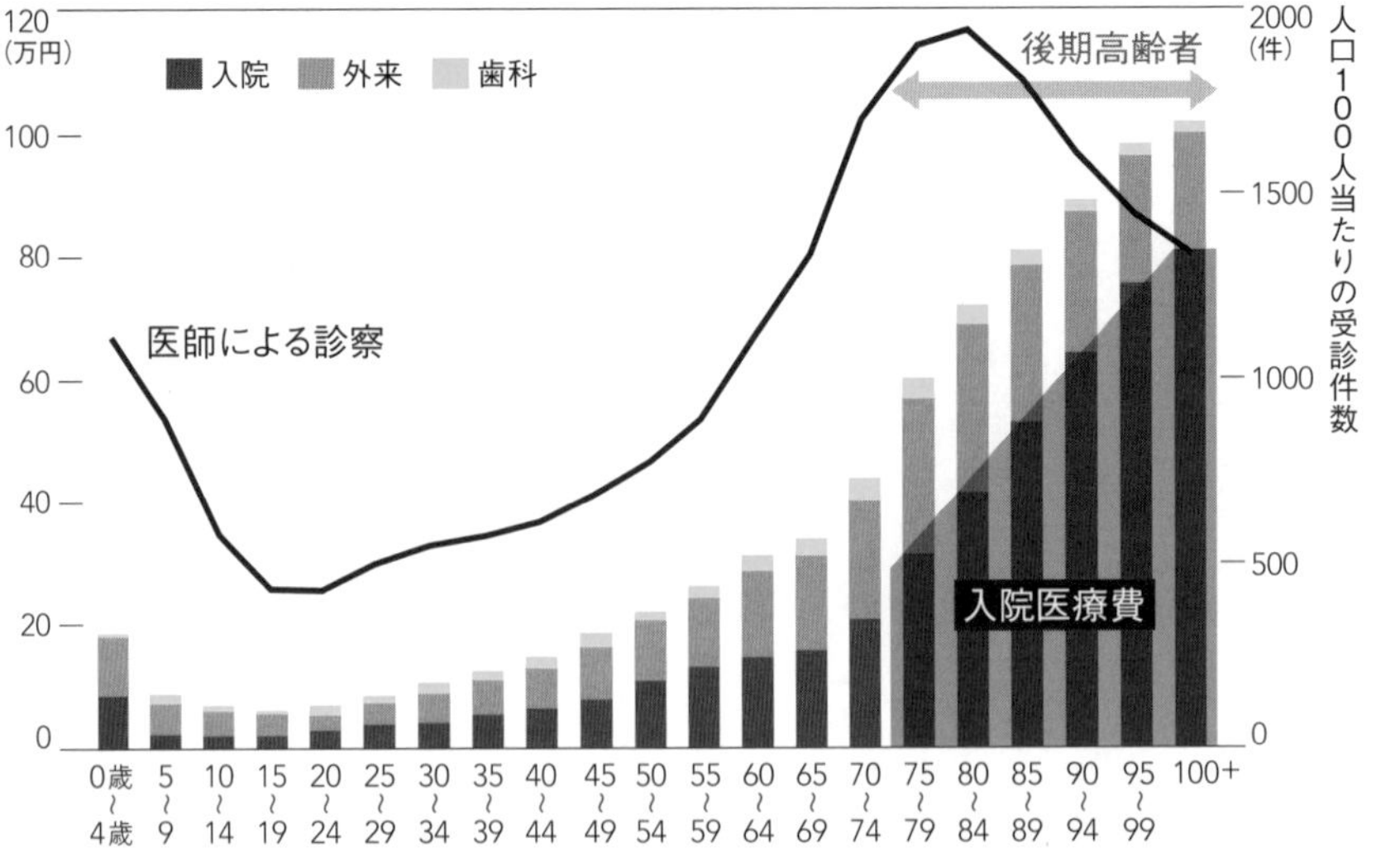


出典：「平成24年度 国民医療費の概況 厚生労働省」より

私たち医療法人社団悠翔会は、首都圏を中心に24拠点で訪問診療を行っています。患者さんの平均年齢は90歳。その人たちについて入院理由を調べてみたところ、全体の約半分が、肺炎と骨折による入院でした。

肺炎で入院した高齢者は約３割が入院中に亡くなり、退院できた人は平均で要介護度が１・７悪化。また、骨折で入院した高齢者も１割弱が合併症で亡くなり、退院できた人も、平均で要介護度が１・５悪化していました。

また、費用面を見てみると、肺炎の平均入院費は１１８万円、骨折は１３０万円です。もちろん高額療養費制度があるので、実際に病院に支払うのは収入に応じて５万円や10万円といった額になりますが、社会全体ではこれぐらいの医療費を負担しているということです。

人生の最後は老衰という穏やかな死に方がいいと願っていても、人は多くの場合、どこかで大きな病気をして、要支援・要介護状態になります。その後もさまざまな病気や事故が起こり、その都度入院して、階段状に体の機能が低下していく。要介護度が上がり、最終的には寝たきりに——。「何かあったら病院へ」という意識で生活していると、どうしてもこういう経過をたどることになります。

## 高齢者の約7割が病院で最期を迎える日本

日本では高齢者の７割が人生の最終段階で救急搬送や入退院を繰り返し、病院で最期を迎えています。病院で亡くなるケースがここまで多い国は世界的に見てもまれで、図２の通り、オランダは３割、スウェーデンは4割ほど。半数以上の人は自宅や施設で亡くなっています。

日本に病院以外で最期を迎えるための環境が整っていないわけではありません。むしろ、**日本の在宅医療や介護保険の仕組みは世界で最も充実しています。**この仕組みをきちんと活用できれば、自宅で最期を迎えることは必ずできます。

なるべく急変せず、なるべく救急搬送されず、なるべく入院しないで、できれば最後まで自宅で過ごす。もし急変したとしても、在宅医療によって自宅で治療できれば、入院を減らすことができるし、入院した場合もなるべく早く家に戻って地域で支援することで、入院による体へのダメージを小さくすることができます。

私たちは診療圏内にお住まいの患者さんを定期的に訪問して健康管理のお手伝いをしていますが、何かあったときは24時間いつでも駆け付けることができますし、電話をもらってから自宅に到着するまでの時間は平均40分

図2 日本では約7割が病院で亡くなる

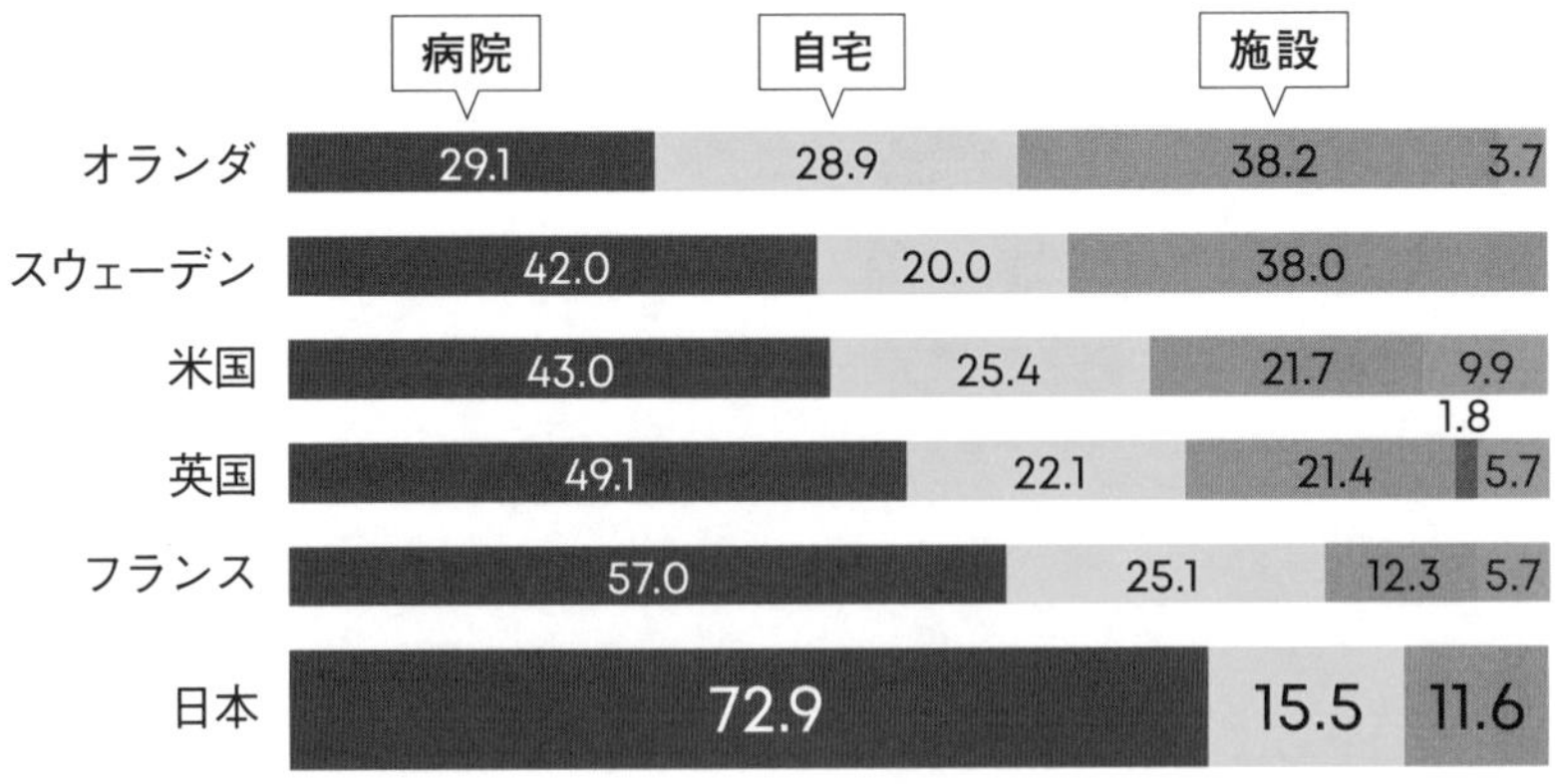


出典：「令和元年 人口動態統計 厚生労働省」より

程度です。救急車は呼べば5分ほどで来てくれますが、そこから病院を探すので、迅速性という意味では、在宅医療の往診は救急医療と比べても遜色はありません。

また、今や急変といわれる病状の9割は自宅で診断できるようになっていて、肺炎の治療や輸血、がんの緩和医療などにも対応しています。

私たちの患者さんは、在宅医療が始まる以前は1年間で平均40日ほど入院していました。それが在宅医療を受けるようになってからは、11日と大きく減っています。入院を減らすことは患者さんの生活の質を高め、医療費の負担を減らすことにもつながります。

住み慣れた我が家でできるだけ長く過ごし、心豊かに人生の最終段階を迎える。そのためには、「年を取る」とはどういうことなのかをきちんと理解しておく必要があります。

## どこまでが「病気」で、どこからが「老化」なのか

生き物には体の機能のピークがあります。人間の場合はそれが30歳といわれていて、そこから次第に体力が衰えていきます。そして、亡くなる10年ほど手前で、先に健康寿命（健康上の問題がない状態で日常生活を送れる期間）が尽きます。大変になるのはその後の生活です。

60代～70代では要介護の人は少ないですが、80代～90代になると、2人に1人が要介護状態になります。認知症も同様で、85歳～95歳の人口集団で見ると、2人に1人が認知症です。でも、残りの人もほぼ全員が、軽度認知障害（ＭＣＩ）という状態です。

体の機能が年齢と共に弱っていくのは自然なこと。そう考えると、要介護も認知症も老化に伴う現象であり、治すべき病気や障害とは少し違うのではないでしょうか。

他にも、例えば神経伝達速度は、30歳と80歳では2割低下します。心臓の機能も4割低下。呼吸機能は6～8割、腎臓に至っては8割低下します。腎臓の機能が2割しか残っていないという事実だけを見れば腎不全という診断になるかもしれませんが、年齢や、そこに至る経過を踏まえると「これは病気というより『もうそういう年だね』ということでは？」という考え方もできるんですよね。30歳の人と80歳の人とでは、「腎機能が2割」の意味合いが違ってくる。

**高齢者にとって、どこまでが「病気」でどこからが「老化」なのか。この視点がないと、命が尽きる最後の最後まで治療しましょうということになってしまいます。**

## 5種類以上の薬を飲むと転倒のリスクが上がる

年齢に伴う体の機能の低下に一つひとつ病名をつけて治療をしていると、例えば90歳になると、飲んでいる薬は20種類近くになります。これだけの量の薬を飲んだ高齢者に何が起きるか。おそらく転倒したり、誤嚥《ごえん》から窒息を起こしたりするでしょう。

**高齢者の転倒の約4割は薬が関係しているといわれていて、飲んでいる薬の数が5種類を超えると、転倒のリスクが有意に上がることが分かっています。**ちなみに、海外では高齢者に5種類以上の薬を飲ませないようにすることが一般的ですが、日本の基準は「10種類を超えないように」です。

「でも、お年寄りの薬は5種類じゃ済まないですよ。うちのおじいちゃんだって、血圧も血糖も高いし、不眠症や骨粗しょう症、それに便秘もある。これだけでもう5種類いっちゃいます」。そんな声が聞こえてきそうです。そこは、「本当にそれは病気として治療しなければいけないものですか？」ということを考えたほうがいいのです。

例えば図3のグラフは、フランスとイタリアの老人ホームに入居している80歳以上の要介護の高齢者について、血圧をきちんと治療している人と、治療しないで血圧が高めの人を比較したデータです。血圧を治療した人たちのほうが、実は死亡率が高くなるという結果が出ました。

若い人の血圧は、きちんと正常値になるよう治療したほうが死亡のリスクが下がることが分かっていますが、要介護の高齢者の場合は、高い血圧を放置した人よりも、きちんと治療した人のほうが死亡率が高いというんです。コレステロールの治療薬についても、同じような調査結果が出ています。

**図3** 2種類以上の降圧剤で死亡率が上がる

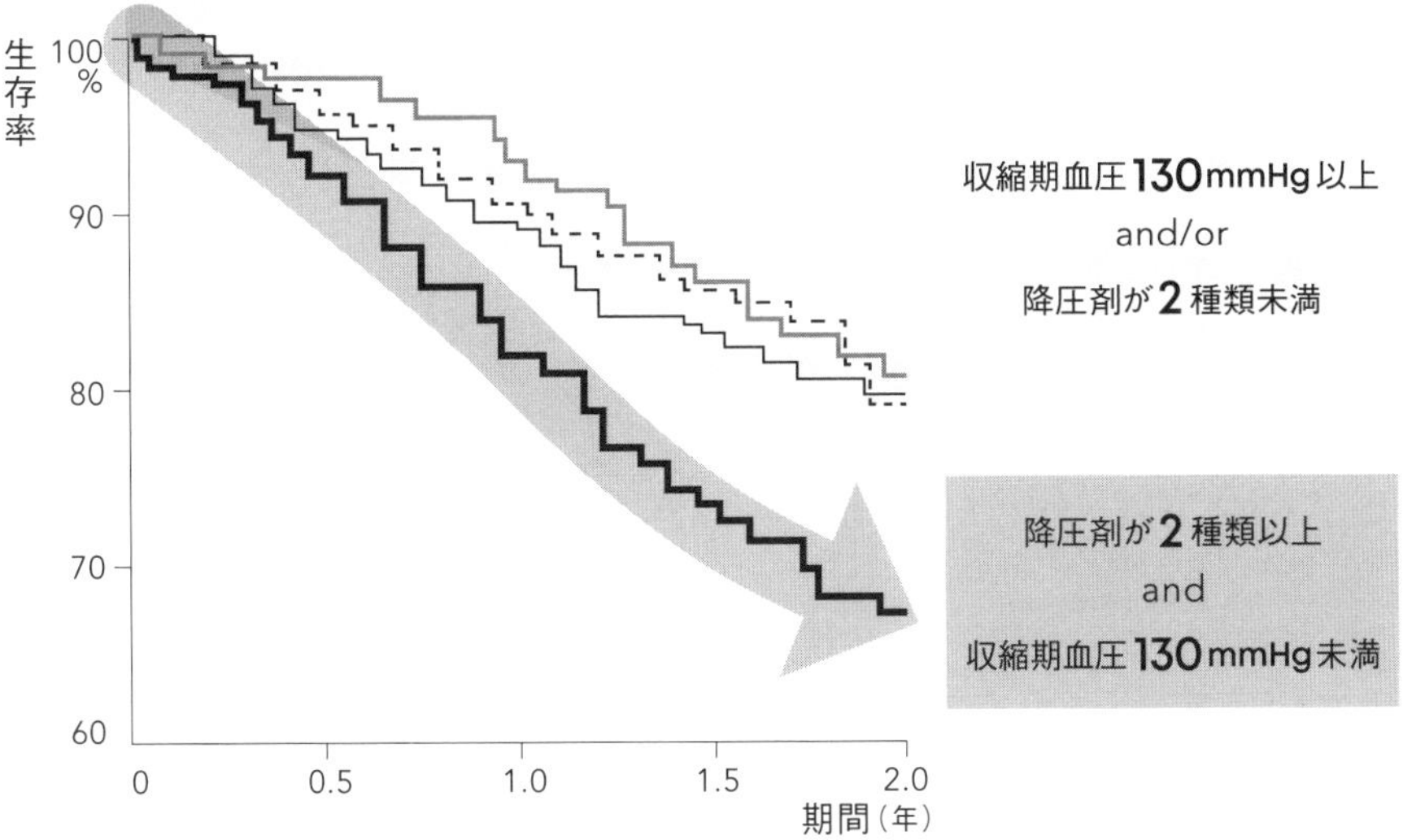


出典：Taro Kojima,High risk of adverse drug reactions in elderly patients taking six or more drugs: analysis of inpatient database Geriatr Gerontol Int. 2012 Oct;12(4):761-2. doi: 10.1111/j.1447-0594.2012.00868.x.

年を取ったら、誰もが動脈硬化になっていきます。血圧や血糖を下げても、その先の予後はあまり変わらないことも分かってきました。むしろ、加齢によって体は小さくなるために薬の副作用が出やすく、服薬によって死亡のリスクは高くなります。

高齢者が飲んでいる薬の1つひとつを見つめて、この薬を飲むことのメリットとデメリット、どちらのほうが大きいのかを考えたときに、本当に必要な薬を選んでいくと3種類から5種類くらいになるのではないか。これが、16年間高齢者ばかりを診てきた私の印象です。**病気を1つずつきちんと治療するということではなく、「たくさんの病気を持ったその人」を診てくれる。**そういうお医者さんを地域に見つけていくことが大事なのだと思います。

## 高齢者に「食べ過ぎや塩分の取り過ぎはダメ」は大間違い！

もう1つ、若い人と高齢者とでは「当たり前」が異なるものがあります。

**多くの人が、「カロリーや塩分、糖分の取り過ぎは禁物！」と考えていると思いますが、高齢者の場合、これは大きな間違いです。**実は高齢者の多くは、もともと栄養状態が悪い。私たちが調べた結果、高齢者の9割は低栄養状態で、栄養が足りていないのです。その結果、筋肉量が減り、運動機能が低下。誤嚥性肺炎が起こりやすくなったり、転倒して骨折しやすくなったりします。

肺炎や骨折で寝ている時間が長くなれば、褥瘡《じょくそう》ができたり、尿路感染を起こしたりします。認知症の進行も加速することがあります。低栄養は高齢者にとって大変なリスクなのです。

私たちはこれまでずっと、太っちゃダメ、食べ過ぎちゃダメ、血圧や血糖を下げなきゃダメと信じてきましたが、それは、健康寿命を延ばすのに必要な若い世代の栄養ケアです。健康を守る上での留意点が、若く健康な世代と高齢世代とでは大きく変わっていくという意識改革ができないと、皆さんの大切なご両親やおじいちゃん、おばあちゃんの衰弱を早めてしまうことにもなりかねないのです。

高齢者には、まずしっかりと食べて体重を増やしてもらう。オーガニックだとか玄米だとかにこだわる必要はないし、カロリーとタンパク質をしっかり取ってもらうことが何より重要ですから、ハンバーガーだって牛丼だっていいんです。そして、血圧や血糖やコレステロールは下げ過ぎないほうがいいし、薬はできるだけ少ないほうがいいでしょう。

## 限りある「最後の時間」をその人らしく過ごすために

人生の最終段階が近づくと、ここから先はどんなに周囲がうまく関わっても、どんなに高度な医療を提供しても、残された時間はそんなに変わらないという時がやってきます。この時期を「みとり」といいます。人生はよく山に例えられますが、最後の下山ということになりますね。限りある時間の中で、どうすれば納得できる最期を迎えることができるのか。

まずはその状況を受容することが大事だと思います。

最後の最後まで治療しようと頑張ると、大切な時間や体力、お金を、治らないのに入院して治療するために使ってしまうことになったりします。治らない現実を受け入れることは、決して「諦めなさい」ということではありません。むしろ逆で、残された時間を自分の優先順位で自由に使うことができるようになります。

「今はこういう状況だからこの治療ができます」とお医者さんの勧めに従ってただひたすらに治療していくのは、「生きる」ということにはなりません。医療を受けるか受けないかも含めて、本人が判断し、家族と一緒に考える。どんなふうに山を下りたいのかあらかじめ分かっていれば、サポートする側も準備ができます。

- **治療は可能か**
- **本人はどう思っているのか**
- **治療によって人生や生活は改善するか**
- **家族や周囲はどう思っているか**

この4つのファクターを考えた上で、本人、家族、医師や介護職が一緒に、その人にとっての最適な選択を話し合う。これをShared Decision Makingといいます。本人が意思表示できるうちにやっておくことがとても重要で、なおかつ1回やったら終わりではありません。状況が変われば、少しずつ人の気持ちも変わっていくものです。

必ずしも医師が同席する必要はありませんので、帰省のタイミングなど、折に触れて「お父さんはこれから先、どんなふうに生きていきたいの？」「やっておきたいことは？」といった対話を重ねていく。そうすることで、本人の価値観や人生観、優先順位や判断基準を周囲が理解できるようになり、本人が意思表示できなくなったとしても、本人が納得できる状況判断を代わりにすることができます。

体の機能が低下しても生活が継続できるようにしていくことは医療やケアの大事な役割ですが、これがすべてではありません。大事なのは、最後までその人らしく生きてもらうことです。人生の最後の下り坂は、病院に行っても何ともなりません。だからこそ、医療やケアでサポートし、何かが起こらないよう、何かが起こったとしても自宅で過ごせるようにする。そうすれば、多くの人が自宅で旅立っていくことができるようになると思います。

佐々木 淳
（ささき・じゅん）

１９９８年、筑波大学医学専門学群卒業。三井記念病院内科・消化器内科、東京大学医学部附属病院等の勤務を経て、２００６年に１つ目の在宅療養支援診察所を開設。２００８年に医療法人社団悠翔会と改称、理事長就任。在宅医療に特化した医療法人として、「機能強化型在宅療養支援診療所」を首都圏を中心に24拠点展開。約８０００人の在宅患者の診療・サポートを実施している。

# 5 介護する側の心の壁

## 介護うつにならないために

橋中今日子　介護者メンタルケア協会代表

### 介護うつは「自力で頑張るのは限界」だと知らせるサイン

家族の介護を一生懸命頑張って、気付かないうちにうつになってしまうというケース、少なくないようです。どのように追い詰められていくのか、どう対処すればいいのか、自身も40年以上介護を続けてきたという介護者メンタルケア協会代表の橋中今日子さんに話を聞きました。

（聞き手　小島潤子）

### 日常に追われ、自分に向き合う余裕もなく追い詰められる

**――橋中さん自身も若い頃から家族を世話するヤングケアラーだったそうですね。**

**橋中今日子さん（以下、橋中）**　はい、母が知的障害を持つ弟の療育と親戚とのあつれきで心を病んでし

まったんです。中学生の頃には父が進行性のがんを患い、母はうつからアルコール依存症になりました。母が父の看病を頑張り、父の病状が落ち着くと今度は母が調子を崩すという具合で、常に誰かが調子が悪い。私が大学を出る前に父が亡くなり、その後は母と高齢の祖母と弟を一人でサポートしてきました。

　２０１６年に母をみとり、19年に祖母をみとり、今は弟の生活を手助けしながら一緒に暮らしています。物心ついてからずっと介護を続けてきたというわけです。

**――それは大変ですね。介護うつも経験したのですか?**

**橋中**　はい。ただ、介護者の多くがそうだと思いますが、私も病院に行ってうつの診断を受けたり治療を受けたりしなかったので、抑うつ傾向の状態を経験したとしか言いようがないのですが……。**介護をしていると日々トラブルが多過ぎて、病院に行く余裕がない。自分の状態に向き合う余裕もなく追い詰められていく**のです。

　最初に「私ダメだ、おかしくなっている」と思ったのは、理学療法士として働き始めてから、母が寝たきりで祖母が認知症になり、家事と仕事と介護をやっていた頃でした。介護の負担が重い状況が1年くらい続いた頃、母を怒鳴ることが増えていました。母は要介護5で身体障害者。四肢にまひがある状態で、自分で身の回りのことをするのは無理なのですが、**そんな母に「何でこんなこともできないの」と、私は怒鳴り続けていたんです。**

　あるとき、皆を寝かせた後に、気付いたら私は壁に頭をゴンゴンと打ち付けていました。はっと気付いて「ヤバい!」と思いました。

綱渡りのように家事と介護をして職場に行くのですが、遅刻が増えていきます。朝から誰かが熱を出したり祖母が転んだりというトラブルも原因でしたが、私のパフォーマンス自体が下がっていました。結果、「働き方の悪い職員」になっていったんです。**ついに上司から「これ以上続くなら皆に迷惑がかかるから辞めてくれ」と言われました。**

## 「どうしてほしいか言ってもらわないと分からないよ」

**――職場からはサポートをもらえなかったのでしょうか？**

**橋中**　介護をしていることは話していました。でも自分が追い詰められている自覚が低かった。**苦しいと言うのは甘えだとも思っていました。**当時、入院から在宅に戻る患者を支援するための病院に勤めていたのですが、そんな仕事をしていても職員が介護する立場になったとき、どうやって支援したらよいか分からないことにも気づきました。

私も周りに助けを求めているつもりで「助けて」と言えず、上司も同僚も助けようがなかったんです。そのすれ違いの中で私は「どうして助けてくれないの？」と怒っていました。そんな中上司に**「大変なのは分かるけど具体的にどうしたらいいか言ってもらわないと分からない」**と言われたんです。「家族3人を一人で介護している。仕事を辞めたらお金に困る」と、それまで言えなかったことを言えて、初めて上司も理解をしてくれました。

介護中はトラブルが続いて起こるものなんです。退院してきたと思ったら肺炎を起こす、転倒する。

**最初は優しい職場の人たちも、度重なると「またか」となる。**失敗が続くと自分の責任だと思って人に相談できずにさらに沈み込むのです。

私はたまたま心理学を学んでいて、カウンセリングを受けて自分を客観視することができたので、トラブルになってようやく「うまくいっていない、自分は調子が悪い」と気づけたと思います。

**――調子が悪いときにはどのような自覚症状がありましたか？**

**橋中**　今振り返ると、**うつや燃え尽き症候群の身体的な症状**がいくつかありました。手の細かい動きができずに包丁で手を切ったり、お皿をよく割ったりしました。車を運転中に壁などにこする、スケジュール管理ができなくなる、物忘れするということもあります。連続睡眠が1日平均2～3時間しか取れず、4時間眠れたらいいほう。慢性的な睡眠不足が何年も続いていました。

**図1**　余裕がないときの思考（バイアス）パターン

**1. 全か無か（白黒）思考**
- 「仕事を辞めるしかない」
- 「施設入居は家族を見捨てること」
- 「お金がないから、施設は……」

**2. 読心バイアス**
- 「迷惑だと思われてる」
- 「面倒な人だと思われてる」

**3. 否定的予言、ラベリング**
- 「どうせうまくいかない」
- 「ケアマネはあてにならない」

**4. 確証型バイアス**
- 「誰も助けてくれない」
- 「私をばかにしている」
- 「あの人はいつもそう！」

**5. 過小評価バイアス**
- 「大したことしていない」
- 「もっと頑張らなきゃ」

こんな言葉が
頭に浮かんだら、
もう追い詰められているかも

出典：介護者メンタルケア協会

精神的には「誰も分かってくれない」という疎外感、孤立感がありました。周りの人に頼れない心理状態に追い詰められていきました。

思考がこのように狭まっているときは、周りは敵だらけに見えて助けを求めにくくなります。図1にあるような思考が出ているときはレッドカード。すでに追い詰められているサインです。

イライラしたり、怒鳴ったり、人に優しくできないときは自分が休むとき。「介護うつにならないでおこう」と思っても無理なので、早く気付いて軽いうちに対処することです。

## うつは、エネルギーが尽きたという体のサイン

**――どのような対処が考えられますか？**

**橋中**　**まずは睡眠を取る、一人の時間をつくる、ちゃんと食事をするなど「自分のための時間」を確保することが大切**です。運動したり、瞑想《めいそう》をしたり、友人と会ったり。でも、そういったことは介護する人が最初に自分から取り上げるもの。ショートステイやヘルパーなどの介護サービスを使って自分のための時間を確保してほしいです。

もし眠れない、中途覚醒が続くなどの睡眠の問題や、食欲不振、体重の大幅な増減が起きているときは、迷わず心療内科に相談してください。

人は頑張る闘争モード（交感神経優位）にいるときは困難に立ち向かってアドレナリンが出ている状態です。目的を達成したら休息したり、気の置けない人と過ごして休息モード（副交感神経優位）に移行

しながら通常モード（副交感神経、交感神経のバランスが取れている状態）へと自律神経の調整が行われています。でも介護はトラブルの連続ですから、闘争モードが長期間続きます。これは車の運転に例えるとずっとアクセルを踏み込んでいる状態ですから、燃料切れするのは当然です。

うつはエネルギーが枯渇して「もう無理」という体のサイン。**命を守るための強制終了のようなもの。**緊急避難のサインなんです。自分を責めずに「人に頼るとき。今までのやり方を変える必要がある」というサインだと受け止めてほしい。

介護サービスや制度を使ってもすべての問題を解決できないかもしれませんが、一人で背負うのは無理です。環境も、心や体のケアも、周りの人の助けを借りて整えてください。



図2 うまく休息を取り入れないとフリーズしてしまう

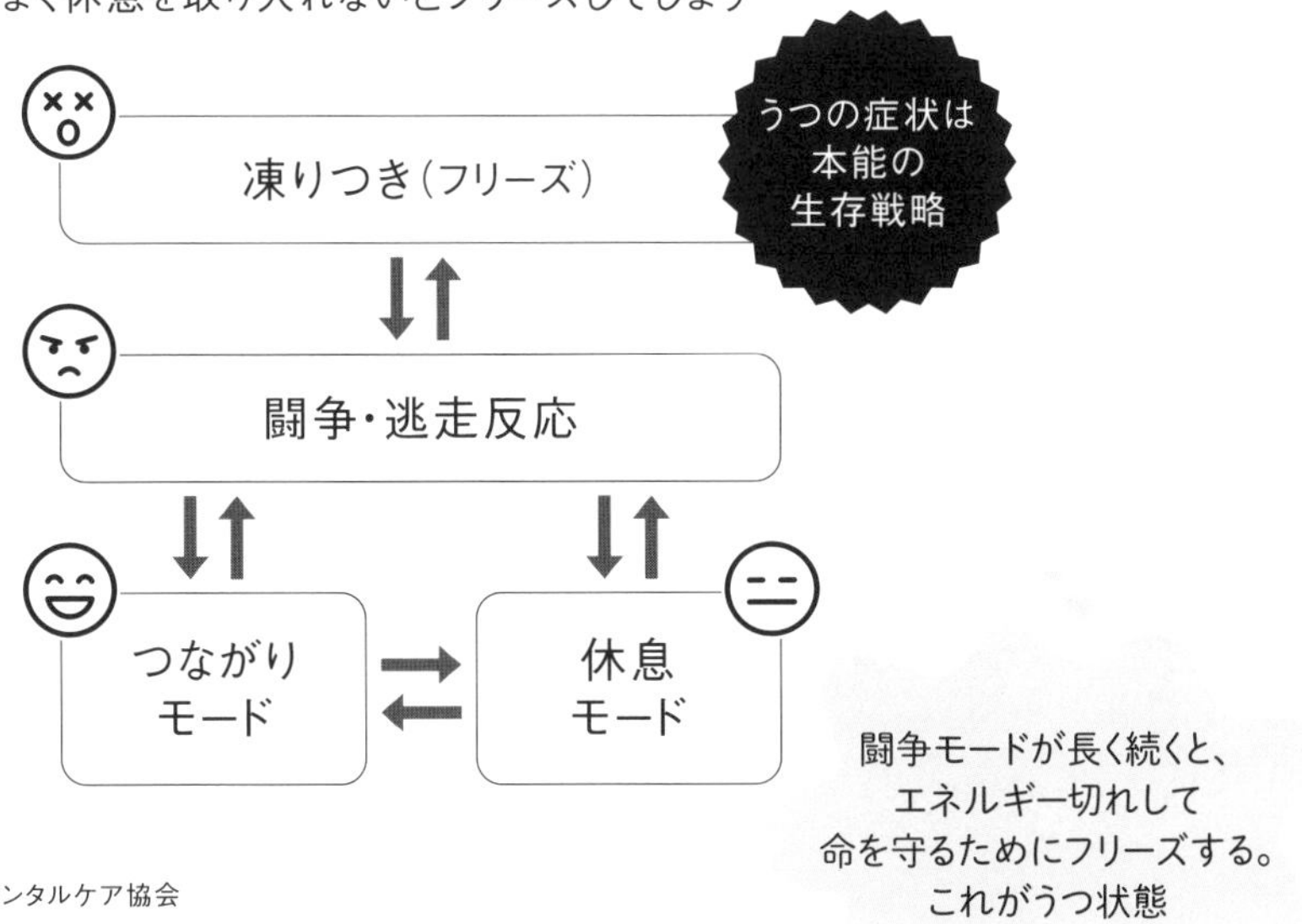


出典：介護者メンタルケア協会

## 介護と仕事は同時進行より集中する時期を分けて

**――介護は終わりが見えないからつらいと聞きます。**

**橋中**　**介護は先が見えないといわれますが、みとりをゴールにするのでなく、短期ゴールを設定するといいです。**例えば入院していたら退院がゴール、介護のスタッフとスムーズにやりとりできるようになるのがゴール、という具合に小さな達成を積み上げていくことで先行きの見通しの立たない漠然とした不安を解消できます。

**介護と仕事の両立は、両方同じ熱量で同時進行するより、うまく時期をずらして回せるかどうか。**「介護休業」は合計93日間休みが取れて分割利用もできますし、働く時間を調整できる「介護のための所定労働時間短縮等措置」は利用開始日から3年間利用できます。これらの制度が利用できる期間を生かして、施設の利用も検討しながら介護環境を整えていく必要があります。

## 努力で成果を出してきた人ほど人に頼れない

**――人に相談できないのはなぜなのでしょうか。**

**橋中**　原因は3つあります。1つは迷惑をかけたくないという気持ちから。もう1つは、助けを求めても、期待する反応が得られなかった経験から。3つ目は、「うまくいっていない状況」を認めたくない。頑張れば状況は変えられると思いたいから。**頑張り屋さんで、努力して成果を出してきた人ほど自分で**

**何とかしたいと思う。**頑張り過ぎる人ほど援助を受ける力「受援力」がない印象があります。人に頼むより自分でやったほうが早いと思う。

スティーブン・R・コヴィー博士も著書『7つの習慣』（キングベアー出版）で書いていますが、自立の上には「相互依存」があります。それぞれが自立している状態でお互いに助け合うこと。自立より相互依存のほうがレベルの高い作業なのです。助けを求めても、すぐには期待するような反応や結果は得られません。筋トレと同じように、結果が出るまでには小さなチャレンジの積み重ねが必要です。

「こんなこと人に言えない」と思ったことこそ相談すべき内容です。少し自分に向き合う時間を取って、5分でもいいから自分の気持ちを書き出すことをお勧めします。

うつになると自分を責める人もいます。焦りや罪悪感で苦しんでいる人も多いです。でもそれは違います。**もう一人で頑張らなくていい、周りの人へ助けを求める時期を教えてくれるサインとして受け取りましょう。まずは自分が自分の味方になること。これまで後回しにしてきた自分のケアを優先してください。**「うつはチャンスに変えられる」。これぐらいの気持ちで、自分に優しく向き合えるといいですね。

橋中今日子
（はしなか・きょうこ）

介護者メンタルケア協会代表。理学療法士、公認心理師。認知症の祖母、重度身体障害の母、知的障害の弟の3人を介護しながら、リハビリの専門家として14年間病院に勤務。著書に『がんばらない介護』（ダイヤモンド社）。介護の心が軽くなる無料メルマガ「介護に疲れたとき、心が軽くなるヒント」を配信中。

おわりに

# 大介護時代がやってきた！ なぜ今、仕事と介護の両立について考える必要があるのか

この本を手にしている皆さんは、すでにお気づきだと思いますが、今や介護は個人の問題ではなく、社会全体の大きな課題となっています。

２０２２年10月１日時点の日本の総人口は１億２４９５万人、そのうち65歳以上の「高齢者」の人口は３６２４万人、高齢化率は29・0％となりました。また、75歳以上の「後期高齢者」は１９３６万人、総人口に占める割合は15・5％に達しています。

日本全体の人口が減っているのは皆さんご存じのとおりです。２０２３年４月に国立社会保障・人口問題研究所が公表した「日本の将来推計人口」での中位推計によると、２０７０年の日本の人口は８７００万人。つまり１９５０年代と同様の人口規模になると予想されています。

**図1**　高齢化の推移と将来推計

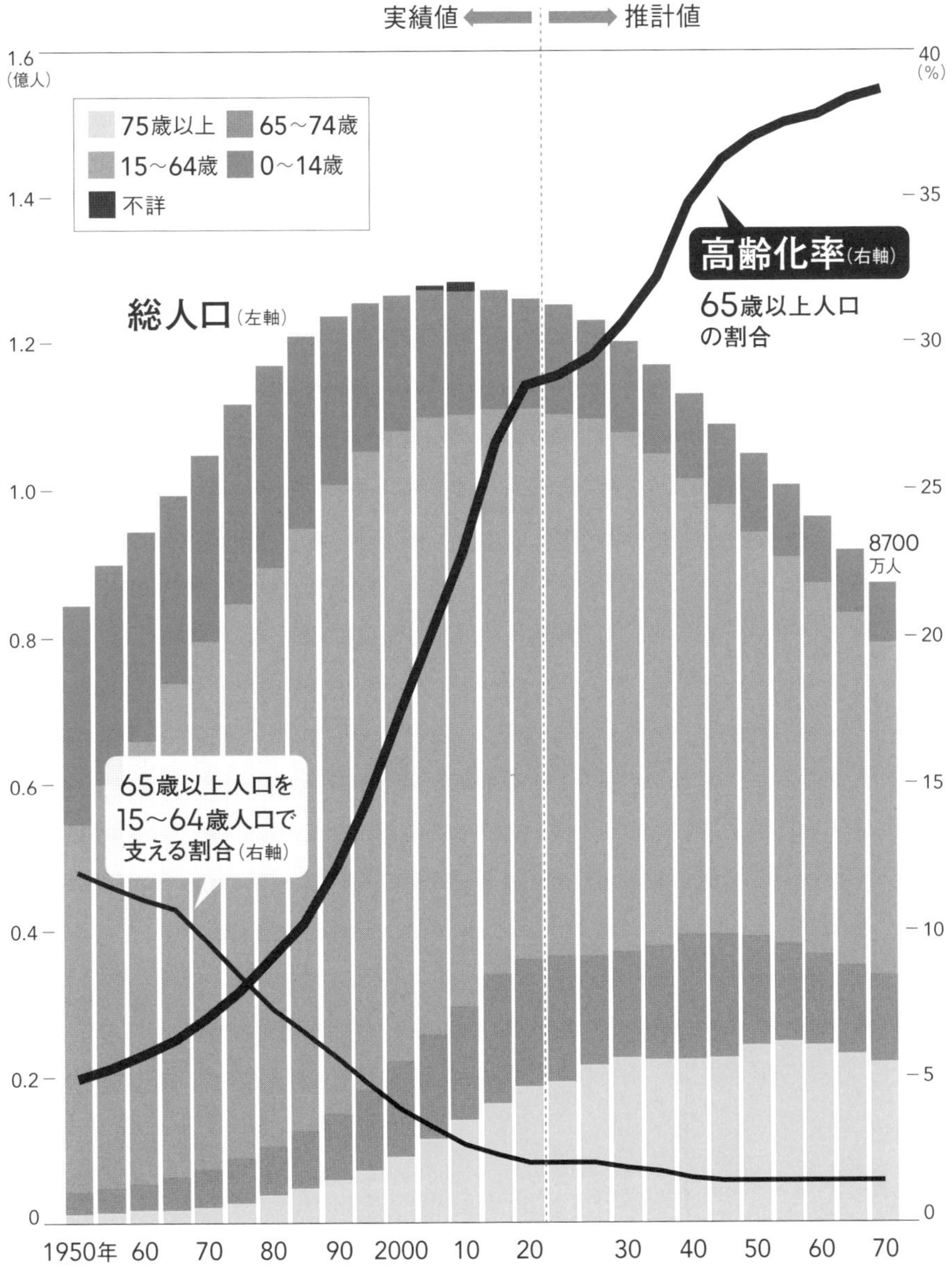


出典：内閣府「令和4年版高齢社会白書」

## 高齢人口の増加と生産年齢人口の減少がもたらす「大介護時代」の到来

人口規模は同じでも、２０７０年と１９５０年代とでは決定的に異なる点があります。それは、高齢者の割合です。１９５０年では高齢化率は４・９％でしたが、２０７０年には38・７％になる見込みです。つまり１９５０年には65歳以上の高齢者１人を生産年齢人口（15〜64歳）12・１人で支えていたのが、２０７０年には１・３人で支えることになると予想されています。

ずいぶん先の話をしているようですが、２０２３年現在、私たちはすでに2人で１人の高齢者を支えているのです。

「最近の高齢者は元気だ」と言われますが、医学的には、人間は75歳を超えると自立した日常生活を送ることが困難になっていくことが知られています。

生命保険文化センターによれば、75〜79歳の12・1％、80〜84歳の25・８％、85歳以上では半数以上の59・８％が自立した生活を送ることが難しく、何らかの介護を必要としています*1。高齢化が進むということは、介護を必要とする人が増えるということです。**まさに、国民全体が介護の問題とは無関係でいられなくなる、「大介護時代」が始まった**といえます。

## ビジネスパーソンも介護とは無縁でいられない

図2は、同居家族の中に要介護者がいる場合、「主たる介護者」の役割を果たしている続柄ごとの割合

*1 生命保険文化センター,『介護や支援が必要な人の割合はどれくらい?』, リスクに備えるための生活設計

を見たものです。

２００１年時点では配偶者、つまり夫が要介護なら妻、妻が要介護なら夫が介護にあたる**「老老介護」**が最も多く、次に「子の配偶者」つまり多くの場合息子の妻が介護にあたる**「嫁介護」**が続きました。ところが、嫁介護は急激に減少し、２０１９年には15%を下回っています。その代わり増えているのが、**実子による介護**です。

そもそも共働きが増え専業主婦が減っていることに加え、結婚をしない選択をする人も増えています。仮に息子の妻が専業主婦だったとしても、子世代は親世代と比べてきょうだいの数が少ないため、妻は、自身の両親の介護が発生したらそちらに手をとられることが予想されます。そうなれば、「自分の親は実の子が担当」という分担が生まれるのは自然な流れと言えるでしょう。

加えて、嫁介護の減少に伴い、「老老介護」が引き続き増えている点にも注目しておきたいと思います。

老老介護においては、介護をする側も高齢であるため、

**図2** 同居介護の場合の「主たる介護者」経年推移

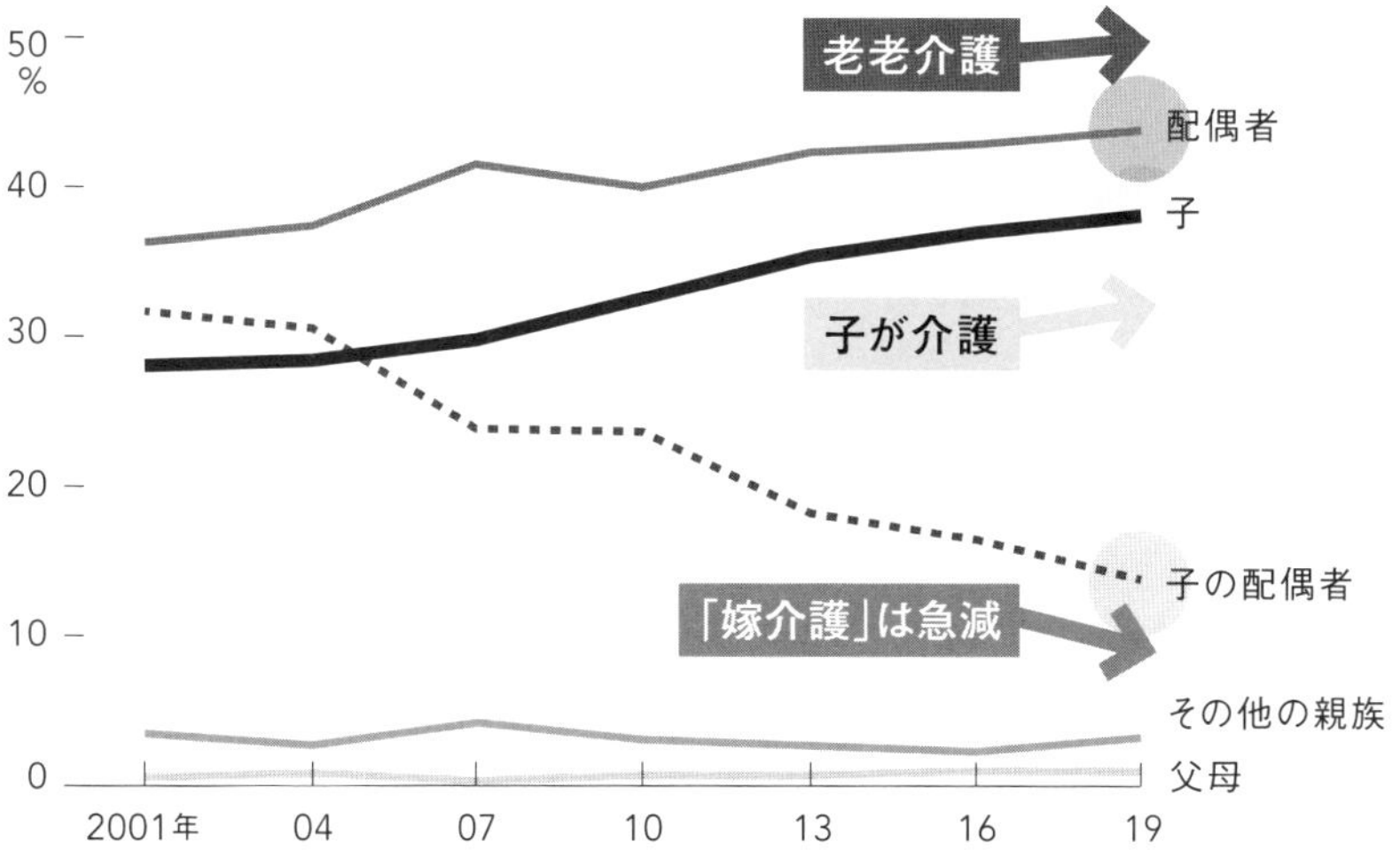


資料：厚生労働省「国民生活基礎調査」よりリクシス作成

介護の身体的・精神的・金銭的な負担に耐えきれず、自分自身もまた介護を必要とする状態になりやすいといわれています。在宅で介護をする人の約25％がメンタルに不調をきたすという統計もあります*2。

もちろん、老老介護が成立している間は、その子どもには介護の負担は（直接的には）かかりません。しかし、老老介護の結果として、介護者側が限界に達してしまうと、ある日突然、両親２人の介護が子どもに降りかかってくることになります。**老老介護は、その子どもにとっては「時限爆弾」のようなもの**とも言えるでしょう。

## ３年後には働く人の約半数が介護をしている？

実際、仕事をしながら介護をする「ビジネスケアラー」の数は、急速に増加しつつあります。

２０２２年11月時点での、リクシスが提供する仕事と介護の両立支援クラウド「ＬＣＡＴ」利用者３万

図3　全従業員の両立ステータス別構成割合

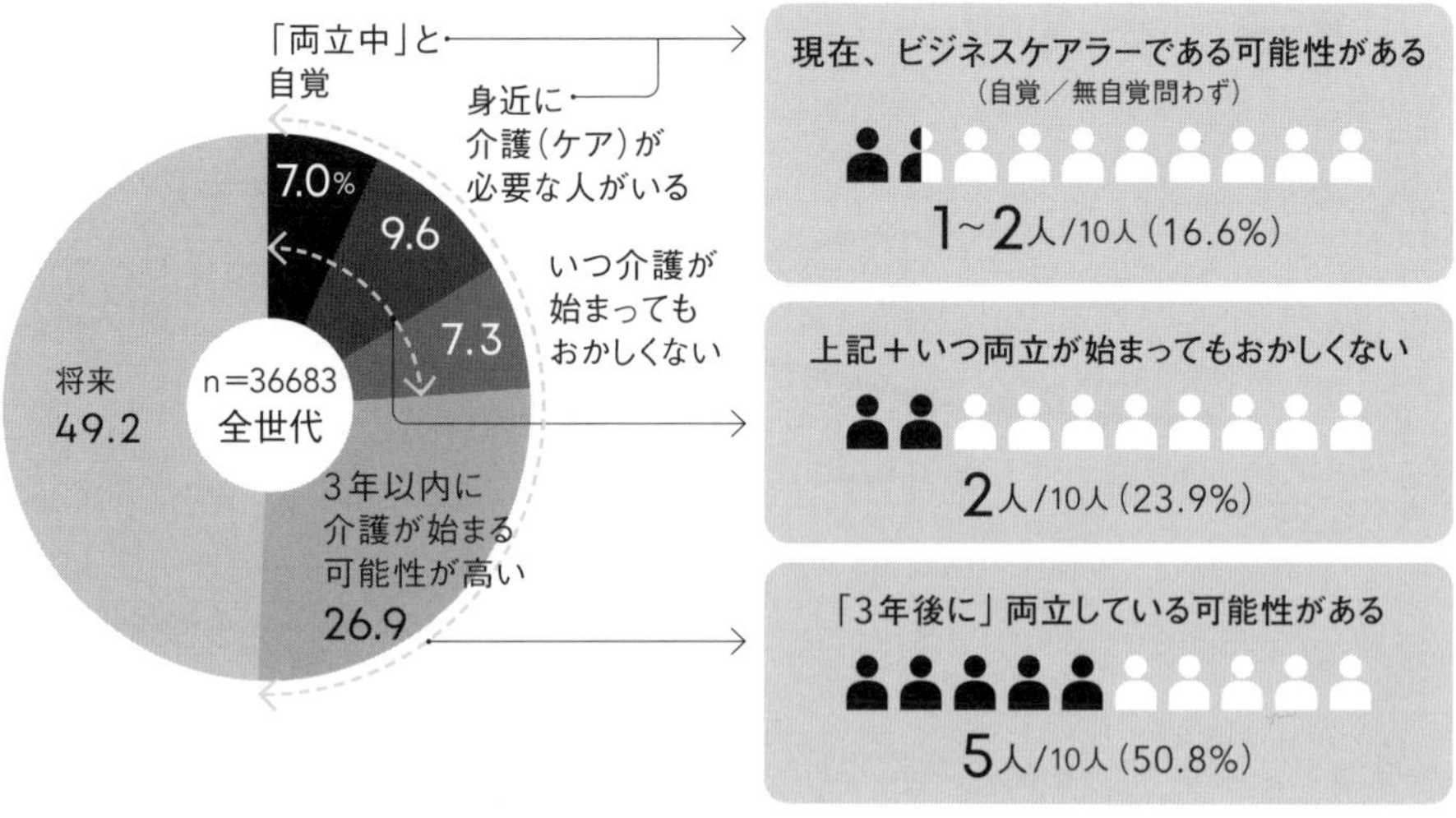


*2 町田いづみ, 保坂隆, 2006年,『高齢化社会における在宅介護者の現状と問題点--8486人の介護者自身の身体的健康感を中心に』, 訪問看護と介護 11 (7), 686-693

６６８３人の分析からは、自覚・無自覚を問わず、仕事と介護の両立が始まっているビジネスパーソンは、全体の16・6％に達しています。

また、「今は介護はしていないが、今後3年以内には介護が始まる可能性が高い」と認識しているビジネスパーソンは26・9％に及びます。「すでに介護が始まっている、もしくは、自分に介護の問題が3年以内に起きると感じている」ビジネスパーソンの割合は、全体の50・8％と半数を超えます。

## 国も動き出した「仕事と介護の両立」問題を抱えるビジネスケアラー支援

これまで、介護のような家庭内の課題は、ビジネスパーソンが担い手になるケースは少ないように思われてきました。ところが、前述の通り、少子高齢化の影響によって、少数の子ども世代が多数の親世代を支えるようになった今、多くのビジネスパーソンにとって、介護の問題に直面することは避けられません。

２０２３年3月には経済産業省の産業構造審議会で、仕事と介護の両立問題が取り上げられました。30年には、**家族介護者のうち約4割（約３１８万人）が働きながら介護をする「ビジネスケアラー」になる**と予想されています。その結果、仕事と介護の両立の困難で労働生産性が失われ、その**経済損失額は、約9・2兆円に及ぶとの分析結果が報告されました。**

２０２３年の国の政策の基本方針「経済財政運営と改革の基本方針２０２３（骨太方針２０２３）」でも、「新しい資本主義の加速」を進めるための「多様な働き方の推進」として、ビジネスケアラーの増大

## 図4　高齢化の進行に伴う介護者負担の増大

高齢化の進行に伴い、日本全体でビジネスケアラー（仕事をしながら家族等の介護に従事する者）の数が増加。**介護離職者は毎年約10万人であり、2030年には、家族介護者のうち約4割（約318万人）がビジネスケアラーになる見込み。**

仕事と介護に関する問題の顕在化が進むと予想される中、**2030年には経済損失が約9.2兆円となる見込み。**内訳を見ると、**仕事と介護の両立困難による労働生産性損失が占める割合が極めて大きい。**

●家族介護者・ビジネスケアラー・介護離職者の人数の推移

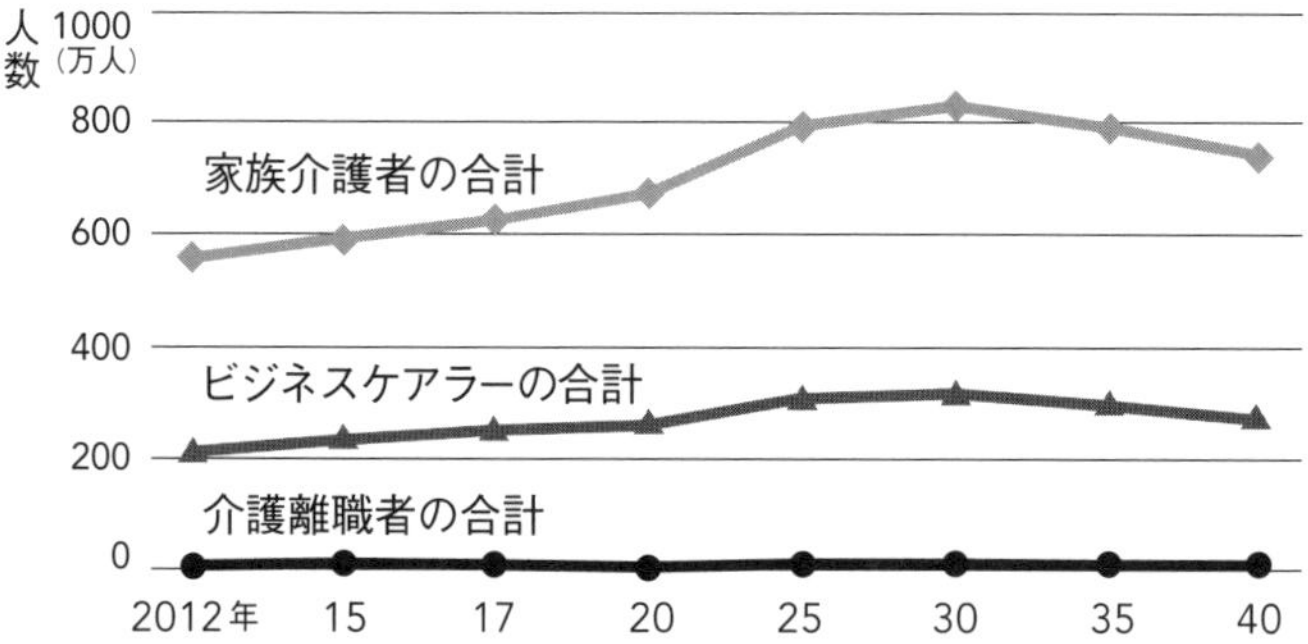


● 2030年における経済損失の推計

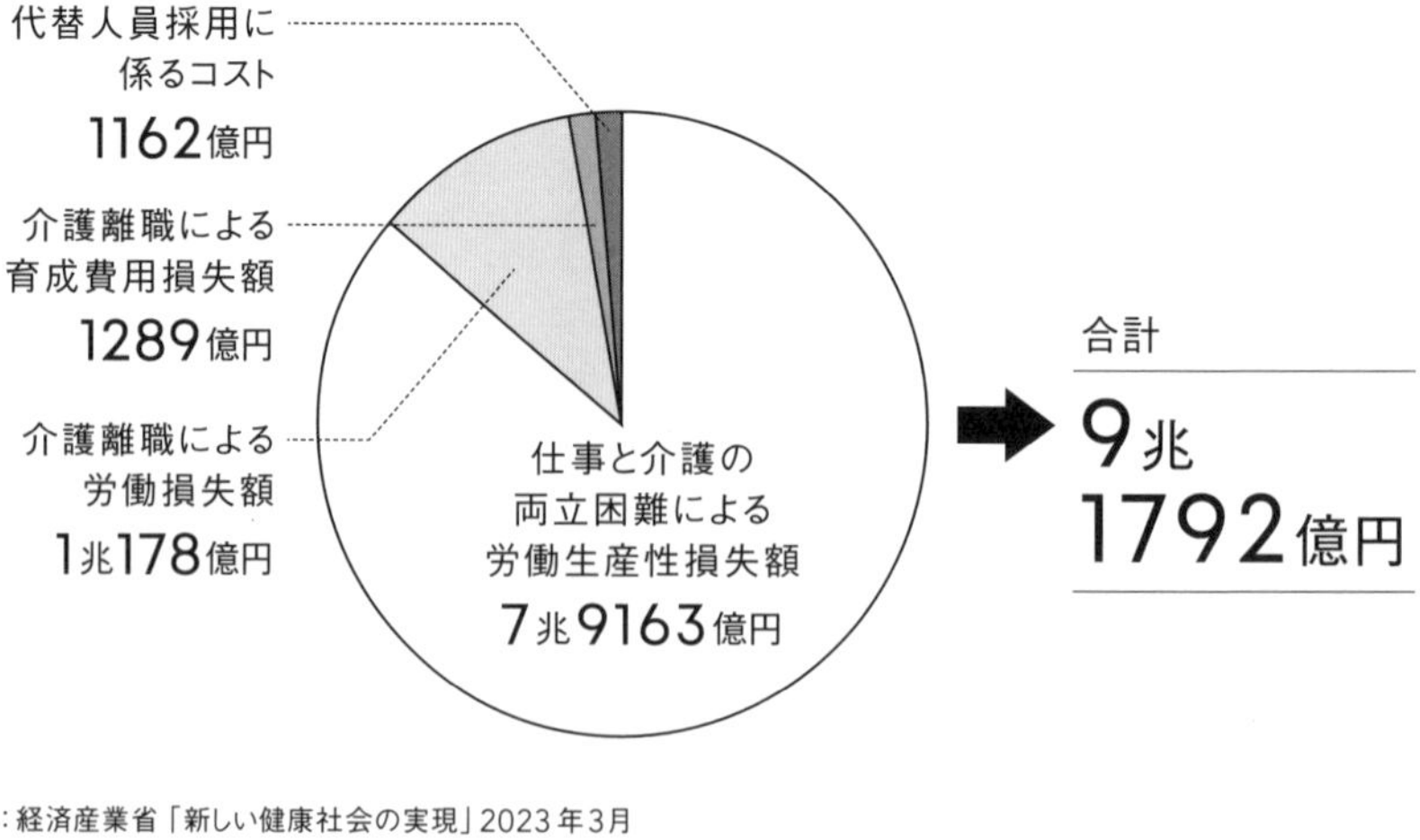


出典：経済産業省「新しい健康社会の実現」2023年3月

等を踏まえた介護と仕事の両立支援を推進する旨が言及されています。

介護の問題が世代・性別の関わりなく、広がりを見せる以上、企業活動においても、介護の問題に取り組む従業員の増加は避けられません。**どういう両立支援が従業員のパフォーマンス低下を防ぐ効果があるのかを把握し、実践することは、非常に重要な経営戦略となるでしょう。**

介護問題の解決に限らず、休みやすい職場を整備することは大切なことです。ただ、仕事と介護の両立に関しては、休むだけでは解決できない課題が山積みです。

そもそも介護とは何か、どうすれば仕事との両立が可能となるのか、在宅で認知症のケアを行う場合の注意点はどこか、民間の両立支援サービスにはどのようなものがあるのか、遠距離介護を成功させるにはどうすればいいのか……解像度の高い、具体的な情報ニーズへの対応こそが従業員のパフォーマンスを維持するために求められていると私たちは考えています。

ビジネスパーソンが介護離職をしたり、長期休業をしたりすることなく、仕事と介護を両立するためのサポートができるのは、企業の皆さんだと思っています。

本書は、日経ＢＰ　日経クロスウーマン副編集長の大屋奈緒子さん、小島潤子さんのお力添えで世に送り出すことができました。お二人が「ビジネスパーソンがこれさえ読めば大丈夫なものにしたい」と仰ってくれたことに力を得て、当社のＬＣＡＴで提供している情報からの抜粋を軸に、介護保険制度だけでなく、「仕事と介護を両立する」ために知っておきたいことを可能な限り網羅することを目標にしました。

東京大学在学中から20年以上、介護の現場に立ち続け、当社でも多くのビジネスパーソンの「仕事と介護の両立相談」に対応している、当社のチーフ・ケア・オフィサーの木場猛も、この本を通して、

**●介護の発生を防ぐ・遅らせる**

**●発生しても介護が必要な度合いが軽くて済むようにする**

**●家族の生活は可能な限りこれまで通り続けられるようにする**

という点に力を入れて執筆いたしました。

ＬＣＡＴや当社の両立支援のさまざまな取り組みを通じ、当社にお声を寄せてくださったビジネスパーソンの思いをのせて、大介護時代を乗り越えようと取り組むすべての方々のお役に立つよう、この本を送り出したいと思います。

株式会社リクシス　代表取締役ＣＥＯ

佐々木裕子

佐々木 裕子
Yuko Sasaki
リクシス代表取締役社長 CEO

東京大学法学部卒。日本銀行を経て、マッキンゼー・アンド・カンパニーで同社アソシエイトパートナーを務める。マッキンゼー退職後、チェンジウェーブを立ち上げ。自身の子育てに加え、愛知県在住の両親の介護も始まり、2016年、リクシスを酒井穣と共に創業。

木場 猛
Takeru Koba
リクシスCCO(チーフケアオフィサー)

介護福祉士。東京大学文学部卒。2001年の在学中から現在まで20年以上、現場の介護職として在宅介護に携わる。2018年リクシスに参画。介護を続ける中で学んだことは、雨が降ったら傘をさすように困った時には当たり前に支えがある社会づくりの必要性。

---

※第4章に収録されたケーススタディ、第5章-3、5は、日経クロスウーマンARIAに掲載された記事を再編したものです。

仕事は辞めない!
働く×介護
両立の教科書

2023年9月19日　第1版第1刷発行

| | |
|---|---|
| 著者 | 木場 猛(リクシス)、佐々木 裕子(リクシス)<br>日経クロスウーマン(編) |
| 発行者 | 佐藤珠希 |
| 発行 | 株式会社日経BP |
| 発売 | 株式会社日経BPマーケティング<br>〒105-8308　東京都港区虎ノ門4-3-12 |
| ブックデザイン | 小口翔平＋畑中 茜(tobufune) |
| 本文デザイン・制作 | 但野理香(ESTEM) |
| イラスト | 内山弘隆 |
| 編集 | 小島潤子(日経クロスウーマン) |
| 印刷・製本 | 図書印刷 |

ISBN 978-4-296-20278-2

本書に関するお問い合わせ、ご連絡は下記にて承ります。
https://nkbp.jp/booksQA